黄苗子　关山月　等著

往往醉后见天真

回忆

傅抱石

中国文史出版社

百年中国记忆·文化大家

主　　编：刘未鸣　韩淑芳

执行主编：张春霞

编　　辑：（以姓氏笔画为序）

卜伟欣　牛梦岳　李军政　李晓薇

赵姣娇　高　贝　徐玉霞

傅抱石（1904—1965）

傅抱石　　傅　　傅抱石印　　傅抱石　　抱石　　抱石

抱石　　抱石之印　　抱石齋　　抱石之印　　老抱　　抱翁

抱石所得印象　　抱石畫記　　抱石山齋　　抱石私印　　抱石親手

抱石藏印　　新諭　　偶然為之　　往往醉後　　抱石得心之作

黃山歸來　　未能免俗　　不求聞達　　其命惟新　　具體而微

我用我法　　不及萬一　　樂乎天命　　換了人間　　踪跡大化

傅抱石常用印章

2

《访石图》（1941年）

《竹林七贤图》（1943年）

《二湘图》（1953年）

一九五七年六月十五日寫布拉格宮

傅抱石筆記

《布拉格宫》（1957年）

《江山如此多娇》（1959年）

《待细把江山图画》（1961年）

《天池飞瀑》（1961年）

傅抱石（右）与关山月共同创作《江山如此多娇》

傅抱石与家人

CONTENTS 目 录

第一辑 艺术人生：待细把江山图画

1

第四辑 抱石之作：思想变了，笔墨就不能不变

附　录

百年
中國記憶
BAINIAN
ZHONGGUO
JIYI

第一辑

艺术人生：待细把江山图画

傅抱石先生的生平和作品

黄苗子[*]

一、金刚坡下

记得1943年的一个秋夜，我从重庆城里坐郊区公共汽车到70里外金刚坡下赖家桥，那个地方背靠金刚坡，崇山茂林，庐舍成列，好一片典型的巴蜀山村风景。那里是当时的政治部第三厅一部分宿舍所在，住着几家文艺工作者，其中有画家傅抱石和李可染等。

第一次认识傅抱石，是在重庆文艺界的一次集会上，是经过徐悲鸿先生介绍的，给我的第一个印象是坦率、朴素、对朋友一见如故。我这次到赖家桥还是他写信约我去过周末的。傅抱石当时虽然已是略有名望的画家，但是处在那个时代，艺术不值分文，更兼他的子女多，收入少，在物价一日数涨的"陪都"社会里，抱石一家经常有断炊之虞，可是画画写作，始终是他的第一生命。他爱朋友，爱酒，爱他自己的美术事业，家务事大都由傅夫人罗时慧女士张罗，只是依靠这位贤内助的安排，生活重担对他的创作还不致成

为严重的威胁。

在赖家桥傅家，除了欣赏他的大量作品和海阔天空地谈论艺术，谈论时事之外，我偶然问起他是怎样开始画画的，他对我说：做孩子的时候住在南昌，隔壁恰好是一家裱画作坊，由于老跑去玩，就认得那里的一位专门修补古画的卓（或左）师父，老师傅对天真聪明的傅抱石十分喜爱，就给他讲解和观看很多古今字画，从此他便对绘画感兴趣，开始钻研绘画的。那天晚上，由于喝了几盅，抱石的兴致更高，就滔滔不绝地同我谈到他的半生经历，由于这位艺术家很不平凡的身世，使我感到极大兴趣，因此30多年前的这一夕话，至今还是萦回在我的脑子里。

二、从岩石缝中挣扎出来

清光绪三十年（1904年）8月，江西省城里一家以补破伞为生的穷苦人家，生下了一个孩子。这娃娃的祖籍是南昌西南的新喻县（今称"新余"）章塘村，父亲是孤儿，是个从小当长工（雇农）喝苦水长大的穷苦人，受尽了地主老财的打骂，得了肺病，不能扛重活。在农村里没有饭吃，便流落到南昌城，学了一门补伞的手艺，每日挑着担儿穿街走巷胡混两餐。娃娃的母亲是个逃跑出来的童养媳，这一对同病相怜的苦男女结为夫妻，生育过六个儿女，现在又生下这第七个男孩，但因生计实在艰难，孩子先后夭亡，这最小的一个娃娃也就成为仅存的一个了。

这个孩子就是后来的著名画家傅抱石。

傅抱石才开始懂人事，父亲就因生活的煎熬，加剧了肺病，在一个凄惨的夜里咽了气。母亲是个意志坚强的劳动妇女，为了养家糊口，便毅然挑起了丈夫生前的担子，继续干这补伞的营生，后来实在无法糊口，就把未满10岁体弱多病的抱石送到一家瓷器店里当学徒。江西的瓷器是有名的，但制造瓷器的工人却都是无名之辈，尤其是学徒，在旧社会里是被压在最底层的。这个本来就孱弱的孩子由于操作过重，得了痨伤之症，终于被老板赶回了家。母子对泣一场之后，母亲也就只好兼做替人洗衣的工作，给孩子挣钱养病。

上面说过，傅家的隔壁是一家裱画作坊，这家作坊规模很小，在西邻；东邻则是一家收买破烂兼刻图章的刻字摊。稚气十足的抱石常常到东边去看人刻印，西边去看人裱画来满足他那童年特有的好奇心。看得多了，他自己也就在家中刻刻画画，邻里看见这孩子聪明好学，有的就主动集资帮助他进私塾。两年后辍了学，又有一位小学教师看见他求学心切，就帮助他进了高等小学。因为毕业成绩优异，被保送进入师范学校。傅抱石就这样结束了他的童年。

在师范学校，傅抱石付不起书籍学杂费用，母亲又染上了肺病，虽然校长给他半工半读的机会，让他管理学校的图书设备，总算解决了上学问题，但家庭生活的愁苦，也使他不得安生。那时学校有一个叫老张的看门工友，认得城里几家士绅人家，他们都爱收藏古印，老张看见傅抱石的图章刻得好，便建议他刻几方摹仿赵之谦的印章试着拿去卖，总算傅抱石的技巧不坏，冒牌的赵之谦居然卖得了价钱，母亲的生活医药得到维持了。可是日子长了事情就拆穿，买图章的人跑到校长那里去告发。偏巧校长是个爱才的人，他对傅抱石说："既然能乱真，以后就用自己的名义去刻印，不是很好吗？"抱石受到鼓励，从此就开始为人治印，因为求印的人多，收入也有了，就能够买些颜料宣纸，开始练习图画，傅抱石每天上学，都经过一家旧书店，他经常抽空到那家铺子去看有关美术的图画，往往铺子关门都舍不得走。日子久了，老板被这个青年人的勤奋好学所感动，就答应借书给他看，每天限借一本，傅抱石大喜过望，从此就废寝忘餐地苦读，抄下了许多画史画刊的资料。据他自己说，他在那个时候，曾花了7个月时间，写了十几万字的《国画源流述概》稿本，那时他还未满20岁。从这一点看，傅抱石早年就是非常刻苦钻研的。

24岁那年，傅抱石在师范学校毕业，因为成绩优异，留在学校附小当教师，不久改在江西省立第一中学担任高中艺术科的教师。可是当时有一些大学专科出身的同行嫉妒傅抱石，认为他不够资历充当中学教职，傅抱石被控告到教育厅里，不久，他就离校失业了。很长的一段时间，他为找职业奔忙，当过临时工，画过广告画，又过着朝不保夕的困穷生活。但也正在这个时候出版了他第一部美术史的著作：《中国绘画变迁史纲》。这时，由于他在报刊上发表的作品受到了徐悲鸿先生的赏识，徐悲鸿看到这位年轻人的才能，了解到他的境况，终于通过这位肝胆照人的画坛前辈的揄扬，傅抱石接受了为江西景德镇改良陶瓷的任务，得以于1933年到日本去留学。

傅抱石在日本帝国美术学院专攻雕塑及东方美术史，并继续钻研绘画篆刻。那时他认识了美术史家金原省吾，并把他关于中国美术的著作向我国读者介绍，另外他对日本画家横山大观、竹内栖凤、小杉放庵等的作品，也深入研究，从中吸取养素来丰富自己的技法。这个时期，郭沫若先生正在流亡日本，傅抱石经常去拜访他。郭老比抱石大11岁，他们的交情在师友之间，抱石经常把自己的理想和计划向郭老请教。他在1935年完成的《中国美术年表》自序中，提到"与郭石沱先生道鄙意，亦重荷奖勖"的话。这位"郭石沱"也就是郭沫若。

傅抱石在日本，也以刻印卖画补助学费，1935年他在东京举行的个人作品展览会，深得好评，金原省吾曾经称誉他说："君丰于艺术才能，绘画、雕刻、篆刻俱秀，尤以篆刻为君之特技。君之至艺将使君之学识愈深，而君之笃学，又将使君之艺愈高也。"[1]抱石当时就已经受到日本学者如此推

---

① 见傅译《唐宋之绘画》（1934年商务印书馆版）金原省吾序。

崇，这并不是溢美之词。

傅抱石是1936年离开日本回国的，这个因"资历不够"，而被迫离开中学教席的人，那时又由于徐悲鸿先生的介绍，在南京担任一所大学的美术系教授。抗战开始，抱石同所有具有民族气节的艺术家一样，到重庆参加了政治部三厅的工作，以画笔从事抗日宣传，但抗战中期，三厅被解散了，家累很重的傅抱石，又一度过着卖画刻印以酒浇愁聊以度日的困苦生涯，当时南京那家大学已迁到重庆，抱石只好又回去教书。

三、"待细把江山图画"

1950年以后，傅抱石开始了艺术生活的崭新时期。

社会有一定的安定，艺术创作就繁荣起来，像傅抱石这样有成就的艺术家自然受到尊重。当初他除了在南京师范学院教课外，还是江苏省美术家协会的主席。后来他又当了江苏国画院院长，全国美术家协会副主席，全国人民代表大会代表等等。这荣誉，不仅在他少年时代靠"赵之谦"活命时梦想不到，就是在重庆托亲靠友卖画度日时也是梦想不到的。我于1964年春，曾在南京他家做客，那时他住在汉口路一座小山的别墅式楼房内，花木葱郁，幽禽鸣春。有人说这就是乾隆年间有名的小仓山房旧址。他很有风趣地说：袁子才当年享受不到现代建筑的舒适，这一点他比不上我。再说，子才这座随园，当年是靠当县太爷巧取豪夺得来的，像我这样一个寒士，要是生在他那个时代，不但无福住这座小仓山，恐怕还只能同郑广文那样"焉知饿死填沟壑"呢！

1957年，傅抱石曾到东欧去旅行访问，回来后出版了几本写生画集，用国画写欧洲风光，这在过去是罕见的。1960年9月，美术家协会江苏分会组织了以傅抱石为首的写生团作了二万三千里的旅行，他们经历了六个省的十多个城市，后来在北京举行了"山河新貌"展览，为我国山水画的继承和创新，做出了新的贡献。这个展览，轰动了当时的国画家们，对国画山水的创作开辟了新路。1961年6月，他又作了一次东北写生旅行，回来后出版了《傅抱石东北写生画集》。

1959年，这是傅抱石难忘的一年。那年8月他刚从外地写生回南京，就接受了创作历史上空前巨幅的国画——《江山如此多娇》的任务，这幅高5.5米，宽9米的大画，是和广东画家关山月合作的。画面上同时出现我国东西南北的不同地貌和春夏秋冬的不同气候，有的部分正是万紫千红，春阳和煦，有的部分却是白雪皑皑，山舞银蛇，红日普照，构成了"看红装素裹，分外妖娆"的奇观。傅、关两位正是巧妙地运用我国传统绘画中把四季山水或四季花鸟集于一图的妙谛，来表现广阔河山的现实。

与此同时，国内外的大建筑或宾馆、使馆，都纷纷聘请他制作国画。尽管他的身体从来就不算健康，但是他的艺术劳动却是惊人的。这个时期是他的绘画创作最旺盛的时候，而美术论著的问世，也是最多的时候。

40年来，傅抱石为了对艺术和对山河的热爱，一直在忘我地工作，尽管他和古代许多画家、诗人一样爱酒贪杯，有时碰到二三知己，他也喜欢谈天说地，但从不耽误他的创作。他喜欢在晚上人静时一个人作画，有时直到通宵才睡，这是他多年以来的习惯。50年代后，傅抱石最爱用"待细把江山图画"这句诗句来题画，这是一句意味深长的双关语，10多年来，他辛勤作画的心情，都表达在这句题识中。

抱石一直是以兴奋的心情度过他的晚年的。按身体来说，他是抱着好几种病在工作。酒对于他，在过去社会是借此浇愁，在他的晚年，则变成作画的助力，但因此也剥蚀他的健康。1965年9月最后一天我们接到抱石在南京逝世的噩耗，他以61岁的年龄，结束了他的一生。如果拿齐白石来比，他只能算是中年夭折，这不能不说是我国艺术界的一个损失呵！

四、石涛的道路

傅抱石早年在江西，看到了许多以清初四王为宗祖的山水画，他就感到这种陈陈相因的风格束缚了山水画的发展（尽管四王本身还是有成就的）。这时他发现了石涛，这个天才横溢的大家，一扫当时的保守风格，以他自己从真山真水中得来的笔墨，写出了大自然的宏伟恢奇，这使抱石十分佩服。到日本以后，由于当时日本艺术界人士如桥本关雪等对于石涛也十分倾倒，介绍过不少石涛的作品，这就加深了抱石对石涛的爱好。在很长的一个时期中，正如他自己所说的"余于石涛上人，可谓癖嗜甚深，无能自已"。[①]诚然，抱石是推重石涛的，他的作品例如画面的结构方法等，有时也受石涛的影响，可是大家也看出，他的作品绝不是依样葫芦地模仿石涛的笔墨，而是从石涛的创作道路中，取得借镜来表现自己对河山的思想感情。（石涛对于学习古人，反对学他的表面皮毛，而主张学他的创作用心，他说："师古人之迹而不师古人之心宜其不能出一头地也，冤哉！"）因此他的画可以说是从石涛出来但却和石涛的面目又迥然不同的。

由于傅抱石从小就是自学，没有拜过什么名师，他在学生时代正是五四运动以后，受到了外来文化的影响，同时他那时就已经从"裱画作坊"里看到不少传统的国画，他在师范读书的时候开始，一直到他的晚年，都不停地钻研中国美术史，对于国画的传统源流，有比别人较清楚的认识。这样就形成了抱石一生独特的创作道路，用他自己的话，就是"从生活入手"，"一面从生活入手，一面也不废汲取传统的优秀经验，两者

---

① 引自傅抱石《石涛上人年谱》（京沪周刊社1948年版）自序。

结合起来。"①

自学，不依靠名师，这就使他的创作少受许多清规戒律的拘束，用一句流行的话，就叫作"没有框框"。由于没有框框，他的作品就比较自由地发挥自己的思想感情，形成自己的创作方法，这也正是他从石涛那里得来的好处，石涛也从来没有什么名师指导，而是从历览名山大川的生活观察中从事创作的，石涛自己说这是"天然授之也"。②这就是抱石的绘画艺术特点之一。

"从生活入手"，对于一个山水画家来说，就是观察自然界的真山真水，研究它的造型、色彩、树木、水石、人物、建筑等及其相互关系和各自变化，通过自己的思想感情把从生活中观察得来的外界感受，用自己的笔墨再现出来。就是用自己的笔墨为题材服务，受自己思想的指挥。（也就是石涛说的："画受墨，墨受笔，笔受腕，腕受心。"③）而不是某些旧文人画那样，关在书斋里头，玩弄笔情墨趣，走向形式主义的死胡同。从生活入手，就摆脱某家某法的桎梏，这是抱石的绘画艺术的又一个特点。

但是傅抱石绝不是否定对传统艺术的继承和借鉴，他自己说得好："只有深入生活，才能够有助于理解传统；也只有深入生活才能够创造性地发展传统。"④对于向古人学习，他也说："怎样学习？应当分别来研究，循着他们的道路然后越过他们，是一种；舍本逐末，抛弃他们的发展历程而仅仅形式主义地追求貌似，这就成问题了。"⑤他这些主张是正确的，他有深湛

---

① 见傅抱石《郑板桥集·前言》（上海中华书局1962年版）。

② 石涛《画语录》变化章。

③ 石涛《画语录》尊受章。

④ 引自傅文《思想变了，笔墨就不能不变》。见1962年版《壮游万里话丹青》论文集。

⑤ 见傅抱石《郑板桥集·前言》（上海中华书局1962年版）。

的美术修养，他钻研过许多古人关于绘画心得的著述，也看过许多古代的杰作名迹，但他同石涛的主张一样，反对简单的模仿，反对"我为某家役"而主张"某家为我用。"皮毛的模仿，"纵逼似某家，亦食某家残羹耳，于我何有哉！"[①]抱石的画之所以不同于前人，但又吸收和消化了前人的精华之处，就由于他贯彻了石涛的这一主张。

傅抱石不仅从石涛、程穆倩（即他常在文字中表示倾服的清初山水画家"江东布衣"程邃）、梅瞿山以至宋元人的山水中吸取对今天有用的方法来丰富自己的笔墨，他还从西洋画中的水彩技法，从日本的南画（特别是横山大观等）中吸取有用的东西，这些技法或方法，都经过他本人的消化，汰去不适用的东西，融化那些有用的东西，因为结合得浑成恰当，所以不但不觉得格格不入，反而丰富了中国画的表现方法。这也是傅抱石的绘画艺术另一个特点。

但是，傅抱石的创作道路最根本的一条，可以说是从石涛来的，那就是他经常引用石涛的那句话："搜尽奇峰打草稿。"也就是"法自然"。

五、蜀道山川迈步

为了更深入地了解傅抱石的创作，我请教了南京画院亚明先生和画家伍霖生先生，以下的记述主要是我从他们的谈话中得来的体会。

傅抱石生长在江西。江西三面环山，山地和丘陵占一半以上。"南昌故郡"一带"襟江带湖"，西北也是山林。因此在我国历史上这个地方孕育过不少著名画家。五代宋初的著名山水画家董源就是江西人。明末南昌的八大

---

① 石涛《画语录》变化章。

山人朱耷，不但擅长花鸟画，山水方面也有卓越的成就。饭牛翁罗牧被称为江西派的领袖。傅抱石从小就在南昌生长，这个物华天宝之都，自然就给他的山水画打下了基础。抗战初期，傅抱石从南京避兵宣城，这里正是石涛和梅瞿山探讨创作之地。后来抱石从南昌回新喻故家，不久又从武汉转湘、桂入川，一住八年，饱饫了峨眉青城、长江嘉陵之胜。这个时期正是傅抱石的绘画逐步走向成熟的阶段，而四川山水那种气势磅礴、变化奇谲的境界，从来就是诗人画家所流连咏叹的。抱石对艺术的领会敏锐深刻，加以他那刻苦钻研的个性，在完全不同于平川矮树、小桥流水的江南景色的新环境下，就自然而然地开阔了胸襟，从而也就丰富了他的创作意境和创作技法。因此入川时期抱石的作品形成了一个飞跃，这是完全可以理解的。

抱石住在金刚坡一带，屋前屋后莽莽苍苍的山林树石经常是他的创作题材，他有一个时期常常从金刚坡走路走到沙坪坝教课，这一路上山势回环，江流湍急，这二三十里的跋涉路程，也就是他观察和构思打稿的过程。大家知道，重庆是多雾的山区，抱石生活在云雾缭绕的山村中，朝夕饱看云山的变化，自然也就深有感受，因此，在傅抱石的作品中，表现奇谲多变的云烟景色是他的特长。国画水墨山水本来就长于描绘湿空气笼罩下的风景，而抱石在这方面发挥得更加淋漓尽致，这不能不认为是从四川的现实环境中陶冶出来的。所以说，四川的雄伟山川，孕育出傅抱石这支画笔，并为他后来的发展，打下了深厚的基础，这是不移之论。

抗战时期的大后方，人民生活困苦，作为一个有民族热血和爱国之心的艺术家，自不免于触目伤怀。傅抱石画过许多屈原的作品（例如他经常爱画"袅袅兮秋风，洞庭波兮木叶下"的《湘夫人》）以及杜甫指斥朝政的《丽人行》等"唐人诗意图"，以寄托其愤时忧国之慨，这也是抱石在入蜀时期的创作风貌。

四川的山川形势固然使傅抱石的创作开阔了胸襟，但是，拿这一阶段的作品和他后一阶段做比较，却还只是像杜甫所说的"或看翡翠兰苕上，未掣鲸鱼碧海中"呢！

六、大江南北笔纵横

1949年以后，傅抱石的创作进入一个新的阶段。

他定居江南，画过不少江南的平远景色，但他那时眼底的江南风光，却绝不同于过去画家那种柳眼花须，晓风残月的纤柔意境。而是刚健清新地再现出江南风景的本色。他画玄武湖、太湖、苏州、无锡，也都境界宽阔，并且都是根据朝夕阴晴、四时变化作不同的处理手法的。

1957年东欧之行，傅抱石在新的自然风物之前又给自己提出了新的课题，就是如何把西洋建筑和国画山水技法结合。这本来也是摆在许多现代国画家面前的共同课题，但是傅抱石却解决得浑成自在。他在日本留学时本来就有些西洋画基础，同时他的国画技法又是"从生活入手"的，因此对于外国风景的表现，就并不困难。《布拉格之春》这幅画是他自己较满意的作品。

1959年9月《江山如此多娇》的创作，又给傅抱石提出另外一个新课题，这幅空前大幅的画，在国画史上还没有人画过，表现技法上固然需要不断摸索，就是工具也得重新设计——大笔和排笔的杆子就有一米多长，像扫帚一样，调色用大号面盆，一摆就是五六个。而探索主题、经营位置……也都是综合了很多人的意见再由抱石和关山月执笔的。这个新课题的完成，使他深深感到一个道理，集体智慧是巨大的艺术创作最好的保证。

1960年秋的二万三千里旅行写生，又给予傅抱石的绘画发展以极大的推动。古代的山水大家，本来都是经历许多名山大川，从中得到丰富的题材和技法的。石涛说："盘礴睥睨，乃是翰墨家生平所养之气。""气"如何"养"？古人说："读万卷书，行万里路。"但是十多个画家，有组织有目的地为了画画去游历两万多里的山川，这在以前是办不到的。效果呢？用傅抱石自己的话，叫作"思想变了，笔墨就不能不变。"傅抱石这个时期的作品，确实又在本来的淋漓恢廓基础上，更加上了黄河流域和长江流域浑厚奔腾的气质。他画了许多面貌一新的山水画，例如《黄河清》《红岩》《枣园春色》《西陵峡》等等！这一次壮游，使江苏画派产生了新面目，使傅抱石本人的创作，又产生一个飞跃。

但是，傅画的造诣迈进到另一个新高峰，则是他在1961年夏的东北之行，这一次他到过许多地方，画了镜泊湖、天池、长白山等关内没有的雄奇山水。回来以后，抱石兴致勃勃地对我说："前人早就说过，山水画的皴法是从画家接触到的真山真水中体会出来的，而不是画家为了好看，就能在画室里凭想象把'披麻''解索'画出来的。这次到东北，使我见到东北许多山水的形质奇诡，绝不是过去的'斧劈''披麻'……所能表现的，原因是我国过去的画家由于条件的限制，足迹很少到过关外，他们未见我国东北部山川的面貌。因此我到了长白山和镜泊湖等地，亲自感受到那里的水石嶙峋，使我悟出新的皴法来。我主张画家们今后多到东北写生，这就会给国画开辟一个新的境界。"的确，我们看到他的《天池飞瀑》《林海雪原》等作品，感到傅抱石的面目又为之一变，东北山水对傅抱石的晚年作品确有很大的影响。

1950年以后的山水画家傅抱石，就是这样以大江南北的壮丽河山滋润他的如椽之笔，因而他那辛勤的艺术劳动也就使丰富多彩的中国山水画史添上鲜丽的一页。

七、意境创造笔墨

傅抱石作画，爱用劲毫破笔，用旧了的狼毫笔是他最得力的工具，他一般爱用较大的笔。但根据不同的情况，用柔毫小笔作画也不是没有的。

熟朋友都知道傅抱石是爱用皮纸作画的，这也正是他战时在四川养成的习惯，那时宣纸价高难得，皮纸则是四川的土产，供求方便，抱石用惯了，掌握了皮纸的性能效果，从此也就大量用它。直到今天，江苏画派的许多画家，在他的影响下，也都爱用皮纸作画。

傅抱石的山水画和传统的山水不同，他注意到自然界不同季节、不同气候的变化，在他的作品中，春夏秋冬，晴、雨、风、雪的表现，晨、昏、午、夜等光景的区别，都十分鲜明。试拿雨、瀑布和海的表现来说，傅抱石在国画技法上都有新的贡献。他画雨景用洒矾和排笔渲染（画瀑布有时也用此法，参看《江南春雨》《天池飞瀑》两图）。画大海和瀑布，在渲染之外，有时用干皴来表现波涛起伏和奔流澎湃之势。画山石，勾、皴之外还加重墨湿染来现出山势的郁苍。由于傅抱石要求画面充分表现出自然界的各种变化，因此渲染技法，也就必然要求有新的创造。

不但渲染，在傅画中皴法也卓越地发展了传统技法。悬崖陡壁，他爱用劈头盖面的斫笔皴，回环山势，用圆转近乎打圈的卷云皴。他有时也用斧劈和近似黄鹤山樵的牛毛皴，但这些皴法都不全同于过去的形式，抱石往往根据山形土质的需要创造出许多无名的皴法，我们见他画山，有时长线斜下，再疏疏地用飞白勾出些曲线、破圈形的山石纹路，这种皴法似乎随意，但极谨严，恰当地表现出土石的立体感。他的这些无名皴法，江苏的画家给它起个名字叫"抱石皴"。

线条、皴擦、渲染和苔点是国画的基本技法和基本构成因素。苔点的运用，从米芾到元四家已表现很高的造诣，石涛更是发展了前人的点法，达到了高峰。傅抱石从石涛的作品中体会了苔点的妙用，他更熟练地使用"破笔点"画树和苔藓。他爱在山石中用一部分破笔点，以增加画面淋漓苍劲的气氛，更加表现出自然界的欣欣生意。傅抱石的苔点技法是从大自然的观察中提炼出来，而又恰好地表现大自然的气势。和他的皴法紧密联系和配合，以构成他特有的风格。

傅抱石在国画技法上的贡献不是这一短文可以详尽介绍的。例如他在用线和用墨方面都有湛深的研究，他的线条（笔触）凌厉飞动，喜用秃笔长线，有时则用草书笔法作皴。墨更是抱石在山水画上淋漓痛快地发挥的技法。他认为在我国中世纪，墨是随着山水画的飞跃发展而显其重要的。他从传统技法中看出"墨即是色，色即是墨"这一水墨技法的窍妙。在他的作品中，有时浓重的"泼墨"使用得十分恰当（特别是表现森林或高山丛林）。这些都是他在传统技法的继承和发展上做出的贡献。

一切技法都服从于意境，意境是作者对于客观描写对象的感受和取舍加工。作者决定了描写对象，经过深入的思考选择，突出主要部分，汰去次要和冗杂部分，构成初步的方案（其中包括布局、构图、主调等等），使之比真实情景更高、更集中、更艺术化，这就是意境。画家作品的优劣，往往取决于意境的高低，而意境的构成，既依赖于画家对客观事物的感受，又依赖于技法的掌握运用。傅抱石的写生作品，首先是用线条简略地记下印象，第二步是把记下的印象经过加工整理，初步拟出一个轮廓，然后进入第三步，则是较仔细地构成定稿。这时他胸中有了"丘壑"，有时先用木炭在画纸上勾出位置，（中国画的专用词叫做"圬"）有时却不在纸上起稿，而是直接用水墨画在纸上。抱石在画室作画，根据傅夫人的回忆，是很有意思的，傅夫人说：他习惯于将纸摊开，用手摩挲纸面，一边抽着烟，眼睛看着空白画纸，好像纸面上就有什么东西被他发现出来似的，摩挲了半天，烟一根接一根地抽，忽然把大半截烟头丢去，拿起笔来往砚台里浓浓地蘸着墨就往纸上扫刷，他东一下西一下地刷得纸上墨痕狼藉，使旁观者为之担心纳闷，可是他胸有成竹地涂抹着，涂到一定程度，就把它挂在墙上，再坐下来抽烟，但仍然目不转睛地全神注视着墙上的画。然后取下来放在画案上渲染层次，添补笔墨，画中的山川景物逐渐具体，还是反复地挂墙、卸下、细察、冥想，有时满纸淋漓，拿都拿不起来。待它稍干，然后做最后一道细致的"收拾"（添补部分细节）功夫。他的画大处淋漓奔放，小处精细耐看，就是这样产生来的。傅夫人的这段精细而真实的描述，说明了抱石作画追求意境的构思，是十分艰苦的劳动。每一幅画由于意境不一而呈现不同的表现技法。同时，由于画家创作意境的日益提高，熟练精妙的皴染点线等技法，也就层出不穷了。

八、著述·篆刻

抱石匆匆60年的生命，却给艺术界留下可惊的成绩！他不仅是个画家，正如本文开头所说的，他还是一位美术史家和篆刻家。

大家都公认，在我国历史上，画家而有丰富的美术著述留传于世的，应以近代的黄宾虹为首屈一指。而后来居上的傅抱石更是大大地超过了他。傅抱石的著作和译述，30年代以来，就深受读者重视。其中如《中国绘画理论》《中国美术年表》《中国的绘画》《中国的人物画和山水画》和《唐宋之绘画》（译自日本金原省吾原著）等等，都是脍炙人口的。在抗战时期的重庆，他在条件十分困难之下写成了《石涛上人年谱》，尽管近年来关于石涛的材料，有许多为作者当时所未见的，但这本书至今还是关于石涛研究的重要著作，今天许多研究石涛生平的著作，都以他这本书作为研讨的根据。傅抱石在中国美术史研究方面，简明扼要地归结为"从主题内容看，五代以前以人物为主，元代以后，以山水为主，宋代是人物、山水的并盛时期；从表现技法看，五代以前以色彩为主，元代以后，以水墨为主，宋代是色彩、水墨的交辉时期。"[1]他认为中国的山水画发展，就其体现祖国自然的伟大美丽来说，"是基于现实意义的发展，是进步的"。但17世纪以来的形式主义倾向，却笼统地说山水、水墨、写意就是中国画的全部传统，这是错误的，山水画盛行以前的基于现实主义精神的人物画，同样是我国绘画的光辉传统[2]。基于这个结论，他认为继承和发扬国画传统，两者是不能偏废的。他还对我说过，有些美术史家认为宋以后中国封建社会由极盛而日趋衰落，因此，美术也逐渐式微，这种说法是机械唯物论，从我国美术发展的长河来看，水墨画和山水画的出现，并不就是美术日渐衰落的表征，只能说，这是河流的一个拐弯，对奔流的河水来说，并不妨碍它的前进。这个见解，是发人所未道的。

　　傅抱石对于中日文化交流，也做出过贡献，他早年介绍不少日本学者关于中国美术的论文，他也给中国介绍过雪舟等杨等日本古代画家的成就。他为了把中国山水的皴法加以科学的整理，曾经做过一番努力。他从自己的创作实践中，深刻地体会宋代郭熙所说"远望之以取其势，近看之以取其质"（《林泉高致》）的意义，要向真山水学习，就要有起码的地质岩石知识。他深知古人的皴法是从对大自然状貌的细心研究中得来的。后来他发现日本高岛北海写过一本《写山要诀》，也正是从长期的地质调查考察中，发现中国山水画皴法的创造性和科学性。他觉得这本书对于科学地整理和促进我国山水画有一定的参考价值，就把它翻译出来，这本书的问世，使今日许多从事山水画研究的人得到启发。

---

① 《中国的人物画和山水画》引言（三联书店1954年版）。

② 参考《中国的绘画》上辑，例言（三）（古典艺术出版社1958年版）。

1950年后，傅抱石还写过不少论文介绍一些前辈画家的成就，以供后学参考。他给《郑板桥集》写过一篇前言，详细地评介这位卓越的清代艺术家的生平及其作品。他写过《白石老人的艺术渊源初探》，全面地介绍齐白石的艺术成就。在他的晚年，还写过很多创作经验谈——《画室有感》《江山如此多娇的创作》《思想变了，笔墨就不能不变》《东北写生杂忆》等文章，以诚恳而谦虚的态度，把自己的学问心得向读者尽情介绍，使艺术青年从这里吸取营养，得到借鉴，绝没有过去艺人"鸳鸯绣出凭君看，不把金针度与人"的那种保守观念，这些都是抱石孜孜不倦地为我国美术的繁荣发展所做的工作。

　　上面已经介绍过，篆刻是傅抱石很早就爱好的一门艺术。他年轻时候一味模仿赵之谦的《二金蝶堂印谱》，但他在经过了长期的艰苦历程之后，得到的结论是："刻印不比学画，画可搬而印不可搬，画可不断临摹而印必须独创。"[1]独创是傅抱石对待自己艺术创作的一贯态度，不但他中、晚期治印是如此，我们从上文已经知道，他的作画态度也一贯如此。但是独创并不等于闭着眼睛蛮干，他解释"独创"或"胆敢独造"的含义是"既严肃认真，有典有则，而又奇兵突出，妙着频生"。他完全同意齐白石不死摹古人形迹而又十分尊重传统的辩证主张。他对于专攻汉印或周秦小玺，或只钻研甲骨、金文……等而下者则抱着一部《说文解字》刻一辈子，守着《六书通》《六书分类》讨生活，这些壁垒森严、各立门户的做法，绝不赞同。他主张涉猎所有的古印碑版，从中接受有益的影响，他更倾心汉印，认为汉印比秦印更活泼、更有创造性。他所刻的白文印，有很多汉印的气息，但他反对生吞活剥，生搬硬套。他还同意利用隶书、楷书入印，这些都是他所谓的"独创"。傅抱石在留学日本时代，他的篆刻很受到彼邦人士的重视，大约

---

① 见《白石老人的艺术渊源初探》（《中国画》1958年5月第二期）。

在1935年上半年，《朝日新闻》和《读卖新闻》都有关于傅氏篆刻的报道文章，那时上海《良友》画报也转载过。

傅抱石认为刻章的首要之图是书法（篆法）的钻研，他说："篆刻是以书法为基础而结合雕刻加工的艺术。"[①]傅抱石的书法也是造诣很深自成一格的。他以石鼓的形式写小篆，这种风格常常在他的题画中看到（并且和他的画风十分统一）。而由于他的篆刻功夫，书法也更遒劲，行楷的气韵含蓄，也同样看出湛深的功力。

抱石晚年因为眼力不好，就很少刻印。但是那个时期他的功力进入了一个新的境界，确实做到了打破"浙派""皖派"，汉印、金文这些框框，也不是近时流行的吴昌硕、齐白石一派，而形成了他自己独有的风格，"当惊世界殊""换了人间""往往醉后""不及万一"都是他晚年自刻的画角用章，从这里可见其篆刻成就之一斑。

九、永远被人怀念

傅抱石是一个诚笃朴实的艺术家，他对自己的艺术创作严格要求，平常总是工作到深夜。可以说，从他上学读书时代开始直到他的晚年，都一直在勤奋工作中度过的。

傅抱石对朋友和学生总是一片热情，并且不论在得意还是失意之际，待人接物都一贯地殷勤恳挚，他受过别人一点好处，都终生不忘。平日宁可自己生活刻苦，总是照顾比自己困难的同事和朋友。他的这种性格和徐悲鸿很

---

① 以上参考《白石老人的篆刻艺术》（《齐白石作品第二集》序。人民美术出版社1963年版）。

相像，他们两人都同样出身于贫苦家庭，同样在他们的青春年代由于自己的努力和朋友前辈的帮助，逐渐向成功的道路迈步，也同样具有中国知识分子那种可贵的正义感。平日平等待人，同样没有所谓"艺术家"的架子。这些都使朋友们感到他们两人有共同之处。此外，以今天的环境条件来说，他们都未享高龄，正是由于这一无可弥补的遗憾，使我们感觉到他们两人的成就高低、风格意境尽管不同，而拿齐白石、黄宾虹的寿命和造诣来比，就同样都有花朵还没有等到盛开就已匆匆凋谢的无限惋惜！

至于在个人生活上自奉甚俭，这也是徐、傅两人的共同特点，所不同的就是徐悲鸿不爱烟酒，而傅抱石则与杜康结不解缘，在创作的时候不停抽烟。但衣食住行方面他们都十分随便。所以在重庆时人家说傅抱石"名士派"，其实这种随便并不是什么艺术家或名士风度，而是他从小养成的生活简单的习惯。

但是作为一个画家，他对于创作工具的搜求却并不吝啬，他作画并不局限于使用国画颜料，同样也搜购国内外的优质水彩和粉彩颜料以供挥洒。他和关山月在北京创作《江山如此多娇》这幅巨制，用了近百张乾隆"丈二匹"，等他画毕回南京时，他还不惜以60元一张的代价，买了一批带回去。

傅抱石的酒量是有名的，他作画时，正如他自己刻在图章上的那句话——"往往醉后"。晚年由于高血压和心脏病的关系，医生坚嘱戒酒，家里也给予一定的限制，那时酒兴也不如以前。记得1952年，他对我谈起在重庆金刚坡时的一件趣事：大约是有一年除夕，他晚饭后开始喝酒，一面喝一面摊开画纸绘一幅山水，画到深夜，他觉得这一次画得非常成功，山峦云树的皴染得心应手，而且层次越染越分明，大幅度的泼墨更是淋漓尽致得未曾有，于是他就在天明前入睡了。醒来睁开眼睛第一件事，自然就是要看看自己这一幅"生平得意之作"，可是真怪，桌上没有，墙上也没有，椅上、地上到处找，都找不到，一连几天他都为这幅"杰作"的失踪痛苦懊恼，他并不像顾恺之那样相信这是"神物飞去"，还始终念念在怀。忽然有一天他在打扫卫生时，在蚊帐顶上发现了这幅画，原来已经在那晚大醉之后涂抹成黑墨一堆，被他抟成一团抛到床顶上去了。

傅夫人罗时慧女士，无愧于傅抱石的毕生知己，她学识广博，能诗词。对傅抱石的作品有精深的了解。她不仅在解放前艰难的日子里肩负了生活的重担，对儿女的教育也替抱石分担了许多忧劳。她还是抱石精神生产的亲切助手，抱石作画喜用大量的浓墨，她就长期负担这个磨墨的工作。傅夫人最近给我的来信中，还风趣而谦虚地自称为傅抱石的"磨墨妇"，其实便在这磨墨的过程中，傅夫人也就是傅抱石的创作参谋。1961年傅抱石在东北画的《林海雪原》，反复思索想不出恰当的画题，还是傅夫人给他想出来。傅抱石在这幅画的题识上，就记下了得题的经过。傅抱石有二子四女，有好几个儿女，在绘画上都看得出将是继承父业的凤雏。

1965年春天以后，傅抱石就被医生一再警告，由于高血压和心脏病，他必须防止过分劳累。那年9月底，上海民航公司派专机邀请他到上海去计划给国际机场的大厅作画，他因为是短途旅行，便欣然同意了。回到南京的第二天是9月28日，他仍然像往常一样起得很早，沿着汉口路寓所的花园山径下去散步，也像往常一样在八九点钟就回到楼上书房，习惯地躺在大摇椅上小睡。那时傅夫人正在楼下会客，大约10时左右，忽然听到楼上发出一声异常巨大的鼾声，傅夫人急忙上楼去察看时，我们这位为中国艺术辛劳了一辈子的傅抱石先生，已经由于心脏病突发，默默地和他热爱的祖国、热爱的山川草木、热爱的亲人以及他的艺术爱好者们永别了！

中国的山河大地日益壮丽美好，文化艺术也将日益繁荣昌盛。这个曾经在那里生息过，以自己的心血灌溉过这块艺术园地的中国人民之子，也将永远被人怀念。

忆傅抱石先生

梁 书[*]

傅抱石先生是我最早的画友，说起我和他的第一次见面，倒还挺有趣呢！记得那是1926年秋天，我已在吉安阳明中学毕业，正在无所适从的时候，便到南昌洗马池的一家古旧书店去买书，看到一个二十来岁的青年，身上背着一个挎包，正在那里看得入神，特别是他对一些古画、字帖更是看得津津有味，一边看一边还用右手不停地比画着，挎包里的东西还不时发出"嚓嚓"的响声。我被那个青年的举动吸引了，我两眼盯着他，心里想：这一定是个有文艺修养、有艺术才华、有书画水平的青年。因此，我走上前去问他："朋友，你贵姓？"他说："我姓傅，叫傅瑞麟。""你呢？"他回问我一声。"我姓梁，叫梁凯世。"我又问："你是不是叫傅抱石？"他回答说："是。"我一听这个名字，心里恍然大悟，高兴地说："啊！久闻大名，今天能和你在书店巧遇，真是三生有幸。"于是，我就滔滔不绝地告诉他："我从小喜欢美术，十多岁开始学画画，今年19岁了，已在吉安阳明中学毕业。"他听了我的介绍，脸上眉飞色舞，似觉志同道合，极力鼓励我要勤奋

---

* 梁书，画家、教授，原江西省万安县政协副主席。

23

学习，刻苦钻研，以后去考上海美专，那是刘海粟先生主办的学校。我一听，心里豁然开朗，好像在茫茫的夜里找到了北斗星。迷途中找到了方向，给我这个失学青年指明了前进的道路，从此以后，我就立志攻画，于1929年考取了上海美专。

他挎包里是些什么东西呢？原来是一些大大小小的图章，有石头的，有木头的，也有牛角的，真是一个名不虚传的"雕刻神童"，一个金石家，后来他还给我雕了一颗图章，文曰"壮志未已"。这四个字成了我的座右铭，一直鼓励我在学业上树雄心、立壮志，为发展祖国的美术事业而奋斗！直到现在我还留着这颗小小的闪光的图章。

1932年，我在上海美专毕业后留校教书。当时，抱石兄在南昌中学任教，我与他经常通信和见面。1933年，他曾约我一起东渡日本留学，本来我非常想去，但因家事纠缠，没有去成。

1936年，他从日本留学回国，我们在上海见面后，曾一起回到南昌联合举行了一次画展，他的作品很有风格，具有浓厚的爱国主义思想，受到广大观众的一致好评，但却激怒了国民党反动派，南昌的《新闻报》发表消息，说我们卖门票，不过是"走江湖的画家"。

1937年抗日战争爆发后的第二年，正值国共合作时期，为了抗战的需要，国民党军事委员会政治部另设立了武汉三厅，负责抗日宣传之报纸、杂志、出版以及文化艺术组织等宣传审查工作。当时，政治部部长陈诚电告郭沫若，云："有要事共商，请即命驾。"要郭沫若担任三厅厅长之职，但遭到郭沫若的拒绝。政治部副部长周恩来得知后，即面劝郭沫若从抗战大局着想，一定要他前来担任此职，但郭沫若仍然提出以三厅主要工作人员由他指定为条件。政治部答应后，他才赴任，抱石兄就是由郭老提名到三厅担任郭老的秘书的。我和陈卫华女士也是这个时候由何香凝先生向郭老举荐来到武汉三厅工作的，到武汉后，我与抱石兄住在一个房间里，经常议国事、评郭老、谈技艺，推心置腹，无所不谈，交情甚笃，特别是谈到他与郭老的交谊，总是情切切，情绪极为激动。现在这两老都已去世，他们生前亲密交往的轶事，很少为人所知。那时，由于我与抱石兄亲如手足，加上我工作热情高，国画又画得不错，很快得到郭老的器重，在郭老的关怀下，我与陈卫华女士很快在武汉结了婚，郭老是证婚人，抱石兄前来恭贺。婚后，我被调到河南洛阳担任抗日战地服务团总干事，我爱人担任会计工作。由于我们抗日宣传搞得轰轰烈烈，有的如"扩大宣传周""七七周年纪念"的运动震动了全国，从而冒犯了国民党当局之禁令，下令解散了三厅和抗日战地服务团。抱石兄被迫辗转到四川重庆中央大学艺术系任教，我则由宜昌转到江西。以后，我们就相隔27年没有见面了。

1965年，傅抱石先生与世长辞了，当噩耗传来，使我悲痛至极，回忆起我和抱石兄相处的日子，他对我的启发和帮助，真使人终生难忘。

傅抱石与郭沫若在日本的交往

王廷芳[*]

　　傅抱石先生于1933年下半年得到了一笔公费东渡日本留学。到东京不久他就去拜会了蛰居东京郊区千叶县市川乡下的郭沫若先生。从此开始了持续了他们后半生的深厚友谊。郭先生初次见到这位不到30岁的青年那样的诚恳忠厚，刻苦钻研、勤奋上进并且在专业上几乎完全靠自学已取得十分可喜的成果十分喜爱。抱石先生对郭先生早已是十分敬慕，但是郭先生对他那种亲切、坦荡、没有一点名人的架子，像一位多年未见的老朋友一样对他的热情接待，是傅先生万万没有料到的，真正是一见如故，他们很快就成了很好的朋友，有着频繁的交往。他们之间除了学术上经常互相切磋外，在其他方面也都互相支持和帮助，当然主要的还是郭先生对傅先生的支持和帮助。对于他们之间这一段的交往，两位先生生前经常作为美好的回忆向人们谈起。郭先生在重庆期间写了两篇专门谈论傅先生的有关绘画问题的文章——《题画记》和《竹荫谈画》中就有不少这方面情况的叙述。除此之外，只有在一些纪念性的文章中有些片断的回忆。所以大家都希望能有新的一批材料的发

---

　　* 王廷芳，中国社会科学院考古研究所原副所长，郭沫若秘书。

现，来弥补这方面的不足。

不负大家的期望，最近几年确实发现了有关两位先生当年在日本的交往的文字资料，并且都是亲笔原件，这就更显得十分珍贵。

1987年底，郭先生在日本时，为他出版了多部甲骨金文著作的文求堂书店的店主田中庆太郎的三公子田中壮吉先生出版了一部纪念他父亲田中庆太郎的纪念集，感谢他们也赠送了我一部。在这部纪念集中，有三封信是郭先生为傅先生的事情专门写给田中庆太郎的，第三封信后还附有傅先生致郭先生的一封信。这些信都是原件影印的，原信都无标点，我照录如下：

第一封信

径启者：

　　傅抱石君有摹印学一部，欲在此间出版，不识贵堂能承印否，特为介绍。如贵堂乐意承印，据傅君云，条件可不拘，请钧裁。专此。即颂

刻安

郭沫若

六月五日

（后面还有一段附白，与傅先生无关，略）

纪念集编辑者认为此信写于1933年。我认为此信应写于1934年，我的根据是：1933年6月5日傅先生肯定还未到日本。出版这件事没有办成，原因很简单，虽然郭先生和田中庆太郎很熟，来往也很密切。但出版傅先生这样一位还没有多大名气的青年的作品，要出版的书又无钱可赚，作为书店老板的田中庆太郎，他肯定是不愿意的。

第二封信

子祥仁兄惠鉴：

　　顷有中国篆刻名家傅抱石君（尤善刻细字、且工画），欲与尊台一谈，特为介绍。又傅君欲晤河井荃庐氏，能为介绍尤祷。专此。顺颂

大安

郭沫若

十一月十八日

　　这封信写于1934年。傅先生在日本时见到过河井荃庐，并且还给他刻过几枚图章，他也参观过傅先生举办的绘画篆刻展览会。但是是否经过田中庆太郎介绍，无法肯定。

第三封信

　　顷得傅抱石氏来信，言前日所拜托关于篆刻评语，恳于二十二三日赐下，又盼转托河井仙郎氏赐题数语。来函照转，乞一过目。

　　（下面一段与傅先生无关，略）

草草

沫若

十七日

傅抱石致郭沫若信

沫若先生有道尊鉴敬启者：

　　九日晚间备蒙训导，曷胜感激，日昨金原氏已送来文字一篇，正木氏亦由冈登氏将原稿请予过目署名，前承先生代请田中先

生及田中先生转请河井氏写关于篆刻评语（或题一二句亦可），拟乞拨冗代促一声，能在二十二三日赐下则大佳也。又

尊题拙作已付摄景，一俟送来即转呈元览。吴履逊先生前晚同一江西人徐旅人（高师学生）驾敝居，适往学校未遇。今天午后拟去问候，并假画二幅。专此。敬叩

道安

晚傅抱石顿首

四月十六日晨

这两封信都是写于1935年，谈的都是有关傅先生要举办绘画篆刻展览会的问题。关于这次展览会，郭先生在1944年写的《竹荫读画》中是这样说的："抱石在东京曾举行过一次展览会，是在银座的松坂屋，开了五天，把东京的名人流辈差不多都动员了。有名的篆刻家河井仙郎，画家横山大观，书家中村不折，帝国美术院院长正木直彦，文士佐藤春夫辈都到了场，有的买了他的图章，有的买了他的字，有的买了他的画。虽然收入并不怎么可观，但替中国人确实是出了一口气。"

抱石先生这次展览会开得十分成功，特别是他的篆刻，连日本书画界的那些一流的大人物都赞不绝口，报纸上也做了大量的报道，这是傅先生艺术生涯中第一个高峰。他自己当然十分激动和高兴；朋友们也为他的表现而感到自豪和骄傲。郭先生说这是"替中国人确实是吐了口气"。这句话是代表了当时被日本侵略、欺侮、蔑视的中国广大人民的心声，尤其是当时居住在日本的中国国民的心声。

抱石先生为筹备这次展览会，倾注了他全部的精力和心血，历时长达一年还多。据说他的导师金原省吾先生的日记中对傅先生的记述，三分之一以上是有关举办这次展览会的。最早的记载是1934年4月16日，那时他和金原省吾先生

初次见面才半个多月。从现在所能见到的金原省吾先生的日记、郭先生的信、傅先生的信中仅是记录了抱石先生为筹办这次展览会的艰难工作的点滴而已。

抱石先生的展览会当然得到了郭先生的大力帮助和支持，他不但写信托人为展览会写评语和办其他事情，还出席了为展览会而举行的招待会，并且专程去参观了展览会。他还为傅先生展出的画题诗。抱石先生致郭先生的信中所说："尊题拙作，已付摄景"，就是指为他的画题诗的事。另外郭先生在《竹荫读画》中有一段回忆，那就谈得更具体了："抱石在东京个展上摄了一些照片，其中有几张我题的诗，有一张我自己在看画时的背影。他拿出来给我们看了，十年前的往事活呈到了眼前，颇有一种难以言喻的情趣。"这里说得很明白，郭先生为傅先生的画题诗不是一两张，而是几张。可惜的是这些照片都在动乱中遗失了。郭先生在日本期间为抱石先生题的画据我所了解，现在有记载的只有三幅，特介绍如下：

郭先生在《题画记》一文中说："在日本时我也曾替他（指抱石）题过画，当时是更加没有把握。记得有一张《瞿塘图》，我题的特别拙劣，至今犹耿耿在怀。"郭先生题了什么他没有说，此画下落不明。

在同文中郭先生对另一幅画介绍得十分详细："抱石似乎是很喜欢陶渊明的。他的《渊明沽酒图》我在日本也替他题过一幅，据说那一幅还留在日本的金原省吾处。但那时的题词我至今都还记得。

村居闲适惯，沽酒为驱寒。

呼童携素琴，提壶相往还。

有酒且饮酒，有山还看山。

林间凄宿雾，流水响潺湲。

此意竟何似，悠悠天地宽。

就这词面看来也很明白，那幅画面上是有一位抱琴提壶的童子跟着渊明，前景中有溪流，后景中有带雾的林木和远山。"

这幅画给郭先生的印象是那样的深，七八年之后，他不但记得他题的诗，而画面的情景也记得那样清楚。但这幅画，金原省吾逝世后，他的后人捐赠给日本武藏野美术大学的遗物中好像没有。

但金原省吾的后人捐赠给日本武藏野美术大学的遗物中，有一幅抱石先生所画《笼鸡图》，画上有郭先生题的五律一首。原画是一幅长条，中间靠右侧画了一个大的竹编鸡笼。占了画面的三分之二，竹笼的下首画了一只母鸡带领三只小鸡望着鸡笼。左上方题有郭先生的五律一首：

笼中一天地，天地一鸡笼。

饮啄随吾分，和调赖此躬。

高飞何足羡，巧语徒兴戎。

默默还默默，幽期与道通。

这幅画和题诗涵义深刻，这不就是郭先生当时的处境和生活的写照吗。当然傅先生当时的处境可能比郭先生好一点，但是也好不了多少，说是为他的写照也未尝不可。

更让人想不到的是东京《郭沫若文库》保管的郭先生在日本的遗物中，有一幅这首五律的条幅，是书赠给岩村先生的。这张条幅为什么能保留下来，我认为是因为郭先生把条幅题好后，发现条幅上只题了岩村先生的姓而没名，所以又重写了一张送给了岩村先生，这一张就留存了下来。这张条幅的发现，证明郭先生对这首题诗还是比较满意的，所以不但给抱石先生题了画，还把此诗题赠给朋友留作纪念。

除了上面所谈的三幅画外，抱石先生在日本期间郭先生还为他题过其他画，这一点恐怕是毫无疑问的，只是因为当时的资料已经遗失，已无法查考了。但我总期望有新的资料发现。

前面已经提到郭先生出席了抱石先生为举行展览会的招待会。金原省吾的遗物中保留有傅先生为这次招待会亲笔写给他恩师的请柬。金原先生在1935年4月9日的日记中写道："我去时，大家都聚齐了，郭沫若氏也到了。郭氏真是一位风度很足的学者，但是没有一点架子，对上对下都很诚恳，给我的感觉很好。招待会在东瀛阁，我回来的很晚。"前面所录抱石先生致郭先生的信开头就讲："九日晚间备蒙训导，曷胜感激。"就是指的郭先生出席招待会这件事。

抱石先生到日本留学虽然是公费，但那点公费是什么费用都包括在内的：路费、行装、住宿、吃饭、学费、应酬和绘画、篆刻所需的材料用具等都要用这笔公费开支。同时他家中还有三四口人的生活，也靠这笔公费来补贴，所以他在日本留学时的生活特别清苦。郭先生所写《在轰炸中来去》一文中讲到抱石先生在日本的情况时说："又想到傅抱石：这是一位擅长篆刻的名手，他能刻细字，于方寸之内刻列万言；国画也相当出色。我是在日本认识的。他有一个时期在留学生监督处充书记，月领薪水60元，一面工作，一面苦读，而且还要寄钱回国养家。他那勤工俭学的精神我也是佩服的。"这是1937年9月间他匆匆到了南京，想见抱石先生而未能见到后所发的一通议论。到1943年10月17日两位先生在欢聚中又回忆起在东京的往事："我们谈到在日本东京的情形。我记得有一次在东京中野留学生监督周慧文家里晚餐，酒喝得很多，是抱石亲自把我送到田端驿才分手的。抱石却把年月日都记得很清楚，他说是：'二十三年（应为二十四年）二月三日，是旧历的大除夕。'"我想郭先生能认识这位留学生监督，并到他家中去吃除夕的晚餐，可能是因为和抱石先生很要好的关系。

抱石先生在举办完展览会后不久，即因母亲重病和逝世而回国了。他本来还准备继续回日本学习，但终因为搞不到学费而未能如愿。郭先生虽然也帮助他想了些办法，也未能成功。对傅先生来说总觉得这是一生中的一大憾事；郭先生也为此而十分惋惜。但他们之间的书信来往始终在继续，他们的友谊日日在发展。

彩绘新天地　得意为人民

石凌鹤[*]

　　我和抱石兄曾在重庆朝夕相处，时间约在两年左右。以后又时断时续地多次往返。直到"文化大革命"前夕，才传来噩耗，算来已是20多个春花秋月了。

　　许多往事，萦回在记忆之中。

　　那是1939年秋季吧，我们同在重庆郊区赖家桥，供职于郭沫若领导的政治部第三厅。他是秘书，主管部分文牍；我则在第二科佐理艺术宣传方面的行政事务和文书处理。二科所属美术工场，拥有如李可染、高龙生、卢鸿基、丁正献等造诣很深的画家、雕刻家，而傅抱石是中国画家，却只是在家里从事业余绘画，默默地耕耘，勤奋不倦。

　　我和他既属同事，更有同乡之谊，何况我也曾学过绘画，感情方面因而更为亲切。他当时家住在三塘院子后岗上的金刚坡下农民家里，我曾几次到他家过访。茅竹当檐，绿荫蔽日。床前横陈一桌，既是餐台，更是画案，只要他夫人收拾碗盏，抱石兄便可泼墨调朱，而不满10岁的小儿，便在旁伏案

---

　　* 石凌鹤，剧作家，原江西省文化局局长。

托腮，静观乃父挥毫，我暗忖他家不乏继承衣钵的好后生了。

当年抱石画山，以他自己的皴法，满纸山峦重叠，其势巍峨，给人以迫近悬崖不敢仰视之感。伟大雄奇，铺天盖地，这显然是由于四川大山气魄感染所致。此外，他画人物如屈原则峨冠博带，临风涉江，衣褶简练遒劲，昂首高歌长啸，给我深刻的印象。特别是他画古代仕女，最擅长于工笔多层次地圈绘眼珠而居中留出白点，以显示双眼光彩炫耀；我以为与其说他是从西洋人像画中学取技法，不如说他善从观察生活中吸取精华，从而悟出这神来之笔。

他于1963年送给我一幅扇页，上绘远处的飞瀑流波，染以淡墨显示虽有若无之间，犹恐不能尽其意，更勾勒二叟在临崖俯视清流远去，这就更使观赏者充实想象，借以达到可意会而不可言传的境地。

再举一例。我于"文革"前在友人家曾见抱石兄一幅作品，画的是两岸垂杨及地，掩映着清澈的河流，几乎全是深浅不一的绿色，但见河中泛一小舟，舟上有少女身着红衣，在整幅画中只是不成比例的一小笔，正显示"万绿丛中一点红"的含义，给人无限清新感受。久久不能忘情。

当然他也不是完全只顾表达己意的。大概是40年代初期吧，他和郭老共同举办书画展览，先由抱石在纸上以浅色渲染梅兰菊竹，然后由郭老狂草而飞舞龙蛇。这珠联璧合的艺术品，必然使人乐意购买珍藏了。首都人民大会堂悬挂着他和关山月合作的特大画幅——《江山如此多娇》，将是中国人民的传世珍宝，这些正表现他"乐与人同"的优良作风了。

善于与朋友交往，正由于先具备擅长技艺的优良条件。众所周知，傅抱石是名画家也是金石篆刻大家。他在日本曾展出须用深度放大镜才能显示的刻石"微雕"，从而蜚声艺坛。他不但为我治印多方，且于1949年前离赣赴宁之际，匆忙中以我家剪刀为高履平刻以名章，这些充分表现他处世随和的风度。可惜他为我们刻赠的金石珍品都被毁于十年浩劫，不能不遗憾难已。

1961年夏，在第三次全国文代会期间，我和他同住北京西苑旅社，常有机会见面。当时由于三年自然灾害，生活供应比较紧张，可是他每天喝酒，组织上常予以特殊照顾，他是深有体会而且颇为感激的。他以感慨的心情和我说："党和国家对我们知识分子，照顾得无微不至，可我们如何报效党和人民呢？太少啦，也太惭愧啰！"满口老表腔土音，却喷出浓郁的酒的香味。多么纯朴的情感哦。

　　缅怀故旧，披露真诚，虽然琐屑闲言，也聊以表达旧时代的知识分子渐次加深对党的知遇之恩了。

与抱石先生相处的日子

宋征殷[*]

我和抱石先生是在40年代一个展览会上结识。那时我刚从日本归国不久，在上海美专西画科任教，对他的作品纯粹是以西洋画的观点和欣赏方法，认为他的画，犹如在西洋美术史上从学院主义奔向印象主义的飞跃。他师法自然，尊重传统，而不墨守成规。他从日本绘画特别是横山大观（1868—1958）、川合玉堂（1873—1957）等人那里汲取养分，使他的作品呈现新的生命，具有十分新鲜的意境。

那时我正负责一个绘画研究所（阿特里社），集中了一些学画而有志于探索现代化、民族化的青年，希望能在我国油画坛上出现一批崭新的又有民族特色的作品。抱石先生的作品从中国画的角度给我以很大启发。

以后我们在同校教书，我们交流了借鉴外国和对提高本国艺术表现的意义，特别是在教学中应该广为吸取借鉴，才能使传统文化推陈出新。然而借鉴外国如何与本国传统结合协调，是一个需要不断探索实践的问题。而抱石先生的作品中充分显示了这种变化倾向，是在新尝试中取得优美协调的伟大

---

* 宋征殷，画家，曾任南京师范大学美术系教授。

成就的画家。

抱石先生秉性笃实豪爽，待人宽厚，热情洋溢。对青年人关怀、培植是满腔热情的。那时我的境遇坎坷、屡遭不幸，抱石先生却时时开导启发，使我克服了消极情绪，振作起来。在南京，我们是邻居，天天在傅厚岗搭去学校的班车。抱石先生对我倍加爱护，有时我不过是随便的议论，甚至是笑话，他却记取在心，在第三者前详加复述。平时我在系务会议上发言欠妥，甚至走了火，他给我补充修正，圆场自然。在燕子矶的郊游中，他会和我一起蹲下挑拣被江水冲刷的小石子，相互评价造型，津津乐道。在无锡鼋头渚太湖边，对山水风景的透视表现的议论又是那么风趣融洽。经过太平天国百周年创作，我对他所画的大渡河水滚滚向前的表现技法倍感欣赏。此时我真想研究中国画。他给我三幅卷轴，其中除了山水、古人物以外，还有一幅他的花鸟画，挂在我的客厅里，表示不同的题材和不同的表现技法。当我表示想留一幅作纪念时，他让我在一大卷作品中挑选，并随手题了款。写得客气而感人。最为使我高兴的，是他竟花了两天时间为我刻了一枚印章。虽然当时他说眼睛不行了，已经好久不动刀子了。我非常珍惜这些纪念物品，那年纪念世界名人日本画家雪舟50周年诞辰，他计划要写一篇纪念文章，我有几本从日本带回的有关书籍，极高兴能有机会送他以助一臂之力。后来他对我说："文化部已经有人写了，不过我写的仍可以作资料，对他们会有用。"发出后不久，得知纪念会决定选用了他的那篇。

在他画室，我挑选的那幅作品是他在重庆金刚坡时所作：烟雨、愁云笼罩着群山。在竹林深处，一个老人带着书童，面向山涧潺潺的流水……

这是一幅和我当时心情是那么吻合的作品，我非常喜爱，对这种水墨的表现力，十分神往。

获悉"思想改造"以我为重点后，他是唯一真正想帮助我渡过难关的人。在最紧张的那些日子里，每天傍晚他到我家看我的交代材料，提出意见，帮我修改。当我在成贤街礼堂上千人的大会上作"交代检查"时，他坐在第一排正中给我打气。他注意倾听每一句话，唯恐漏了重要细节。中途，他竟在众目睽睽和震耳欲聋的口号声中给我递上一盒打开了盖子的清凉油……

当宣布通过时，我看他远比我更为欢喜雀跃，如释重负。

然而不久，这一切又都成为"罪状"，在"肃反运动"中竟成了两个"内定对象"。我还是青年，从我那里开刀，然后挖出大号，是意识之内的事。在一场残酷斗争会以后，我被捕。目标然后转向他。听说他被迫整夜交代的稿子写了好几本之多。

……

所幸这一切都已经过去了！抱石先生也过早地离开了人间。

然而那些充满了深厚友情的岁月，将永远铭记在我心头，不会忘记。

红叶盅酒祭画魂

赵清阁[*]

几片红叶一盅酒，敬献画魂奠冥寿。

我嗜画、学画，年轻时买不起古画、名画赏玩，只好看展览会解馋；这只需一角钱就能看上百几十幅画，还能带着小本去临摹临摹。而且在这种场合，我认识了不少画家，傅抱石同志就是其中的一位。

1943年的早春二月，傅抱石个人画展在重庆观音岩中国文艺社举行。我久已仰慕傅画，接到请柬就去参观。这天下午尽管山城雨雾蒙蒙，气压低沉，人们的心情也很低沉，但参观的人还是非常踊跃。他们来寻求美的享受，从那一幅幅描绘着祖国大好河山的优美图画里，他们感到一种崇高的情操，一种鼓舞人的潜在动力。我也一样，我着了迷似地沉醉于图画的景色意境。正当我浏览品赏得津津有味的时候，忽然有人走过来，向我礼貌拘谨地自作介绍，说他是傅抱石，我连忙和他握手招呼。只见他穿了一件旧棉袍，颈子上围了一条毛线围巾，头发乱蓬蓬的，一望而知是一个不修边幅的艺术家。他讲一口鼻音很重的江西话，从他那讷讷朴实的神态又可以看出，他是

---

* 赵清阁，女作家、画家，上海社科院研究员。

一个不善辞令的书生。他陪我参观时我发现不少画上贴了红纸条，标明已经有人订购，我向他表示衷心的祝贺。但他告诉我：这些红条不都是真的被"订购"，有的是自己故意贴的，为了标价后又不愿出售。也有的画他压根不标价，写上"非卖品"三个字，这显系精品，只供观赏不肯卖。他曾带我看了一幅非卖品的山水中堂立轴，他说国民党宣传部长朱家骅要买这幅画，托朋友情商，愿出高价。而他坚决不卖，他很坦率地请朋友转达部长：他并不是一个只爱钱的人，如果遇到知音，他可以白送，分文不取。这是多么可贵的高风亮节！这件事给我留下了深刻的印象，几十年来我确切知道，他送给过许多朋友画（包括我）。为此我不仅钦佩他的艺术，更敬重他的人格品行。这天晚上，就在中国文艺社他请我和几个朋友吃饭，记得有著名画家司徒乔、秦宣夫、张倩英，还有老作家华林等。抱石好酒，酒后显得活泼豪迈，还醺醺然地拉胡琴，让大家清唱京戏以尽余兴。这是我和抱石第一次饶有情趣的会晤，这次的会晤，使我暂时忘记了烽火中的熬煎，忘记了山城雾的苦闷！夜阑星散，我回到神仙洞的住处，乘兴填了一首"眼儿媚"的词，记志胸中的感怀。后来我把词给抱石看了，他认为诗中有画，竟绘成了写意仕女图横幅相赠，这幅画珍藏至今，倏忽40年了！画面的左边，绘了红楼一隅，仕女半身斜倚珠栏，作遐思眺望状。左首上录"眼儿媚"词，右上首自题长跋。拙词得以形象化，十分感幸。画面诗意盎然，睹者莫不赞为神品。他的画线条潇洒，淡彩清逸；他笔下的人物，不仅栩栩如生，有血肉感，亦且韵味无穷。因为他是写生活，写情趣，写人和景物的思想风貌。用他自己的话说即"体现自然"。人物画如此，山水画也同样。读他的画使你感到：技法独特，与众不同；内涵丰富别具格致，耐人咀嚼。这一特点在古今著名的中国画里是少见的。他不受传统约束，又不背弃传统。他是一位继承遗产，又敢于创造的画家，这种精神和徐悲鸿是一致的。他善于根据题材内容，随时改变技法，而使之协调统一。例如他画山，就不套用古人的皴法，

41

跳出陈规框框，因时、因地、因景，变化多彩，不落窠臼。这主要是源于生活，源于情趣。我觉得"诗言志"，画也同样言志，其"志"就寓于生活、情趣。抱石洋洋洒洒在生活、情趣的无垠无涯之中。没有深厚的功底和文学素养，是不可能有这种造诣的。所以他得之不易，别人学他的画也很难，或者说学傅画的皮毛不难，欲得其精髓，难！他从事美术教学数十年，似乎还没教出一个传人学生，我每每和爱好傅画的朋友们谈起这一问题，都很担心傅画会失传。其实是"杞人之忧"。30年后（1975年）他的三女儿益瑶来看我，告诉我她在学父亲的画，我极力鼓励。后来她到日本深造，也考进了父亲从前就读的母校，现在已经毕业，画艺也很有成就，技法继承父亲。傅画得传了，我为之额手称庆。

第二年又是一个早春的二月，一天抱石同志邀我到他家做客。他那时是郭沫若同志领导下的政治部文化工作委员会的委员，住在赖家桥金刚坡的全家院子。记得他还邀了司徒乔夫妇。傅太太——罗时慧同志忙得团团转，我们酒醉饭饱，又喝咖啡。天还很冷，大家挤坐在一间小屋子里，谈笑通宵。一向沉默寡言的抱石，也许喝了酒的缘故，居然一反寻常，侃侃而谈，对时局大发议论，还激昂愤慨地背诵了屈原的《楚辞》中"九歌"的诗句。我不禁惊讶地发现他非常关注政治，他是一个有强烈正义感的爱国主义艺术家。他说他正在酝酿，将把《九歌》的"二湘"和"国殇"诗意绘制成画。司徒乔不大讲话，直捋着他的美髯长须摇头叹息。他的夫人冯依媚则性格爽快，嬉笑怒骂，毫无顾忌。时慧也颇健谈。我倾听着，一边思忖，一边吸香烟。我们几个人都吸烟，屋里烟雾弥漫，灯光已被烟雾笼罩、掩蔽了。蓦地传来雄鸡报晓，已是翌日凌晨。我伏窗外眺，夜空依然昏昏昧昧，象征了当时的国家形势——黎明前的黑暗！

过了几天，抱石又赠我《著书图》一幅，画面仍系古仕女席地而坐，执笔沉思，石上隅有窗，窗台上置花瓶，插红梅一枝。整个构图简明典雅,给人以清新之感。朋友们看到赞不绝口。老舍同志题谓:"国画以善运笔墨为主,笔坚墨晕,体韵双妙,得为上品。今代画师,独抱石公能之。"郭沫若同志题诗一首。罗鬈渔同志还填了一阕"唐多令"的词。我自己更是十分珍爱这幅画,一直随身携带。但"文革"抄家时被造反派拿去,险遭毁坏,"归赵"后犹见画上赫然践踏的一只脚印,这大概是用以表示"打倒在地再踏上一脚,永世不得翻身"的意思。为此这画和我的命运一样,是劫后余生!郭老一向对傅画评价很高,他向我说过:《著书图》神韵绝俗,与古今仕女画迥然不同。又如《湘君》《湘夫人》,神采飘飘,有跃然纸上呼之欲出的感觉。我知道郭老有二湘图,所以感受甚深。由于抱石和郭老同事文委会,接触较多,每有得意之作必请郭老赏鉴。郭老看了他的不少画,也有些研究,堪称知音,因此能够做出较贴切的评论。1957年他曾为《傅抱石画集》题辞,写道:"抱石作画别具风格,人物善能传神,山水独开生面。盖于旧法基础之上摄取新法,而能脱出窠臼,体现自然。吾尝言:我国画界南北有二石,北石为齐白石,南石为抱石。今北石已老,尚望南石经历风霜,更臻峋然。"这题辞精辟概括,而又非常中肯,可以想见他们的友情之笃。

我有些偏爱抱石同志的人物仕女画,对他那气势磅礴的泼墨山水画,我也读之不厌;只有对个别雨雾朦胧的画,我不太喜欢。但这不等于是画不好。1945年10月日本投降后,我出川前夕,他送给我一帧册页饯行,画面是深秋景色,远山一抹,丛竹成荫,一叶扁舟穿江而过,丹枫随风飘落。水墨淡彩,清逸宜人,可称精品。几十年来,我总想挂在书斋案头,仰首凝视,仿佛置身江枫间,为之悠然出神!抱石喜爱文学,做到了古人"读万卷书,行万里路"的格言。他作画除了写生,也取材古诗词,他画过唐人诗意,也画了不少《楚辞》诗意。这也反映了他当时的思想感情和胸中垒块,他是借古喻今。那年月也只能这样。

20世纪50年代初，抱石同志在南京执教，像所有知识分子一样，盼到了晴朗的一天，精神为之振作。画了不少思想、艺术都是高水平的作品。比如他取材丹枫画的《深秋》《西风吹下红雨来》，寓意深刻。还画过巨幅歌颂全国解放的《东方红》，红军长征的《抢渡大渡河》，以及毛主席诗意多幅，反映了他思想上的跃进。特别是与关山月合作为人民大会堂所绘的巨幅《江山如此多娇》，令人叹为观止！

大约1953年、1954年间，抱石同志到上海，据他告诉我是应陈毅同志之邀来的。他想认识老画家刘海粟和女画家陆小曼，要我为他介绍。他是一个襟怀宽宏没有门户之见的画家。我以小曼有病不出门，只好陪他到福煦路福煦坊访问了一次，又在我的住处请刘老和抱石便餐见了面。抱石向来谦逊礼貌，尊刘老为前辈。刘老也很赞赏抱石的画，两位画家又都曾在日本学画，所以谈得还投机。抱石这时在南京执教，还写了些有关学习和研究中国画的理论文章。有一年我随上海作家协会一个参观团去南京、马鞍山参观工矿，拜访了抱石时慧夫妇。他们住在玄武湖风景区的傅厚岗街，是很适宜于艺术家生活的环境，战前徐悲鸿也住在这里。又像40年代，在赖家桥全家院子那天晚上一样，他们热情地招待我吃了一顿丰盛的晚餐。饭后抱石让我看了他的一些近作，使我了解到新中国成立后他的创作力之旺盛，这是和他的心情舒畅分不开的。虽然一度由于有些人对旧社会知识分子走过的迂回曲折的道路不理解，甚至曲解，他受到过冷遇、歧视，但周总理理解他、爱护他，因此他获得了巨大鼓舞，他的艺术又焕发了青春。他不知疲倦地工作，教书绘画之外还积极参加对外文化交流活动。他去过苏联、捷克、罗马尼亚一些东欧国家，举行了中国画展。他还在国外随时写生，画了许多异国情调的生活、风景速写。后来他在国内把这些画稿用水墨丹青绘制成中国画，而力求其形式与内容统一。他说这是一种探索，他希望中国的笔墨技法也能够表现异国的大自然。我在他的一次展览会上看到过他的这类作品，我觉得他的尝试是成功的，虽然看上去还不太习惯。不过他得到了国外的好评。这时期他担任了江苏省国画院院长，又被选为全国人大代表，还忙于政治活动。他也常挤出时间各地参观，既是视察，也是为创作搜求题材。他告诉我他不止是"行万里路"，而是十万里路。他计划走遍全国，画尽祖国河山。这是多么豪迈的愿望啊！以他的激情和勤奋，他的愿望本来可以实现，然而他的一个最大缺点，就是太不注意健康，太不知保重身体。于是疾病毁灭了他的愿望，变成"壮志未酬身先死"了！

50年代末抱石同志已是年近花甲了，我发现他两鬓斑白，背渐佝偻。他开始患了高血压症。医生禁他饮酒，他不听，他说没酒就画不出。1958年、1959年间，正值自然灾害供应紧张之际，他在北京画人民大会堂的《江山如此多娇》，因为买不到酒，他"罢工"了。他已经成了习惯，没有酒精刺激的兴奋，笔好似千斤重，拿不动，更挥不开。为了完成任务，他只得写信给周总理，请求支援。周总理立刻派人给他买来佳酿，真是少见的好总理，事无巨细，都是躬亲关注。这件事朋辈传为美谈，也可见抱石嗜酒之甚。他不仅擅画，并能金石，他为自己刻有一方闲章"往往醉后"。他说：唯得意之作才用此印。我曾劝他戒酒，他感慨地告诉我，他贫寒出身，一生勤劳制画，所得赖以活数口之家。个人别无所好，只此一点烟酒癖，也要戒掉，岂不太自苦乎！我了解他生活俭朴，性格洒脱，从不为个人谋享受。一点烟酒的精神食粮，而且关系到他的创作，似乎难能戒除了。

1963年夏天抱石同志到上海，住东湖招待所。当时阳翰老也住在东湖，我每去东湖，必看两人。有一天我去看抱石，见他正独自饮酒，也没有菜肴，干喝。他讪讪地解释他已经吃过饭了，有点感冒，想喝酒出出汗发散。我不相信，就劝他戒饮，因为酒对高血压病是不利的。但他说："我今年已是虚度60了，即使死也不算短命；悲鸿只活了58岁，明人大画家唐寅还不如悲鸿。"言下他很得意自己的长寿。我听了真是哭笑不得！他看到我手里摇了一把古折扇，扇面是绢的，便要替我画。于是第二天他来到我家，兴致勃勃地在扇面上画了一叶扁舟，舟上一个老人独酌，丹枫飘飘似雨，诗意盎然。他叫我题诗，我答应了，但是直至他逝世后我才题了一首五绝补写上去。扇面背面系洒金纸，翌年由田汉同志书写，可谓"珠联璧合"。不意这竟是他两位最后一次为我画、为我写的扇面，不久他们就先后作古了！

越两载，1965年的9月深秋，抱石同志又到上海，当时我身体不好，又正忙于参加电影界的文艺革命。27日他来看我，我请他在文化俱乐部吃了一顿便饭。他告诉我他是应上海市委会邀请，商讨为飞机场作画的事。他的情绪很好，精神抖擞，不像我已经因为影片《北国江南》的被批判，开始有些紧张了。第二天晚上，魏文伯同志请他吃饭，回到锦江饭店给我电话，说他明天清早回南京，过了国庆节就再到上海，并且要耽些天，直至完成作画的任务。从声音里我听出他又喝多了酒。（后来听说，他那天不但喝多了酒，还作了画。）我祝愿他一路平安，欢迎他下次莅沪。做梦也没想到，29日上午他回家后猝患脑溢血，与世长辞了！当天夜间我从无线电广播中听到噩耗，我简直无法相信这是真的，前一天晚上他还在电话里向我告别，言犹在耳，怎么竟会从此永诀了？！电台的消息绝不是谎言，抱石确是连自己都毫无思想准备，而匆匆地去了，去了！我挥泪写过一首悼念他的诗："飒飒秋风泣鬼神，惊悉南石病丧身！昨宵电话犹在耳，今日竟成隔世人！不期大才偏早死，未能高艺尽展伸。泪眼凝视著书图，何时再为我写真？"这诗写出了当时的真实情况。

怀念抱石

常书鸿[*]

抱石离开我们这个世界已经二十年了！但他那浓重的江西口音和笑貌，一直像他的山水画那样，变成虚无缥缈的幻影留在我的脑海中。他那种游戏人间，伏尔泰一般带着讥讽世界的神情，使我解除了对人世的戒备，感到宽舒与安定。记得那是我和承仙婚后不久，在南京他见到我，一声不响地为承仙和我刻了两方图章，笑着说："如今你是江西人的女婿，自己人了！就送一对图章为你们祝福！祝愿你们双双努力为敦煌事业奋斗终生！"

我喜欢抱石的水墨山水，正如一个久居中国的法国大使馆的参赞爱里舍夫（Elliseffe）同我谈到傅抱石的画时，总是肯定地赞赏他说："他的水墨山水，天衣无缝，真是比法国的'印象派'还要'印象派'！"的确，抱石的山水画中出现的那种气势磅礴的重山叠峦的意境，正如他在《中国绘画理论》一书中所引证的：

"凡画山水，最要得山水性情，得其性情，便得山环抱起伏之势，如跳如坐，如俯如仰，如挂脚，自然山情即我情，山性即我性，而落笔不生软

---

* 常书鸿，敦煌艺术研究专家，曾任敦煌艺术研究所所长。

矣。亦便得水涛浪萦回之势，如绮如鳞，如云如怒，如鬼面，自然水情即我情，水性即我性，而落笔不板呆矣。"（明·唐志契《绘事微言》）

抱石强调画家应重修养，强调"读万卷书行万里路"，认为画家六法的第一条就是"气韵生动"，他又引陈衡恪的话说："文人画之要素：第一人品，第二学问，第三才情，第四思想，具此四者乃能完善。盖艺术之为物，以人感人，以精神相应者也。有此感想，有此精神，然后能感人而自感也。"这就是近世美学家所推崇的所谓"感情移入"，德国美术家认为是无上重要发明。抱石结合中西艺术理论而演变出来的风格，使他的杰作达到现代中国绘画无上的成就！永垂不朽的创造！

艺薄云天

——纪念抱石先生

亚　明[*]

　　50年代初，有缘结识抱石先生，一见如故，确无好为人师之感，当时，先生艺术成就已是非凡。往后，共事十多载，觉得傅院长确实是位勤奋善思，热情正直，而又非常随和的艺苑班头。脾气有之，要看何因而起。

　　抱觉心，一管狼毫笔，吞吐大荒，非为己；

　　石补天，两只勤奋手，图画江山，颂神州。

　　借纪念之机，追忆先生在二万三千里之壮游中几件碎事。

　　60年代首，江苏省委宣传部领导同志，亲临画院，恳切希望诸老画师，行万里路，壮游一回，到全国各地走一走，看一看，开阔胸襟，增长见识。诸老闻之乐乐。抱石先生当场即兴，唱皮黄一段，操琴者，宣传部长也。

---

　　*　亚明，画家，曾任江苏省国画院副院长、中国美协江苏分会主席。

抱石先生为首，一行13人，先至郑州。河南诸公盛情，共聚师院艺术系会议室。主人说明目下中原人民之难，师生皆终日外出觅可食之物，无甚招待……主人正说时，傅公向我使个眼色，二人目光同出窗外，见老榆树上有黄脸学生。散会途中，抱石先生对我曰："我们一定要发扬艰苦朴素精神。我有点辣椒就行（先生喜食之物）。"声音沉重，不同以往。

三门峡工地之气势，浩荡起画师之心灵。抱石先生情绪振奋，雀跃工地上下，时而专视宏伟大坝，时而仰首思想，时而俯望黄河，时而环观阡陌，周身汗湿而不顾。圣人出，黄河清。先生认定，今天的人民才是真正的圣人。归途中先生曰："无生活，谈何艺术。"

老友又面，语无了结。金陵、长安对中国画继承发扬之用心，可谓异曲同工。古都可览者，俯仰即是，抱石先生瞻仰圣地心切，长安诸公不善寒暄，不爱场面，决定速去延安，共同深入生活，以心得交流体会，以作品相互学习。去延安途中，风云有变，行至铜川境内，大雨滂沱，川原上，艰险难履，风雨行车，驾驶同志十分小心，将车停至一小镇子，说啥也不动哉。此时，天已黑透，何处安身，尚无着落。停车坐看川原雨，诸公欲宿"铁笼"中。主人石鲁兄心急如焚，冒雨四出寻找可宿落地。不一会，石鲁兄进车笑曰："傅公，诸位，山重水复疑无路，柳暗花明又一村。有一妇女浴室，愿租我等一眠，须等营业毕，方可入内。"吃过晚饭后算是住进"宾馆"。斗室无窗，四壁墨染，约有十来条长板分靠四周，宽仅一尺二三寸，板面上水气如烟岚，气味浓郁不可言。傅公倒也满意，毫无不快之感，他遵守自己诺言。一天折腾，确实疲劳，不管三七二十一，和衣而卧。片刻，呼声大作，抱石先生熟睡哉。屋顶气凝水滴注面庞也不觉。次日晨时，天风浪浪，川原苍苍，北国秋色，一片金黄。先生漫步至小沙溪边，洗涤脸上污垢。我问先生："如何？"答曰："真舒服。这种地方日后难得。想也想不到的。老弟，这里有酒售否？""有辣椒粉。""回头弄它一包。"车过沙家店，先生不时举首翘望。他希望早到延安。在圣地时先生最为兴奋。瞻仰一切，饱览一切。延河、宝塔、枣园、杨家岭无不在抱石同志敬慕中。先生登上山顶，面对延安全城，白云在先生身边移动。离开圣地时，抱石同志得意对我曰："我也到过延安了。"

华山天下险。傅公当然要一览为快，"搜尽奇峰"才满足。那时，车不便进山，从下车处至山脚尚有若干里，须步履，傅老虽年过半百，决不落伍。他兴致勃勃，背上口袋，上山哉。山区落日早。下榻青柯坪一道观内，老道算定我等腹已早空，售出：秋茄子一盆，秋扁豆一盆，秋辣椒一盆，清汤一海碗。可称之为三秋一包华山道家清心定神全素席。抱石先生见辣则喜。笑对我曰："有些洋人为何体臭？西方盛行食肉主义，故而体内血液中有害之酸性物质甚多，故香水越做越好，价钱也越来越贵。东方多食素，碱性物质多，中和酸性，香水也无甚大用。"说罢取出酒来，刚要上口，老道训斥声传来。先生一天劳累，又走数十里山路，只望一饮解疲劳。这一来，傅公与老道展开一场较为激烈之舌战。结果，酒是吃着，是在山门外老柿子树下（观内禁止吃酒）。此时与我说话，口中酒香扑鼻，先生似乎有点醉意。当晚，大家围坐素油灯下，继续时政学习，读完报，傅院长再谈勤俭节约之重要性。他的发言确实认真严肃。在西岳，先生不临绝顶，也不登山，立根山脚，行走于乱石杂草之中，朝暮专视着气象万千之西峰。意象欲生，造化已奇，他在"待细把江山图画"。

长安登车，飞越秦岭、蜀道今日非难也。山城更是先生烂熟之地。较场口枪声，嘉陵江怒涛，重庆迷雾、红岩曙光，又在先生脑海中翻腾。下榻后，傅先生提议先去红岩、曾家岩，随后自便。先生为人民图画之心清明如玉。在红岩，先生久久无语，他详阅那里陈列之珍贵文献、资料、图片，回忆昔日山城所发生一切。他在沉思，他在思考，他在观察红岩一草一木。山城茶馆之多，算得全国之冠。晚饭后，傅公约我去坐茶馆，边饮茶边听西蜀丝弦，先生饮得过瘾，听得高兴。深夜归，山城灯光已接联繁星。

光阴贵如金。乐山等车几日，先生着急，一再表示，有车就行。听说有一辆卡车要走，当然不能放过，经商议，同意傅公在驾驶室就座。发车时，一位壮汉早和驾驶员平起平坐，交涉久久毫无结果，壮汉满口粗话，捏紧拳头，谁也奈何他不得，抱石先生摆摆手，爬上装满化肥的卡车。路程非短，要行百余里，一路上车在跳跃，风在呼吼，灰在迷漫，先生坐在化肥袋上讲着昔日这条路上常发生的故事。

楚地深秋醉煞人。抱石先生指着长沙市地图上五颗鲜红五角星曰："这就是我们必须首先去瞻仰、学习的地方。"韶山冲、清水塘、农讲所、爱晚亭、长沙第一师范，先生都认真听取讲解同志解说，他那小小的写生本上记满了主席青年时代的勤奋、胆识、胸怀。我等在长沙小住几日，打算将沿途草稿稍加整理，互相交流此行中之心得体会。抱石院长就传统、时代、生活、技巧、感情之间关系谈了他的体会。先生心得，应该说是我国画论中最新一页。羊城迎远客，金陵催人回。先生在广州农讲所瞻仰时，接宁电报。次日回白下。随后，一大批讴歌山河新貌作品问世。先生新作《黄河清》《延安颂》《枣园春色》《红岩》《韶山》《待细把江山图画》皆是"诚贯金石"之作。先生可谓艺薄云天。

郭沫若先生云："抱石作画别具风格，人物善能传神，山水独开生面。盖于旧法基础上摄取新法，而能脱出窠臼，体现自然。"

黄蒙田先生云：50年代以后，傅抱石生命的最后十几年，一直以南京为生活、工作基地。他和他的同伴们推动了江苏国画院的创作活动，并在全国范围内影响了中国画创作的发展。在傅抱石1965年逝世以前的日子，我们看到他和他的同伴们认真思考如何推陈出新，长期到现实生活中去体验。现实生活中的山水风物要求对传统的表现能力作严格的考验，要求通过对山水风物的深刻感受用新的笔法技巧去表达，要求出现在他们作品上的山水风物有强烈的时代感情，而这就是新面目的中国画出现。

乙丑大暑于金陵

难忘的怀念　难得的同行

*关山月**

过去我和抱石兄接触不多。抗日战争年代，他在陪都重庆中央大学和国立艺专教书，我在西南西北各地流浪写生。当我在重庆举行画展，他每次都来看，彼此虽有接触，总是短暂的。50年代以后，他在南京工作，我的工作单位在广州，除参加一些全国性和文艺有关的会议，难得见面一次。

1959年、1961年两年间，因有奇缘，我们曾有过两次难得的共事机会。一次是《江山如此多娇》巨画的合作，另一次是一同应邀赴东北旅行写生。两次合作都来之不易，也是合作得较有成效的。这是由于我们各自的主观因素和一定的客观条件起的作用。

主观因素和客观条件到底是什么呢？我认为主观上首先是有个共同的基础，即时代的脉搏和传统的根基，以及"笔墨当随时代"的共同观点和"为人民服务"的愿望。

《江山如此多娇》的创作曾写进总结。现在回过头来想，写得还不够深刻。至少有一点未总结出来，即在创作过程中曾要求保持各自的画风而协

---

　　*　关山月，国画家、教育家，曾任广东画院院长、中国美术家协会副主席等。

调统一。我们过去未曾合作过，对此委实有点担心，深怕由于合作不好而完成不了任务。从四个多月的创作过程中，有一条很值得总结（当时未曾写出来），即大家都是从全局出发，从效果考虑，保证发扬各自的擅长，尊重各自的优点，互相学习，互相尊重，取长补短，目标一致，当时我们都能自觉地在合作过程中甘当对方的助手，乐于当对方的配角，务求突出各自的优势与特长，全力以赴来对待这项严肃而艰巨的任务。

什么是客观条件呢？首先有了一个新中国，才有一个这样宏伟壮丽的人民大会堂，然后才需要《江山如此多娇》这样一幅大画。无疑这是时代的赋予，才有艺术的新生，都是时代的产物，我们有幸生活在这样一个伟大的时代，我们有幸接受了这样一个光荣无比的政治任务。

我们是如何对待这个有绘画史以来还没有过的光荣的创作任务呢？在合作过程中使我深刻地认识到，像这样艰巨的重大任务，纵使我们之间都具有可取的主观因素而没有一定的客观条件是绝对完成不好的，甚至缺少任何一个组成部分的配合都是完成不好的。在开始时就明确了是以《沁园春·雪》为题材，主题是"江山如此多娇"。当时我们两人都分别根据词的内容来打稿子，可是几次的草图观摩，都由于抓不到要领，而未得到通过。这是我们主观因素的水平所限，要突破一点都深感穷思乏力。我们正在苦思冥想之中，陈老总来了，郭老也来了，还有吴晗、齐燕铭，他们在每次审稿过程中，都提出了非常宝贵的意见，使我们大受启发，大展情怀。因为我们的思想水平所限，老是在词的具象上兜圈子，他们都在意象上提问题。陈总、郭老异口同声一针见血地提出要立"意"。陈总首先提出："江山如此多娇"嘛，应先抓一个"娇"字。怎样才能体现江山之"娇"呢，他一口气说出图中一定要包括"长城内外""大河上下"，还要见东海，见皑皑塞上的雪山，郁郁葱葱的江南大地，地理包括东西南北，季节包含春夏秋冬。只有这样才能"娇"得起来，才能充分体现"娇"的本质，才能体现"多"字的磅礴气势。我们一面细心倾听，一面掀起思考的波潮，确有茅塞顿开之感，一时豁然开朗，抱石兄思路比我来得快，接受能力比我强，体会也比我深。因而他又想到另一层的境界去了。而紧接着提出来要不要出现太阳？要不要出现人物？出现什么人物？……这时郭老说话了。毛主席"咏雪"的时间是在新中国成立前，所以说"须晴日"。现在新中国成立10周年了，还不出太阳？我看应该画上东升的太阳。其他在座的都同意这个意见，只是都不主张出现人物，认为有了人物就可能伤害了意境。我们根据以上的意见，进行了反复的研究讨论，并一再修改草图。幸亏我们平日都有一定的生活积累，打起草图来较能得心应手，更重要的由于我们早就建立了一个共同的艺术观，能使初次合作的金陵笔与岭南风在大画上融为一体，既保留了各自的画风而又能协调统一。此无他，主要由于我们有了一个时代脉搏与传统根源的共同基础，有了"笔墨当随时代"共同遵守的原则；都本着"师古不泥古"，"师自然要主宰自然"和"艺术不能脱离政治，但不是政治的附庸"等共同的见解；以及在实践上各自均有一定的创作经验和较深厚的生活积累。这些都是我们能合作得好的条件。但必须指出：主观因素再好，如果没有这些客观条件的配合，要完成这样艰巨的任务肯定是不可能的。

　　苦战四个多月过去了。我们是日以继夜坚持工作的，有时星期天也不休息。到了9月中旬，基本上把作品赶出来了。回顾我们的创作能够顺利地进行，绝不能忘记上述诸位经常督促检查我们的进度，及时为我们出点子，为我们鼓劲打气。当成品挂到人民大会堂现场请周总理鉴定时，这天我们的心情特别紧张，因为当画幅挂到现场之后，我们看了也觉得不够理想，只好带着不安的情绪等待着总理审定的结果。正在想着想着，陈总陪着周总理来了，我们立刻上前去迎接，总理一面和我们握手一面表示亲切的慰问说："你们辛苦了。""未想到你们都还很年轻啊。"总理立即登上汉白玉台阶凝神看画。他曾上下阶梯多次，还爬到画的左右两侧的最高处反复地看，就是这样认真地审阅了将近一个钟头。然后当着大家发表他的意见："我和陈总的意见一样，都认为画得好，我们都感到满意，画得很有气势嘛。"接着又说："不过……我觉得画幅小了些，必须加宽加高，（原尺寸宽7米，高5米半）最少要加宽2米，加高1米，太阳也太小了，和建筑一比就显得不相称，最少要加倍的放大。"意见说完又叮嘱我们几句："时间不多了，画要改好，但要注意身体健康啊。"画一直赶到9月29日晚才装裱完毕悬挂到人民大会堂去。画刚挂好，就接到从外地送回主席亲笔的四份《江山如此多娇》，为什么要写四幅字条呢？原来他老人家事先在四幅字里每个字的旁边都用铅笔画了圈圈，他写四幅的用意就是要我们从中挑选要用的"江山如此多娇"六个字。我们只好按照他老人家画圈多的字来挑选，然后请张正宇放大照描到画面上去。这时，算是最后完成了任务。

我在这里说了一通以上的过程的目的有两点，第一点是说明任务的完成要靠各方面力量的配合，要靠多方面的客观条件支持，否则，绝对不能完成这样的艰巨任务的。第二点想谈谈我个人的感情，从我现在所忆及的一切，现在想起来，好像做了一场梦。因为我和抱石兄都是来自旧社会，我们难忘过去在旧时代做一个穷画家的苦难与遭遇，这种亲身体验的经历与处境，很自然地会产生一种美恶与新旧的对比，像以上所写的动人场面与情节，这样上与下主观与客观打成一片的合作关系在过去是很难想象的，作为一个从事绘画的旧知识分子能这样受重用和尊重，又能得到这样无微不至的照顾与关怀，有生以来第一次经受着这样的安慰和温暖。……就是这些，叫我们怎不怀念呢！叫我们怎能忘掉呢！

我和抱石兄的另一次合作是较流动的、心情舒畅的旅行写生。由于我们之间的奋斗目标一致，生活情趣相近，所以一直都相处得很好，真正做到在思想和业务上互相帮助，生活上互相关心，有困难时又互相体谅互相照顾。特别是文艺思想上能做到无保留的争鸣与交流。因此，我们渐渐建立了能者为师的情谊，成为志同道合的战友。

创作《江山如此多娇》大画时我们一起生活在前门的东方饭店，休息时曾一同游公园，或逛逛琉璃厂。由于住地接近琉璃厂，我们去的次数比较多。不论是旧纸旧墨，或是其他文房四宝、民间工艺、出土文物或古本线装书都是我们的宠物，凡到琉璃厂都很少空手而回，每次各人都在夸耀一番自己的收获。在不影响工作的情况下，古字书店的老板，也经常把有价值的古字画送到东方饭店来，让我们挂在自己的卧室里慢慢欣赏精选，我们因有此便利的条件，都选购了不少名家的作品。我还为广州美院国画系教学的需要选购了一些有参考价值的古画。看字画也好，鉴定古文物也好，抱石兄经验比我多，修养比我丰富，鉴定能力也比我强。几个月来的确学了不少东西。我不觉得这是玩物丧志，却深深体会到这是一种很有意义的研究分析学习，它不但丰富了知识，增强了修养，也是在生活中添补了情趣不一般的美的享受。

　　1961年6月至9月和抱石兄应邀一同到东北旅行写生，先后访问了吉林、哈尔滨和黑龙江。北京"新影"派了工作组和我们一道登上长白山，游了镜泊湖，为我们拍摄了纪录片。我们在东北的行程分三段走，走一段停一段，停下来是为了反刍、消化，及时把搜集的稿子整理出来。三四个月来，大家都画了一批写生画，这批东西曾在北京公开观摩，后来辽宁出版社结集出版。在出版前言里抱石兄写道："在写生、创作上，也有若干的点滴体会。在我们近四个月的共同活动中，只要有所感的话，就随时把自己的意见提出来交换、研究，有时候争论争论，这是我们认为最有意义的一点。……因为我们是形影不离的，不是'望衡对宇'，就是'比门而居'，一幅未竟，往往几次丢下画笔坐拢来议论一番，互相琢磨，互相帮助，所以就我们个人来说，这段生活也是不可多得的。"这段话看来，显得他很谦逊，也很密切。旧时代的所谓"文人相轻""同行如敌国"，在我们之间是不存在的。由于我们的关系是建立在事业上，我们是"志同道合"的，情感是真挚的，胸怀是坦荡而真诚的，因而我们的友谊是永恒的。

关于傅抱石先生

宋振庭[*]

我和抱石先生相识很晚，但一旦相识，彼此都有相见恨晚之感，而且成为朋友中比较贴心的，感情和互相理解的程度都比较深。我可以举出几点我们之间友情的例子。

抱石先生个性强，不苟且。有时很熟的朋友，当着很多人在场，一言不合他就可以拍案而起，顶撞人毫不客气，不留面子。有时他对事情有自己的见解，决不轻易与别人苟同。但我们之间，自从相识之后，无论对时事、政治，特别是对画论、对画家、对著作者，对许多事物的看法，常常很默契、合拍，谈得很深。他谈石涛、八大、八怪，谈西泠印社，赵㧑叔、吴昌硕、齐白石，我是个没有美术史论专长的外行，却很谈得来，能够有共同语言。抱石先生有时说笑话："我简直奇怪，共产党里有你这样的人，真不大好理解。"

第二点，抱石先生不以衣帽取人，不以地位取人。他主要看人的品格性情是否合得来。我曾见过他与别人一起坐着可以半天不说话。新中国成立

---

* 宋振庭，作家、文艺评论家，曾任中共中央党校教育长、教授、顾问等。

59

后是这样，新中国成立前他与罗家伦、张道藩这些显赫人物相处，他高兴还好，不高兴马上可以顶撞，决不巴结。

我记得一件很有趣的事。那年他从南京出来时，手头带了四把扇面，都是一书一画《二湘图》，并已题款盖章。他晚期不大画人物，而这几把扇面画得很精。他到了北京，其中一张"洞庭波兮木叶下"《湘君》送给郭老，另一张不知送给谁了。他在长春临上火车对我说："振庭啊！我这里有两件东西，是谁都想要的，现在都给了你吧！"这是我想不到的。在一旁的关山月先生也吃了一惊，因为他早向傅先生说过："这四张有我一张。"不料这两张都归了我。后来吃饭时别人都走了，关公对我说："你知不知道，谁又拿去一张，结果两张都给了你，你是怎么回事？"这说明我们相知之深。这两幅扇面后来被人抢去了一幅，结果此人被捕，他的妻子神经不健全，因这是"黑画"，烧掉了。我冒着危险，把另一幅保存着。

抱石先生东北之行，我算了一下，他在辽宁、长春、北京等地，包括送朋友的，可能作了60多幅画。他说是一生中创作最旺盛时期，也是他结交朋友最多的时期，心情最痛快的时期。而1960年这时候恰恰是灾荒最严重的时期。那时他前前后后给我和我的朋友作了15幅画，其中我有5幅，都是精品。他说："我一生没有为一个人画过这么多画。"他曾经在灯下拿对开宣纸示范，亲自教我画石头和水。我说人家说你能把水画出声音来，他就用笔滚动画给我看。可惜的是这些东西被抄家时抄走了。

他给我画的最有纪念意义的一张是大幅《水墨飞泉图》。那时他画了好几天累了，在1961年7月1日那天，他说："宋公！今天请你谢绝一切客人，单找一个房间，谁也不许进，我还你的账。你出题，让你服务，我给你画。"我说："好！"就在长春宾馆的一间书房里，备了茅台。他说："你出题吧！"我提出要一幅"水墨飞泉图"，不用一点颜色；要万山空壑，泉从山里喷射出来，满室听见水响；而且要进屋看了画后，身上感觉冷，体温得降多少度。他说："这真要我老命！"我看他刷刷地画下几块墨，几块石头，像小孩似的高兴："怎么样？怎么样？"兴奋得鼻子"哼哼"往上抽。他对着这几块墨端详，端详，端详，再拿提笔往上扫，以后又小笔收拾，山脊、栏杆、人物、万山空檗，画了5个小时。最后题了："振庭同志出题考试之作，即请教正如何？"说明他对这画很满意。

第二张画。他说："我给你带来一本画册（《傅抱石画集》），你喜欢哪张我就给你照着画一张。"这样的事从来没有过。我特别喜欢一老者在水亭里的《听泉图》。这张他画了一整天。后来他说："我告诉你，你这张超过了我画集里那张。"这画还有一个故事：

我和邓拓有交情。他收藏很多，就是没有一张好的傅抱石作品，他知道我和傅先生关系好，同我讲听说你有好几张，能不能割爱给我一张，我拿一张"唐伯虎"跟你换。我就把这张《听泉图》派专人送去给他看，他喜欢极了。我说："我不要你的'唐伯虎'，这是你用稿费换来的。傅公是我朋友，我拿他送我的画换你的'唐伯虎'，我对不起他，也对不起你，这张画你要喜欢就留下。"可是就在这时候，"文化大革命"开始，邓拓由于"三家村"的关系挨批了，在紧锣密鼓声中，他还打发一个人，让无论如何要把这幅画送还宋振庭。没过几天，邓拓自杀了，我也被开了十万人的批斗大会，进了监狱。

第三张画，是在他倚装待发之时为我画的《石涛小像》。我十分喜欢傅先生的一本著作《石涛上人年谱》，特别喜欢石涛的诗。还有罗家伦，不管其人怎样，他写的序还是有些见解的。我也看过一些关于石涛的文章，有的是石涛有头发无头发的争论。我们说到傅先生爱石涛到什么程度，他就开玩笑说是"一见钟情"。那天我拿出一张纸，一支锦盒装的秃笔。他看我没提什么要求，就画了一个和尚，加一棵小小孤松。我看到在4尺整纸上，人物不到10公分，就奇怪地问："这要干什么？"结果他就用这支秃笔在上面抄录了高克恭的一首长诗，这是抱石公的仅有之作。画的就是没头发的石涛。

除了上面说的几张画，还有他给别的朋友作的一张也到了我手里。说起来也很有意思，荣宝斋有个田裕生同抱石先生关系很好，有他的画。我为损失了一张《二湘图》，一想起就悲伤、难过。说多了，田裕生就说他还有抱石先生的三张扇面，"你这么喜欢，我就给你一张"。这张比我失去的更好，补偿了我的心愿。这扇面画的是简练的山水，背面是石涛送费密的一首诗。

通过这些事例，可以说明我们之间的知己之情。这里有个什么根本道理呢？我那时没想画画，我是搞思想史、哲学史的，也想搞一点美术史，研究美术理论，读了一些书。对当时流行的某种山水画，我有一些看法：什么仿黄鹤山樵啦，用羊毫软笔来画，乍看还很见笔力，看多了，黑乎乎，造型千篇一律，脱离了生活的中心和自然的面貌，这样下去是不行的，这是感到苦闷的第一点。其次，四王的琐碎的、积木式的、半工半写的山水，到清末以后越无生气。有一些老先生，学历很艰苦，功力很厚，再这样下去，中国山水画还有什么出路呢？这是苦闷的第二点。在50至60年代之间，也出现过利用油画的方法，以重彩来表现山水。是不是历史上的大青绿？看来看去，以彩代笔，笔不胜墨，就是水彩画，是新的、重的水彩画，还不是国画。不管是大青绿、小青绿，大斧劈、小斧劈，大披麻、小披麻，如果一定要按照这些固定的皴法画下去，中国画是山穷水尽。这是我在美术史的学习研究中感受到的对现状的忧虑，关心着中国绘画的前途命运。我就是在这样的思想基础上与抱石先生相识的。

那时我到人民大会堂开会，看到《江山如此多娇》正在挂起来，我觉得这幅画是有气势的，但笔墨多少有点拘谨，作为最高殿堂迎面的、标志性的画，还不太适合。那时我见过抱石先生的其他小品画是很好的。后来他到东北，见到他很多作品，他又送我画集，使我感到"山重水复疑无路，柳暗花明又一村"，中国画有希望！这时，抱石先生随身带着一本书，不是画论，是《地貌学》。这是科学！他给我看了这本书，告诉我一句话："画山水你不从地质的纹理、地质的科学、地貌的科学去寻求事物的本来面目，仅从纸上来画山水是没有出路的。"我看了他一些皴法等技法，就觉得有了新的出路。

"中国画可能从傅抱石发生大的转折点。"这句话是我在1960年第一个叫出来的，而且当着他，当着许多人在场，这是第一。

第二，我说："傅氏皴法是中国历史上一切皴法的综合，囊括前人，囊括中外，囊括古今。""傅氏皴法"可能也是我第一个叫出来的，时间是1960年的六七月，后来叫作"抱石皴"。当时我提出这两个论点，还有人对我不满意，我跟他吵了架。

我和抱石先生相识后，谈画并不多，主要谈历史、谈画论，而哲学谈得更多，甚至谈宗教和禅学。后来他有意识地把他几本著作给我看，有关雪舟、石涛、八大的论文，板桥传记，还有他新中国成立前后出版的一些书。他很客气地说："你有兴趣，就看一下，请你指教。"我看了他的著作以后，就说：这不仅是个画家，而且是大科学家、学者，是当代最高明的学者。所以我在南京《新华日报》上写文章说构成傅抱石的化学分子式不是普通的有机化学，不是氢二氧一。他是三个因素构成的：首先他是个大学者、大诗人。学者的冷静（科学）、诗人的情感、画师的笔墨。

中国历史上的画家，凡能占有这三条的，才能使中国美术史发生转折，没有任何一个例外。画家可以三者缺一，或只有笔墨，不是唐突古人，比如任伯年，在上海卖画，笔墨熟练之极，也是海派大画家。他不是诗人，不是学者，归根结底，只是大画师。另外，仅仅是学者、教授的人也有。古人里也有好多，董其昌官也做得不小，苏东坡是大文豪、大诗人，但也就是即兴画那么几笔山水而已。如果二者俱备而缺乏诗人激荡的感情，还不是大艺术家。

中国历史上真正的大画家，具备上述三条，完成一代历史转折的宗匠是谁呢？我们不得见的是王维，诗中有画，画中有诗，而且晚年入禅。不管当时他对宗教怎么样，他有一个大的哲学思想的境界，是学者、诗人，又有笔墨。后来另有一些画家，最后一个是石涛，是大师，是诗人。所以论傅抱石，如果只把他看作画家，只是画师；看作学者，只是教授；看作诗人，只是书法家，不是三合一。三合一必须是高分子有机合成。怎样才能够产生"抱石皴"？是诗，是学问，是功力，眼睛的观察再加科学。

现在傅先生还留下一些没画完的作品，就是几块墨。这几块墨就是他想要表现宇宙自然形态的，原始的精、气、神。而且都是合乎地貌的。

除了以上这三点，抱石先生的小环境，自幼贫寒，是穷学生；留学日本，东西两岸的遭遇；在当时情况下，受到那样高的教养，这些都是重要因素。我们现在的作家和青年人最大的矛盾就是不读书，不是"作家"，是"写家"，认字就那么多，生活基础就那么大，还谈什么灵魂工程师？外国的托尔斯泰、巴尔扎克，他们首先是个学者，才能写作。傅先生就同他们一样，首先是学者、科学家和诗人，最后才是画家。

现在研究和学习傅氏的，我不主张大家亦步亦趋。最要紧的是弄明白，什么是傅抱石的本质？什么是非本质？不必学他发脾气，不必学他个性偏强，甚至也不一定拘泥于所谓的"抱石皴"，"抱石皴"不是绝对的，要活用，也还要发展。所以要心知其人，就是对"三合一"的本质的了解。如果离开这点，就永远不会理解傅抱石，也不会有成就，甚会走弯路。单学抱石的文章，就是抄书匠；单学抱石的笔法，即"抱石皴"，皴两下，远看貌似，再看就空了。

因此，我建议，一是办好展览会，二是开好学术会。邀请傅翁生前知心好友、学生、研究傅翁的学者，在纪念馆前安安静静地坐下来，同罗大姐在一起，认真讨论。选择人要精，否则，慕名的太多了，要成立个傅抱石学会，一万人都能来。

解释我国美术界的这颗巨星，究竟给他做出怎么样的科学论述，这件事中国人没有完成。到现在为止，外国人研究超过中国人，尤其是日本。中国虽然产生了傅抱石这一天才，但并没有完全理解这个天才。中国人要抢时间，即使现在写不出更多的长篇巨著，但可以进一步研究。

对傅抱石先生的估价，认识他对中国画史转折的伟大意义，也许今天中国南北当代画家、画论、评论家，在短时间之内，还不能完全一致。没有关系，没有坏处，历史会证明的。

（沈左尧记录整理）

追忆傅公

吴俊发[*]

  傅抱石同志是当代开创一代画风的艺术大师,为中国画的发展和繁荣,作出了很大的贡献。1949年后,我们有幸在一起共事多年,并与亚明同志等共同筹建中国美术家协会南京分会(后改为中国美术家协会江苏分会)、江苏省国画院和江苏省书法印章研究会。我们当时都尊称抱石同志为傅公。由于我与傅公同是江西籍老表,又都嗜酒,所以过从甚密,有时我们是以酒代茶,两人对饮。傅公说,酒可以助兴开拓思绪。因之,傅公往往酒后醉笔,妙趣横生,神来之笔,别具气韵,令人叫绝,把祖国山河的雄伟气魄,表现得淋漓尽致,艺术魅力倍增,使人振奋、激动、感人至深。

  50年代时,中国正处在"左"倾冒进和对中国画采取虚无主义态度的时候,错误地认为"中国画是封建的、落后的、不科学的艺术","是没落的士大夫的封建艺术"。中央美术学院等美术院校的中国画系被取消,都改名为"彩墨画系"。许多中国画家被迫改画年画和连环图画,配合政治运动和各项

---

[*] 吴俊发,画家,曾任江苏省美术馆馆长、中国美术家协会江苏分会副主席等。

中心工作。而傅抱石和吕凤子、陈之佛以及亚明等为代表的江苏中国画家，却仍然坚持在中国画坛上，遵循党的为工农兵服务为社会主义服务的文艺政策，积极地、创造性地运用中国画法来反映新中国的现实生活和祖国新貌，并在1958年的全国美术工作会议期间，在会场上展出了江苏中国画家们的新作。翌年，还在北京帅府园中国美术家协会展览馆举办了《江苏省中国画展》，反应强烈，轰动一时。特别是傅公和亚明两人配合默契，于1960年9月共同组织并率领"江苏国画工作团"一行十三人，历时三个月，行程两万三千里，他们先后访问了郑州、洛阳、三门峡、西安、延安、华山、成都、重庆、峨眉山、武汉、长沙、广州等地，重点参观了各地的工业建设、人民公社、革命遗址和名胜古迹。在参观访问中，他们对祖国的山河和人民生活，有了新的感受，而且努力钻研了画论。沿途边看、边谈、边画，把传统的国画规律应用于新的表现技法的要求之上，创作出了一批脍炙人口的作品，傅抱石的《待细把江山图画》和《西陵峡》，余彤甫的《山城晓雾》《三峡》，亚明的《喜雨兆丰年》，宋文治的《华山》等等，并于1961年5月间在北京举行了《山河新貌》画展，给首都观众留下了好印象，有不少参观者在看完画展之后写出了自己的感想和希望。观众还普遍反映：从这个画展可以看出，中国画的传统表现方法有着无限发展的潜力。郭沫若同志在参观《山河新貌》画展题诗一首：

真中有画画中真，笔底风云倍如神。

西北东南游历遍，山河新貌貌如新。

新华社以《画出壮丽山河写出跃进气魄》为题发出专讯报道《山河新貌》。画展受到首都观众赞扬，并受到中共中央的重视，把《山河新貌》画展作品调进中共中央政治局进行研究，盛赞中国画作品的新意。从而改变了当时不少人对中国画能否反映现实生活的怀疑态度，打破了在中国画问题上的保守主义和虚无主义思想，大大地扭转了轻视排斥中国画的局面。傅公在总结这次具有伟大历史意义的中国画写生壮举时有一句至理名言："思想变了，笔墨就不能不变。"从而把中国画创作推向一个新的阶段，攀登新的高峰。

傅公具有强烈的爱国主义思想，对于民族艺术优秀传统无限热爱，对于自己所从事的艺术事业，执着追求。如他对篆刻艺术，达到了"印痴"的程度；对中国美术史的研究自称"史癖"；尤其对石涛的研究，"痴嗜甚深，无能自已"。傅公一生作画二千，篆刻三千，论著240万字，涉及美术的诸多领域，如中国美术史、绘画理论、美术评论、金石篆刻、工艺美术、绘画技法、木刻技法、创作经验、心得体会以及关于中国画的传统问题的讲演等等，给我们留下了极为丰富的精神财富和宝贵的艺术遗产。因之，傅公是我国美术史的研究拓荒者，亦是新中国美术事业的奠基者之一。傅公在伟大的历史变革时期，对中国画的继承和发展，起着关键性的促进作用，也是创造性继承中国画和发扬民族优秀艺术传统的典范。

傅公善于融合古今中外，兼收并蓄，外为中用，古为今用。既保持了中国艺术的传统精神，又增强了其中的神韵与真趣。近代中国画坛上有不少的仁人志士在中国画革新方面进行过探索和创造，先后亦有不少的人曾留学海外，接受西方绘画训练，但是后来他们在中国画的革新与创作上，却有着显著的差异和不同。其中不少人是以西方绘画思想和技法，对中国画作了外形上的改革，目的已经达到了，但却去了神韵与意境。而傅公则是从苦心研究中国传统艺术着眼，保持其优点和特点着手，用现代人的思想感情和现实的客观生活为基础，以笔法改进，刚柔俱备，章法调正，置陈布势，有弛有张地进行创作，因而在他的作品中，我们不仅可以看出既保持了中国画的特质和传统精神，而且意趣新颖，气势逼人，更增强了其中的神韵与意境。

傅公在创作实践中，把政治、生活、艺术三者结合起来，并且高度地统一起来，为现实服务，为主题服务。这是由于他对中国画艺术传统有极其深切的研究和独特的见解，并在长期的艺术实践中经过反复验证和锤炼的结果。所以能达到"出新意于法度"，左右逢源。傅公曾说："我个人认为中国绘画优秀传统主要的是体现在政治、生活、艺术的统一。为现实服务。为主题服务。这些东西，在今天仍是富于现实意义的。"因之，他的作品，不论是借助唐人诗意，还是根据毛泽东主席诗词来抒发胸中之情；亦不论是正面描绘祖国山河和革命圣地，还是歌颂社会主义建设新貌，并没有用多少笔墨表现新社会的建设成就和人民群众的新生活，但却使人从画面上感染到新时代的精神和气息，而那万古苍茫和山川不朽的气势，扑面而来。他能够紧紧把握着中国绘画的形、色和空间关系的主要环节，通过新的生活感受，要求在原有的笔墨技法的基础上，大胆地赋予新的生命，并大胆地创造和寻求新的形式技法，从而有力地表达自己对新的时代、新的生活的情怀。从现实出发，一方面高度概括客观现实生活中最重要最具本质意义的东西，另一方面充分发挥中国画艺术的性能，扬弃前人的一些不合用的东西，又补充和发展了一些新的东西。他在艺术实践中是在创造性的"变法"，并充分地发挥了他那才华横溢的艺术技巧，开创一代画风。所以，傅公的画，具有时代的特征和民族艺术的特质，具有强烈的艺术感染力，给人以鼓舞和激励，为祖国、为人类做出的贡献是巨大的。

傅公所处的时代，正值中华民族处于天翻地覆的民族解放斗争和人民解放斗争的伟大变革时期。他具有强烈的民族感情和爱国主义思想，在他的绘画和著作中充满着强烈的民族自尊心和民族自豪感。他热爱社会主义祖国，热爱中国共产党。中国的伟大变革所带来的新的变化，使傅公处在兴奋的状态之中。他曾说："祖国翻天覆地的变化，我们看到的自然很有限，也很表面，然而对我们特别是几位年事较长、长期在旧社会混过的人来说，一方面是欢喜赞叹，一方面又是感慨万千。"新中国经过十多年的建设，到处呈现出一派欣欣向荣、蒸蒸日上的新面貌和新气象，一种山川巨变的气息，倍感祖国的江南秀色和北国雄姿面貌一新。当时江苏的老画家，有不少人长期生活在江南，熟悉的是天平、灵岩、太湖、惠山、金、焦、北固，或者牛首、栖霞等等名山，一旦跑过长江，又过了黄河之北，又登上了西岳华山，心胸骤然为之开阔，大开眼界。傅公曾说过，江苏几老的画，不看署名就知道是出自谁的手笔，但是现在不同了，不论是风格、技法，几乎是全新的面貌。傅公在座谈会上，观摩会上以及在评论文章中，以他极其热情的语言，大加鼓励和赞扬，大家都在"变"。他特别指出，古人说："出新意于法度"，充分说明了一位有基础的画家，只要努力地要求变，就一定会左右逢源地赋予有利的条件的。我们的这种"变"是气象万千，热火朝天的现实生活的启发和教育。"士别三日，便当刮目相看"，傅公说"我兴奋极了"。"同志们的心情非常舒畅，迫切的要求把自己的业务迅速提高一步"。通过对新的生活感受，不能不要求在原有的笔墨技法基础之上，大胆地赋予新的生命，大胆地寻求新的形式技法，促使其笔墨能够有力地表达对新的时代、新的生活的歌颂与热爱。傅公将其高度概括成一个字，就是不能不要求"变"。

傅公对当时年轻的画家和青年，亦是满腔热情地对他们进行鼓励和引导，他认为主要的是中青年画家年富力强、朝气勃勃的同志们，在"江山如此多娇"的自然怀抱里，满腔热情地感到非画不可，画就出来了。当然，傅公对青年人的缺点，也是在肯定成绩的同时予以指出的。如1963年6月25日对江苏国画院学习班的同学们谈话时说过，看了你们的画，觉得进步虽然不小，但存在的问题也不少，例如笔墨关、创作关，也没有真正通过。他说，"学习他人的方法，只是手段，而不是目的"，"搞艺术的同志永远不能在自满中过日子"，"谦虚是保证事业成功的最大奥秘，青年人很容易被一点微小的成绩所迷惑，骄傲自满就拉住了后腿"。这是多么恳切的肺腑之言，对今天的青年人来说，也是很有现实意义的。

当别人受到挫折，处境困难时，傅公便伸出友谊之手。当时正处在"左"倾的各项政治运动之中，不少有才华的艺术家和血气方刚的青年人，往往会在政治运动中受到冲击和不应有的待遇。傅公对他们不但不歧视，而且在力所能及的范围之内，去鼓励去帮助。1961年时，傅公应约为《郑板桥集》的出版撰写序文，即著名的《郑板桥试论》一文，而到了扬州。当他得知他的已故好友梅兰芳先生有一位弟子、名京剧演员陈正薇，由于1957年的那场政治运动而受到不应有的处理，被冲击到了扬州，深表同情。当时落难在扬州的陈正薇，也只有26岁，前程远大，便主动提出要去后台亲自见见这位青年艺术家，表示慰问。后来还把这位爱好书画的青年演员收为自己的弟子，扬州当地的党政领导也很支持，并都出席了在傅抱石同志临时住地大汪边寓所的拜师会，大大改善了受难的陈正薇的处境。傅公还鼓励她演好将要排练的新戏洛神这个角色，而且还专门为她画了一幅翩翩起舞的仕女《洛神图》，并长题而勉之。如此之友谊，实在感人。傅公对青年人的帮助，真是无私的奉献，因为他经过新旧社会的强烈对比，对于新的社会生活和年轻人，都寄予希望。这种新型的人与人之间的关系，既高尚而又感人，这是艺术大师助人为乐的极为可贵的高尚品质。

　　在他晚年的时候，由于常常处在兴奋的状态之中，因此他非常勤奋，作画又大又多，为人民大会堂、南京火车站、省政协大礼堂、中国的驻外使馆以及国内外的展览会，不停地挥毫，还要写文章，还要应酬，每天工作都在12小时以上。当时我们也都不大懂得应该多劝劝傅公，要常常多休息才是，却还和他对饮以为是件乐事。中国的一颗艺术巨星陨落了，我们都为中国美术界的这一重大损失而无限悲痛。我当时在海安农村参加社教运动，得此噩耗，如雷轰顶，不能自已，而失声痛哭。傅公是我的前辈师长，是我尊敬的朋友同志，是我学习的榜样，我将永远怀念他。

傅抱石先生和金原省吾

［日］金原卓郎[*]

昭和九年（1934年），傅抱石先生辞去了江西省第一高中艺术科主任之职，为学习画论和雕刻，作为江西省的留学生来到日本，入学于帝国美术学校的研究科。他之所以入帝国美术学校，是因为他在来日之前就热心于我父亲金原省吾的著作了。同年3月30日，父亲在日记上这样写道："我的第一位弟子竟是位中国人，这是多么妙的缘分啊。"这是父亲与傅抱石先生初次见面后没有几天的事，而且，当时抱石先生基本上还不会讲日语，两人作的是"笔谈"，就十分相通，他们之间立刻就有了深得不可思议的内心的结合，这两位千里之外的人有幸相会的场景，时时出现在我的想象里。

父亲生于明治二十一年（1888年），是长野县谏诗郡河西家的长男。他于长野县师范学院毕业后，继续深造于早稻田大学，从事东洋美学、美术史的研究之后，昭和三十三年（1958年）任新潟大学的教授，69岁辞世，一生始终在美学研究上做独立的、不懈的钻研。他是学者，同时又是教育家。他年轻的时候，从岛木赤彦先生学习和歌，又从著名画伯平福百穗学习南画的

---

* 金原卓郎，傅抱石留学恩师金原省吾之子。

基础，在国、语、和歌、随笔等各种不同的分野里，都活跃地施展了自己的才能，一生留下了《中国上代绘画研究》等十多部理论著作。特别是《在绘画中关于线的研究》更受到重视。昭和二年（1927年）初版，30年后再加以修订，增补再版，这再版的著作成了父亲的文学博士论文。之后父亲病故以前又加写了七章，这是父亲以毕生精力完成的作品。这些研究活动给日本美术界吹进了新风。昭和二年，创立了帝国美术学校，父亲亲自任教，并任教务主任之职。

在父亲与抱石先生初次见面之后，父亲就对先生的人格、学识及艺术才能给予了很高的评价。不久，就推荐他将自己的著作《唐之绘画》和《宋之绘画》翻译成中文，此书后由上海商务印书馆合编出版成《唐宋之绘画》。抱石先生在此书自序中这样写道："先生邃汉文，收藏亦富，于中国绘画垂二十七年，……其立论之精湛，征引文博当，确道人所未道，独抒方式，以驭破碎混乱之材料。"又道："先生性和蔼，当冒昧往先生之寄居时，虽外出未获瞻仰，而徘徊门外，不能自已。以为此果先生之居乎？则木构一椽，备极朴陋。阅数日，谒先生于帝国美术学校，呈拙著数种，借以晋见。先生阅而欣然曰：'吾校以君为第一人可也。'施荷题赠著述多种。……"父亲曾表达了自己的感情："当我看见自己的著作被翻成外国语言时，心里有一种说不出的极妙的感觉。就好像在夜行的汽车里，从玻璃窗上看到自己面孔的影像。"这里，我父亲性格的另一面充分表现出来了。父亲和抱石先生之间的感情，在校内校外，愈来愈深了，在父亲的日记里，好几十处，都是记叙抱石先生的，从这里，可以清楚地看到当时他们友谊的发展。他们二人共处的帝国美术学校，经过田中诚治理事长的不懈努力和全力奋斗，终于升格为武藏野美术大学，培养了许许多多的美术人才。父亲从抱石先生那里得到的著书作品等，一直珍藏着，在父亲逝世后，和父亲的藏书一起，捐赠给武藏野美术图书馆，成为"金原文库"的一部书。现在，我手里还有抱石先生年轻时的照片一帧，先生真是位谁看了都赞美的白皙的英俊青年。对抱石先生有着深厚的怀念之情的母亲以92岁高龄于去年去世了。我的母亲与父亲同是赤彦先生的弟子，父亲作为河西家的长子入赘于母亲家成为金原氏。父亲毕生精力都投进了学术研究和教育事业，而母亲一边在小学任职，一边主持家务，教育出八个孩子，是协助丈夫事业的出色女性。当抱石先生的两位女公子来访的时候，母亲是怎样的高兴啊，她为能够和下一代重温旧事，感到无限欣慰。

我是抱石先生初次到我家之后两个月才出生的，当然对先生不可能有任何记忆，但是我却不知何故，总觉得先生就是我身边的十分亲近的人。因此，当那一天，忽然有缘在武藏野美术大学得与抱石先生的后人相会，之后益瑶、益玉姊妹又经常来舍，能与先生一家都亲密起来，这经历了50年的前缘，现在又续下来了，我更感到父亲与抱石先生的不解之缘是多么的深呀！

"中国的大学教授，留下砚一方便远去，再无消息。"这是父亲作的一首和歌。不幸的战争爆发了，父亲挂心着抱石先生，这种心情一直到父亲的最后还没放下。现在，父亲在九泉之下，可以得到安慰而瞑目了吧。

追忆傅抱石先生

［日］盐出英雄*

昭和四十年（1965年）乙巳岁9月29日，傅抱石先生与世长辞，至今已20多年了。缅怀故友，不尽感伤，余曾与先生同窗，先生留学日本时诸轶事，乃吾辈中之雅谈，至今犹历历在目。爰笔述之，以为奠前一祭。

抱石先生青年时在中国即已稔知日本东洋美术研究之泰斗金原省吾先生，心向慕之，遂呈书先生，冀就学于几前，金原先生为之欣然。抱石先生于昭和六年（1931年）辛未岁渡海东来，入东京帝国美术学校研究科，受业于山口蓬春先生、川琦小虎先生、山林巢居先生等习日本画，兼就清水多嘉示先生习雕塑。然最主要系师事金原省吾博士，研究东洋画论、东洋美术史、东洋美学等，以前人之治学成果为营养以丰富自己，开拓一己之事业与道路。凡言绘事，首崇精神之高远，绝非技术巧拙所能囿也。故夫子曰："绘事后素"，读万卷书，行万里路，乃扩胸襟、养情愫，然后可得画境深远之三昧。吾与抱石先生同时入校，虽专攻日本画，却与先生研读同室。先生长余八岁，皮肤白

---

* 盐出英雄，日本武藏野美术大学名誉教授、日本美术学院理事、日本美术家联盟理事、傅抱石日本留学期间同学。

皙，头脑明敏，气度轩昂，泂如贵公子。其学业勤勉异常，来日后曾倾倒于琳派画风，盖取彼之长以融于水墨画面树建己之新风格。

余私心至为淑慕金原先生学识渊博，人格伟迈，因亦常访先生于书斋，每睹抱石先生治学孜孜不倦之态。金原先生亦深爱此高足，谆谆诲谕，殚精竭虑。抱石先生在校三载卒业，其间曾在东京举行书画篆刻作品展览，获得众多赞誉。昭和九年（1934年）归国后，经常驰函金原先生几下，不仅事业、学问与先生商榷，即于己之生活亦无所不谈，其亲密之情可见。抱石夫人时慧女士乃匡夫之贤内助也。抱石予金原先生函中曾云："吾妻时慧任教学校，授音乐课。赖其资助，俾余得以钻研画道。"抱石先生返国后，任教于南京大学，讲授美术史、画论等课。同时翻译金原先生之《唐宋之绘画》《线之研究》等宏著。

抱石先生在中国之艺术创造日形活跃，成就亦日益显著。其与关山月氏合作之北京人民大会堂巨画《江山如此多娇》，全世界瞩目。其画山水人物无不精到，被视为中国近代绘画之巨匠，声名盖世，频传日本。山口蓬春先生访华时，师生阔别重逢，欢叙之情，实为感人。1958年（戊戌年）8月2日，金原先生突然溘逝，享年70岁。不幸斯时中日两国交往断绝，无从驰报，遗憾无极。金原先生常对余言及："战祸中，未悉抱石君安否，吾甚牵于怀，痛哉！"1977年，丁巳岁秋，余始访华，闻悉抱石先生已不在人世，惊愕悲痛，良久难已，不及再晤，终生之恨也。

抱石先生有二男四女，皆艺术家也。1980年庚申年，其三女益瑶秉先人之遗志来日，就学于武藏野美术大学之大学院钻研日本画。继而1982年壬戌年，四女益玉并来入学同校，余先后为二位女公子指导教授，得以恒处。余曾五次访华而未至南京。1981年辛酉年，余赴重庆。重庆乃抱石先生战争中避难寄居之地。后吾见益瑶所作《重庆抱石山斋图》，更添无限感慨，遐想联翩。1982年壬戌年武藏野美术大学举办余古稀之庆展览会，中国驻日本大使宋之光夫妇特莅临参观。同时一室陈列抱石先生遗作遗物，皆先生在日时所作水墨画、篆刻印章与赠金原先生瓦砚及照片等。宋大使夫妇鉴赏之余，睹此倍增感叹，以为如此深谊，足为后世楷模也。

抱石先生于1904年甲辰岁生，为人温雅敦和，学识湛深，更具极强之毅力与意志。精勤一生，潜研历史与历代名作，遂创独特画风，终登近代中国画坛最高峰。先生与余谊在同门，共继金原博士之学统，此乃余深为感慰者也。先生名震遐迩，不幸竟以61岁壮龄遽归道山，世人皆悲。然先生之盛名高艺，身后非但不灭，反愈益显扬。帝国美术学校教授、西洋哲学美学权威谷川彻三先生访问中国时，曾与抱石先生相晤，时在北京参观中国画展。谷川先生对余言："今之中国画，虽有百家，然皆明清之末流耳，未有足观者。唯傅抱石君一人，独辟画境，光焰万丈，洵乃尘中白鹤也！"谷川先生语次赞叹不已，其意至诚，余迄今记忆犹新。最幸者，抱石先生年轻时不少作品收藏于武藏野美术大学。此项作品始为金原先生珍藏，后捐赠学校美术馆。以资纪念并供研究，此亦日中友好文化史上之胜事也。

先生留学日本时代之友人泰丰作古，存在仅余一人而已。时慧夫人嘱余为文，忻然受命。希夫人延寿千载，更期先生之子女精励艺事，为父争荣。

一人朋友，渡海遥来。

同师并几，共学画道，

互听画论，成学归乡。

树立新风，冠绝画坛。

殁后廿年，星霜匆过，

名声不衰，光辉万古。

呜呼伟哉，抱石画伯，

追慕赞叹，祈念冥福。

第二辑

桃李情浓：先有人品，然后才有画品

傅抱石的艺术成就

沈左尧[*]

一、艺术之路

抱石先生走上艺术创造的道路并取得卓越成就，并非偶然。

先生的故乡是江西省西部的新喻县（现新余市）罗坊镇章塘村。傅家虽是个大族，但先生的祖父为人当长工，上无片瓦，下无寸土，几辈人都不识字。父母幼时替人放牛，贫病交迫之下才背井离乡，步行300里来到南昌这个通都大邑谋生。由于没文化也找不到好职业，几番流落街头，最后学到了修伞技术，得以糊口。先生的父亲却是好强的人，即便要手艺也要第一流的，从走街串巷发展到开一爿小小的修伞铺。由于技术高，不修雨（油纸）伞而专修阳（布）伞，还在门口挂起一块"傅得泰"大招牌。这种好强心理就是先生的学龄前教育。

先生出生于1905年，童年时代是在中国大革命之前，南昌古城是闭塞的，况且生活在社会底层，接触到的新事物有限。江西是有名的瓷乡，他在

---

* 沈左尧，画家，中国科协研究员、中国美术家协会会员，傅抱石学生。

五六岁时就常常望着茶壶、瓷瓶出神，被那上面画的"嫦娥奔月""八仙过海"之类的神话故事以及花花鸟鸟等吸引住了。他到处收集各种各样的纸片照着画起来，竟然画得很像。

邻居们看这孩子画得好，都夸他聪明。可是大家都没文化，谁也无法帮助他。家中又没钱供他上学，还是附近一个警察认得字，主动当了义务启蒙老师。孩子的颖悟使这位老师惊奇，不到一个月，警察肚里的字就掏空了，于是又帮忙找到一家私塾，情商免费旁听。孩子才得学了一年"四书""五经"，打下了初步的语文基础。

住家附近有个刻字摊，他每次经过都要停留下来，全神贯注地看刻图章，渐渐熟悉了，还帮着摊主磨图章。后来那人送给他一把旧刻刀，几块破石头，他就模仿着刻起图章来。可是印文要用篆字，刻字人整天抱着一本查篆字的《康熙字典》，没法去借。要求母亲买，又买不起。他为此伤心极了，最后还是当厨师的姐夫送了一本，如获至宝，立刻开始练写篆字。从此在研究篆刻的同时，又悉心研究书法。中国书画同源而书法成熟较早，所以先生在接触艺术之始是从根源上起步的。

对先生来说，修伞铺的位置是很巧的，左傍刻字摊，右近裱画店。这两处恰恰是中国三大传统艺术——篆刻、书法、绘画的两个小小窗口。他在那家小裱画店里更是流连忘返，这里也许未必有艺术杰作，可比起瓷器上的画来，却是真正的绘画。为了可以多看，他还帮店里做些调糨糊等辅助工作。店主人被他那又专心又勤劳的态度感动了，就允许他对着裱在墙上的画临摹。他开始窥见了中国艺术殿堂的大门，在这里初露才华，画得那么逼真，引起了人们的震惊。

那些在饥饿线上挣扎的好心的邻居们，大家罄囊凑钱，让他到一家瓷器店当学徒，以便学习绘画。不料绘画未学到，却因受不了额外的繁重劳动，竟累成重病回家，休养许久才得痊愈。后来有一位江西省立第一师范附属小学的主任张老师，发现他智力超群，勤奋好学，又同情他家境贫寒，竭力推荐，使他得以破例免费进入这个小学，在四年级插班。这对饱尝失学之苦的孩子来说，真是莫大的幸运。他尽情地吸吮各种知识，犹如久渴逢甘泉。17岁高小毕业时成绩第一。根据规定，成绩优秀可以免考进入师范。师范虽免费，却需交纳相当于保证金的入学费用十多元，这是一笔不小的数目。为此他忍着饥饿，徒步往返，奔波700里回乡告贷未得，正陷于衰疲绝望之境时，又蒙张老师慷慨解囊，将自己一个月的薪水18元相赠，供他治病和入学。张老师雪中送炭，扶危济困之举，使他感受到人世的温暖。这种舍己为人的侠义精神深深感动了他，使他更加奋发上进，并体会到只有识人才者才能爱护人才。对他后来扶掖后进、慷慨大度的性格有很大的启示。

先生爱读书，可是师范学校的图书馆对他来说是太贫乏了。一个新的机遇在等待着他。南昌城里有一家以出售古旧书籍为主要业务的"扫叶山房"，他一旦发现了这个从未接触过的深邃的天地，就像被磁石吸引住了。书，当然买不起，没有板凳，就站着看。一年到头，不管风霜雨雪，从不间断。书店经理从未见过如此好学的青年，赞佩之余，就给他一条板凳坐着看，逐渐二人成了忘年交。又知道他爱好文学艺术，把书店所藏善本、绝版古书都拿出来供他研读。这简直是太幸福了！祖国数千年文化，奔来眼底，经、史、子、集，笔记、杂著，无不浏览。先生从青少年时代养成习惯，读书决不囫囵吞枣，而是仔细咀嚼。由于他的超人记忆力和理解力，在这段时间里奠定了坚实的国学基础。

当时学校虽免费，生活却更困难了。家中自父亲贫病致死之后，无人支撑修伞业务，先生只得挤出课余时间帮母亲做挖耳勺以换取微利，勉强度日。后来仿刻清代赵之谦印章达到乱真程度，通过他人出售，得到较厚的报酬，贴补家用。但不久造假印的事暴露，引起一场风波。校长奇其才，支持他正式悬牌刻印，不但解决了生活问题，而且在南昌崭露头角，以青年篆刻家闻名。

师范毕业以后不久，就在原校任教，担任美术课，正式走上了艺术的道路。

先生的学术研究获得了家庭的支持。他在师范任教时，和学生罗时慧女士在对艺术共同理想的基础上结了婚。妻子出自书香门第，兼有学识和艺术才能，作为事业上的伴侣给予他极大的鼓舞和匡助。有次夫人病了，一个月，先生在病榻旁，一分钟也不浪费，写出了《中国绘画变迁史纲》，这是他生平出版的第一部著作（1929年写成，1931年出版）。在此之前，先生21岁时（1925年）就已写成了《国画源流述概》一书。以后1935年出版《中国绘画理论》，1936年出版《中国美术年表》，1939年完成《中国美术史——古代篇》。及至1958年出版《中国的绘画》，1960年出版《中国古代山水画史的研究》等，经过多年的潜研，他对一部中国美术史了如指掌。所以他在教授这门课时，从不带讲稿，对历史上每个时代的特征，每个有影响的画家之作品风格、理论著作、身世经历、思想状况，以至有关时间、地点、情节，一一如数家珍。他授课结合研究，随时增添新的材料，如周代帛画、隋代展子虔《游春图》及考古方面的新发现，都补入讲授内容，使理论不断完善。直到1953年，才第一次讲完全部中国美术史。他这种启发式而不是输入式的教学方法，善于诱导学生去从事学术研究，所以他又是杰出的教育家。

先生在美术史的研究中有几个重点。如对魏晋南北朝时期知识分子喜欢谈玄谈禅于艺术思想的影响，是颇感兴趣的。从《画云台山记》到研究画的作者，一章"顾虎头"（顾恺之的小名）就能讲好几节课，对"虎头三绝"——才绝、画绝、痴绝，津津乐道。山水画史从这里开始，特别重视宋元全盛时期，对各阶段，诸大家，都有专文论述。先生着力最深的是清代的石涛。他欣赏石涛的画论和作品，更钦佩石涛的革新精神。他说："余于石涛上人妙谛，可谓癖嗜甚深，无能自已。"（《石涛上人年谱序》）从青年时代就开始搜集有关石涛的资料。在日本留学期间并未中断，而且当时日本学者桥本关雪也研究石涛，那边资料也很丰富，给他提供了合适的环境。他的《苦瓜和尚年表》就发表于日本昭和十年（1935年）《美之国》三月号。回国后，于1936年发表了《石涛年谱稿》一文，接着又于1937年发表《石涛丛考》《石涛再考》《石涛三考》《石涛生卒考》《石涛画论之研究》《大涤子题画诗跋校补》等著作。从这一系列文章可以看出，先生不仅对石涛的艺术，而且对石涛其人都做了大量的考证，尤其关于以前学术界莫衷一是的石涛生卒、有发无发等"悬案"下了十分细致的功夫，广征博引，论析周详。对一个历史问题，锲而不舍，不弄个水落石出，决不罢休，这是多么严谨的科学态度！最后在南京编成《石涛上人年谱》这一巨著。他在《自序》中说：从乙亥（1935年）到丁丑（1937年）间，"余片时几为上人所有"，"此中一言一字，固与上人清泪相揉，然就余言，爱惜何异头目"。抗战初期他只身内迁，在漫天烽火中万物皆舍而独携此卷以行，途经安徽时，还特地到宣城凭吊石涛上人遗踪。说明他心目中学术研究重于一切及对此书的感情之深。1948年《石涛上人年谱》出版，使这位伟大天才的艺术和身世更彪炳于世，并让后之研究石涛者有所依归。

先生对金石篆刻之学的研究是与绘画理论并进的。就在他著成《国画流源述概》一书第二年，22岁时（1926年）又写成了关于篆刻艺术的第一部著作《摹印学》，内容包括源流、印材、印式、篆法、章法、刀法、杂识等七章。这本书以工整的小楷写成，从头至尾，一笔不苟。

1940年，先生又写成《中国篆刻史述略》一书。其他还有不少关于篆刻的著作，如《印章源流》《读周栎园（印人传）》《评明清画家印鉴》等。还有一些是专门研究一个人的，如1940年发表的《关于印人黄牧父》，介绍了这位近代篆刻家的生平和作品，同时回忆了自己青年时代从事篆刻艺术的经过；1961年发表的《白石老人的篆刻艺术——齐白石作品集·印谱序》，对齐翁的篆刻艺术做了全面的分析和精当的评价。

先生的学术研究不止绘画和金石篆刻，关于工艺美术方面也有不少著作。如30年代写的《中国之工艺》一书，涉及古代的铜器、玉器、陶瓷、漆器、织绣等，对其产生、发展及艺术成就，作了条理分明的籀述、古籍钩沉及出土文物分析。1936年编著《基本图案学》《基本工艺图案法》，还有早一年发表的《日本工艺美术的几点报告》等专著，介绍应用美术的理论和技法，在我国是较早的。1940年又出版一册《木刻的技法》。足见先生研究范围之广，绘画艺术是其主干，旁枝繁密，花叶纷披，令人目不暇接。

除了撰著之外，他还翻译了不少日本学者的著作。同时对东洋美术也有很深的研究，熟悉日本的美术家。1956年8月，在北京举行的"世界文化名人雪舟等杨逝世450周年纪念会"上，作了《雪舟及其艺术》专题报告。当时中国美术界对这位东邻的古代美术家，在明朝成化年间来中国居留了一年多的雪舟上人（和尚）是很陌生的。这个纪念会在国际上很受重视，鉴于与雪舟的渊源关系，我国自非隆重对待不可。首先需要一篇有分量的学术论文，几经周折，才找到了抱石先生，他在很短的时间内就写成了。在大会上宣讲之后，以他的渊博学识和精辟见解，赢得了中、日人士的赞扬和尊敬，为祖国增添了荣誉。

作为一名学者，先生从美术史到整个中国文化史，尤其是古代文学，钻研最深。自屈、宋至庾、鲍；李、杜至苏、辛的作品，是他生活中必需的营养，是同他的艺术不可分割的。他脑海里作画的诗题，如剥茧抽丝，连绵无尽。

先生著作浩瀚，行文纵横捭阖，上下古今，探幽抉微，发前人所未发，成一家之言。仅有关美术的论著，不包括译作在内，就有150余篇（册），约200万字。这是他在每日作画不辍，同时又从事教学工作的情况下，业余完成的。先生在1953年12月给笔者的一封信中提道："一个月来，大约写了6

万以上的字。"这样快的速度，如此大量的著作，即使对一位理论家或专业作家来说也当无愧色。

先生首先是一位卓越的理论家、学者，其次才是一位艺术家。绘画境界、思想境界反映文化修养——学识。只有学者才能产生抱石先生的艺术。

二、开拓眼界

1931年夏，绘画大师徐悲鸿先生因去庐山，回程途经南昌，下榻江西大旅社。抱石先生经人介绍，见到了徐先生，这是中国现代美术史上的一件大事。

那时抱石先生的画主要是学习中国传统技法，尚未形成自己后来的独特风格。然而徐先生一见，立即发现他那生动的笔墨，不凡的格局和传统形式中透露出的新意，从萌芽看到了参天大树，分外赞赏。正如悲鸿先生所作《九方皋》一样，善识千里马，爱护千里马，他为发现了一位天才而激动，第二天就到抱石先生家里回访。在那座大厦的新居里，徐大师见到了落落大方的时慧夫人，夸奖她慧眼识英雄。

这时，徐大师早已名满天下，抱石先生初出茅庐。天才相逢，各自都感到对方的光辉。一个有成功的经历，一个有远大的抱负，他们从艺术谈到文学，从历史谈到未来，徐大师的宏论使青年画家衷心敬服，傅先生的博学卓识使年长10岁的大师连连首肯。两人的性格皆是开朗、豪爽、热情，谈吐诙谐，举止洒脱，都具有艺术家的气质，心神相应，从此奠定了两人的终生友谊。

徐先生认为，这样一位有特殊禀赋的奇才，如果长期待在一个地方，不免存在局限性，必须出国深造，开阔视野，充实精神世界，才能够获得更大的成就。于是亲自去向当时江西省主席熊式辉交涉，希望江西省培养自己的杰出人才，派抱石先生出国留学，为此还画了一匹奔马赠给熊氏，终于得到熊式辉的支持。但拨给的钱太少了，原来去法国的打算无法实现，抱石先生就东渡日本，揭开了他人生旅程上新的一页。

先生于1933年进入东京帝国美术学校研究部（现改名"武藏野美术大学"。他早就景慕该校教授、东方美术理论权威金原省吾博士，出国前曾通信联系。到东京后一直在金原先生门下，金原对这位中国弟子，又是第一个弟子的人品、学识和艺术才华十分激赏。金原先生是东方美术史家，对中国绘画艺术有很深的研究。抱石先生攻读的主课就是东方美术史，经常到老师家里研讨学问。教授一家都对先生极为热情，结下了异国师生的亲密友谊。先生回国后，因战事不便再去，金原先生还一直惦记着他的安危，并把他的作品保存至今。

先生在留学期间，仍是学术研究与绘画、书法、篆刻并重。江西省派他出国还有一个目的，是希望他回国改进景德镇瓷器，因此他也钻研工艺图案，虽然后来并未从事这方面的工作，却使他接触到美术的这一个领域。他还学习雕塑，回国后曾塑造过一些逼真的人像，这使他掌握了三度空间艺术，并大大提高了造型能力。

他在进修的同时还翻译了不少日本的学术著作，如在莅日当年就译出梅泽和轩的《王摩诘》，次年又译出了金原省吾的《唐宋之绘画》等书，从中获得很多启发。先生自来日本，把研究范围自中国美术扩大到东方美术，然而东方美术的核心还是中国；日本美术的源流也是中国；日本东方美术学者的着力点仍然在中国。因而得以参照日本学者的观点进行探讨，从而对中国的美术有更深切的理解。

抱石先生到日本的另一机遇是结识了郭沫若先生，建立在学术和文艺基础上的深厚友谊，对他一生起了颇为重要的影响。在文学方面，二人都研究屈原。郭先生把屈原的作品译成现代语言，以屈原的事迹为题材写成剧本；

傅先生把屈原当作创作源泉，画屈原像，画《离骚》《九歌》《二湘》是人物画的代表作。这两位文艺家对屈原都怀着深厚的感情，也是对中国历史，对古代文艺的感情，它凝练了炎黄子孙的赤子之心。屈原的高风亮节激励着他们，使他们永远爱祖国、爱民族、爱正义。

30年代，我国国势很弱，身处异域，必须奋发自强。先生早就看到日本出版的《支那绘画史》上明明写着"中国美术，本是日本美术的母亲"。但某些日本人的夸大狂，往往把中国的东西贴上"太阳"商标，伪造历史，还要加上一句"中国有什么呢"。先生对此痛心疾首，已非一日。那时日本有一个自诩为中国美术史"专家"的伊势专一郎，在东方文化学院京都研究所发表了一篇论文《自顾恺之至荆浩·支那山水画史》。抱石先生一读不禁拍案而起。原来此文臆度妄说，谬误百出，尤其对顾恺之的《画云台山记》，句读尚未弄通，把原文曲解得面目全非。可就是这样一篇劣作，却被日本报刊吹捧为"划时代的著述"。更有所谓"日本美术史权威"内藤虎为之作诗云："谁知三百余年后，一扫群言独有君。"言外之意是中国已没有自己的画史研究家，而必须由这个伊势来代言了。真是夜郎自大、目空一切。面对这些对我国学术界的侮慢，先生义愤填膺。他胸中早有一部美术史，对伊文的错讹明若观火，马上提笔写了一篇《读自顾恺之至荆浩·中国山水画史》对伊势此文进行了批驳。原稿是用日文写的，估量日本报刊不肯发表，又译成中文，刊载于上海《东方杂志》。这篇文章澄清了那一阶段的山水画史，特别是《画云台山记》，因文体古拙，脱错甚多，历代美术史家视为畏途，先生以特殊颖悟及古文的深厚根基，解开了千年迷雾，提出了独到的见解。此文传入东土，使日本学界大为震惊，刮目相看，等于为中国美术史研究获得了一枚国际金牌。这篇文章后来又经过补充，改写成《晋顾恺之〈画云台山记〉之研究》，与《唐张彦远以来之中国古代山水画史观》《中国古代山水画史的考察》等几篇专论一起，辑为《中国古代山水画史的研究》一书。

由于对《画云台山记》的深入研究，先生还按照原文意向，创作了一幅《云台山图卷》。1940年，郭沫若先生看到这幅画时，格外激动。因为傅先生在日本写文驳伊势正是在郭先生的支持和帮助下进行的，二人同觉扬眉吐气。沫若先生欣然提笔在《云台山图卷》上题了四首绝句。前二首是：

> 画记空存未有图，自来脱错费爬梳，
>
> 笑他伊势徒夸斗，无视乃因视力无。

> 乱点篇章逞霸才，沐猴冠带傲蓬莱，
>
> 糊涂一塌再三塌，谁把群言独扫来？

傅氏宏文遏制了日本美术界某些人的狂妄气焰，至此，郭氏乃得以讪之笑之，沐猴目之。当时日本帝国主义侵华势力正在嚣张，先生的《中国古代山水画史的研究》一书，被称作"在学术上战胜敌国"，显示了中华民族不会亡的豪迈气概。

沫若先生在题《云台山画卷》四绝句的后两首中，对抱石先生在中国古代山水画史上的研究成果予以高度评价：

> 识得赵升起建关，天师弟子多斑斑，
>
> 云台山壑罗胸底，突破鸿蒙现大观。

> 画史新图此擅场，前驱不独数宗王，
>
> 滥觞汉魏流东晋，一片汪洋达盛唐。

抱石先生归国之前，在东京银座举行了个人书画篆刻展览。九天展期中，沫若先生一直在会场接待来宾及记者。日本文部省大臣正木直彦、美术界耆宿横山大观等亲来参观，极一时之盛。这次展览显示了先生的多方面才能。除《渊明沽酒图》《瞿塘图》等绘画作品外，书法部分有多种字体，金文较为突出。篆刻作品不单是印章，还有边款小字。他在高约5公分，宽不足2公分的石面上刻整篇《离骚》，日本人誉为"神手"，拍了电影，报纸上说他不是用刀刻而是用精神刻的。那时日本有个人能在一粒米上写三百字的，曾轰动全国，被称作"米滴神手"。但他们发现傅先生的"神刻"更要高明得多，不仅字刻得小，而且放大后像碑帖一样，结体严谨，波磔毕现，是精湛的书法。

先生从日本载誉归国，接受徐悲鸿先生的聘请到中央大学艺术系任教。江西省主席熊式辉曾亲自来探望，请他回江西任县长，他不同意。在场的悲鸿先生插话说："现在的傅抱石已不仅仅是你们江西的傅抱石了，他早已是全中国、全世界的傅抱石了。"

三、书法·篆刻

先生的书法高在脱俗，是以深厚的功力为后盾的。研究书法传统——迹其变化所自来，从事篆刻艺术，自研究小篆开始，上溯籀文。远在秦代书法家李斯作小篆之前，出于无名艺人之手的一些殷周青铜器上的铭文，其结体姿态之精美使他欢喜赞叹不已，在临摹上下了很大的功夫。他在东京展出的《临周散氏盘铭》条幅照片至今尚存。他把这件金文书法代表作的质朴凝练、活泼率真的字体以瘦劲出之，融为自己的风格。以后他在画上题字经常用篆书，或大篆，或小篆，还因他在汉印上用过极大功夫，所以他的篆字结体近似汉印中的缪篆，灵活而刚劲。这是先生书法艺术的基石。

篆书的基本要求是横平竖直，转折浑圆，用笔粗细相等，一气贯注。这就需要很强的腕力与均匀的运气。先生具此根底，又加上"铁杵磨针"的功夫，写得一手极精的楷书，平稳之中见灵动，开阖之间见谨严，擘窠蝇头，挥写裕如。先生在《云台山图》中所题顾恺之《画云台山记》长文小楷之精，为绘画题款中千古独步。

先生书画喜用健毫。书法笔力雄峻，以刚为主，刚柔相济。字形横直及转折处险劲略似欧阳询。他所书《明徐琏送日本雪舟上人东返》行书立轴（在傅抱石纪念馆内有碑刻），运笔全含楷书法度。竖笔略微内倾，有如刀砍斧削，正像他山水画中的巉岩嶙峋，壁立千仞。紧聚处，一字之中若不容毫发，撇捺俱见波磔，似有钢骨而具弹性；奔放处若鸢飞鱼跃，连笔纤毫之间正如钢丝劲抛，处处着力，无一浮笔。

1941年，笔者在重庆和中央大学艺术系及建筑系爱好篆刻的同学一起，组织了一个研究篆刻的学术团体"阆社"（嘉陵江又名"阆江"），办一份壁报《金石录》。那时刚上一年级，地点在嘉陵江上游柏溪分校，听说系里有一位篆刻大师傅抱石教授，就专程到沙坪坝校本部去请。先生欣然而来，作了题为《书法与篆刻艺术的关系》的学术讲演，论述篆刻是中国特有的书法与雕刻相结合，具有无限变化，无穷情趣的一门国粹艺术。笔者把这次讲演记录整理成文发表于《金石录》。傅老师还把很多有关书法、篆刻的书籍、碑帖和印谱借给学生。在他的精心指导下，嘉陵江畔、松林坡上，形成了浓厚的学术空气。在日寇大肆轰炸的日子里，学生们从凿在坚硬岩石下的防空洞里出来，掸掉身上的灰尘，照旧从容地临写篆书，研习刻印。

先生对篆刻提出的要求是："篆刻是以书法（篆法）为基础，结合雕刻加工（雕、凿、铸）的艺术，主要在于作者对书传（篆法）的研究和造诣如何。不懂得书法（篆法）的篆刻家是很难以想象的。"先生本身的实践就是以书法为基础，从秦汉入手，他的作品体现了秦朱汉白的韵味。

秦汉印妙绝千古，足资借鉴，但学习方法与书法、绘画不尽相同。先生说："刻印不比学画，画可搬而印不可搬，画可不断临摹，而印必须独创。"临摹古人绘画作品是掌握其技法为创作做准备，但临摹好了也可供欣赏。如临刻古人印章就毫无用处，所以每个印章都是创作。

由于材料、工具的不同，事实上不能也没有必要去临摹古印。"学"与"临摹"是两个不同的概念。抱石先生认为，除秦汉印外，篆刻艺术可学的东西还很多。但必须有所选择，不是什么都学。中国的印章史上有一个特殊的现象，汉印的优良风格延续到魏晋就逐渐消失了。嗣后千余年间，唐宋辽金私印流传不多，官印中出现了字体僵化，难以辨认的"九叠文"，不管其出发点是为了避免仿造而故作烦琐，还是以塞满印章空间为美观，总之毫无艺术价值。

秦汉印虽无作者的名字流传下来，但可以肯定其中不乏艺术家。以后长期的印章是匠人所造，直到明代以后才有文人刻印，他们开始把印章不仅作为信物而且同书法、绘画联系起来，成为一门独立的艺术。

抱石先生认为，学篆刻与学绘画一样，愈是前代大家多，愈不能局限于某一时代、某一系统或某一家，否则陈陈相因，越走越偏，无法前进。他写道：

> 夫摹印之学，其寝成艺事，不过三数百年。皖浙继起，如日中天。降及末流，僵守定型，无复古意，邓、吴、丁、黄之大雅，爽然俱失。就浙派言，魏稼孙"后起先亡"之痛，殆非无故。（《沈行印存序》，下同）

这里指出清代中期的"印人"都缺乏创造力。接着，先生列举清代后期的"新秀"，并分析其优缺点：

同光间山阴赵㧑叔兴，以绝代聪明间方寸天地，紧劲朴茂，新
意尤多。迨后上虞三庚徐氏、新安牧父黄氏先后崛起，蔚为作家。
三庚翩翩之姿，有若不胜罗绮；而牧父盘根错节，卒愧禀赋，岂易
言哉！

指明赵之谦（㧑叔）的篆刻之最大优点在于多"新意"，然而同是创新
者徐三庚的作品，美则美矣，却病于纤弱，缺乏大家气；黄士陵（牧父）由
于稍逊天资，也钻到牛角尖里去了。

先生赞赏的是："近数十载，安吉吴缶庐从石鼓文逞其雄健；湘潭齐白石
变将军印逞其新奇，排奡纵横，一时影响，如八大山人、石涛、石溪之画，其
势有不得不然与？"强调只有真正创新才能获得印坛地位，而一人创新又必有
许多追随者。可是创新谈何容易！余惟居今日而事此道，厥有三难：

印人喜言秦汉，文、何以来，亦唯秦汉是尚。今视邓、丁诸
印，犹感精气逼人，咎欲出头地，谈何易耶？一也。

曰皖曰浙，同源异流，余音袅袅，已濒绝响，妄为诩傅，可
胜彷徨，二也。

诏版权量，之谦之功竟及边款，可谓至矣尽矣；而将军印之
精命，白石恐亦阐发殆尽，余蕴无多。别有洞天，攻苦可想。三
也。

职是之故，有志之士，必先博综众涂，方能自树，免坠魔
境。不求近功，所谓取法雅正，终有所归者也。

最后几点阐明：一、必须学习吸收各家优点，才能站得住脚；二、不
仅创新难，学习也不易，必须"取法雅正"。这里突出"雅、正"二字，

"雅"是高度，"正"是方向，二者都是命根。如果毫无鉴别，不加选择地学，就容易滑到反面——"俗"与"邪"。而高度不够，总还可用，要是错了方向——"邪"，即陷入"野狐禅"一流，那就是"魔境"。艺术之道，一入魔境就终生难以自拔。

先生对近世诸大家的精粹皆吸收而融化之，例如青年时代仿刻赵之谦达到乱真，可见研习之深，可是在他后来形成的个人风格之中，却并没有多少之谦的痕迹。他的一些早期篆刻作品如"印痴""终身不拟作忙人"等朱文印有明显的浙派影响，而后期作品就完全脱出了浙派的窠臼。先生的篆刻是从秦汉出发，浏览各家，最后又返于汉。这就不是泥于汉而是变于汉。一方面是篆法比汉印更活泼，变化更多；另一方面是章法上的独到之处，这是作用在"方寸天地"间的重要因素。

画家的篆刻与书法家（不存在非书法家的"篆刻家"）的篆刻不同之处在于：书法家可能较重视字体的变化，画家可能特别注意构图——章法。先生两者兼备，并善于把绘画上的"虚则实之，实则虚之"这些构图法则同样巧妙地运用于印章，画与印互相启发，互为印证。有时在印面留出较大空白，显得天地宽阔，文字错落揖让，奇崛多姿；有时字密排在整个印面，却在一个字的中间留出空当，字字显得紧凑，又字字显得空灵；方寸虽小而游刃有余。然而尽管变化万端，总是围绕"雅正"这个主轴运转，从"雅正"中创新意。"雅"在含蓄，不是一览无遗而是耐人寻味；不是浓纤而是恬淡；并不气势逼人而是古朴自然；不是与世相争而是超然物外；不是孤高自赏而是坦率亲切；不摆架势而若无雕琢之痕。他是掌握了篆刻艺术之精命，遂能进退腾踔，无不合乎法度、规律，进而丰富了法度和规律的内涵，提供了创造的手段。

先生从事篆刻在专攻绘画之前，并以此闻名。虽然后期他的书法、篆刻、理论都被画名所掩，但他完全能独立成为学者、书法家、篆刻家，而这几方面又是统一的。他在《白石老人的篆刻艺术》一文中写道：

……这种美的典型的完成，是基于老人书法（诗、跋）绘画、篆刻的高度统一和有机的构成。老人每一幅作品，都是一件崇高的艺术品，是一首排奡纵横的诗，是一曲令人难忘的交响乐章。画面上的每一项东西（书、画或者篆刻），都生动地成为了艺术品的不可分割的一个组成部分。

　　这段话同样适合于先生本人。

　　先生对篆刻是十分认真的，从不草率从事，治印必根据印材的形状（方、长方、圆、椭圆等），是名章还是闲章，内容含义，考虑选择哪种形式、字体，如何布局，"意在笔先"，然后用毛笔工整地反写在印面，白文印则填墨空出字来，务求看到预期效果然后奏刀。先生有"神刻"的功夫，力能扛鼎而又精于毫芒，所以能做到高度准确，得心应手。

　　篆刻的形式和内容又是不可分割的。内容表达人的旨趣。除了为别人刻的印外，可以从先生的自用印中略窥端倪。中国不少书画家为自己取了很多"字""别号"、斋名等等，先生的兴趣却不在此，他的姓名印只有"傅""傅抱石""抱石之印""抱石之作""抱石私印""抱石大利"等几种，形式变化而内容未变。作为名章的附加物是他的原籍"新喻"（有的作"新谕"二字，这是那个时代标明籍贯的风气）。他的居屋也没有很多别称而仅用本名"抱石斋"，在重庆山居时刻了一枚"抱石山谕"。1957年，郭沫若先生为《傅抱石画集》题词中有云："我国画界南北有二石，北石即齐白石，南石则抱石。今北石已老，尚望南石经历风霜，更臻峣然。"还特意写了一匾"南石斋"相赠。此匾当年曾悬挂在先生的客厅里（现在纪念馆），可是先生从未刻过"南石斋"印章，题画中也从未出现过这名称。这是他的自谦，也说明他在名印、斋印方面是朴实无华的。

　　先生早期那方"终身不拟作忙人"闲章即表示"淡泊以明志"。他的押角印也不多，其代表作如"踪迹大化""代川山而言也"，说明他的山水画是从大自然中来。"其命唯新"体现锐意革新的精神；"往往醉后"寓意"往往醉后见天真"，同时也点出了他的生活、创作习惯，无酒不能作画，酒后才有神来之笔；"抱石得心之作"是自己满意作品的标志；还有一方"不及万一"钤在描写名人诗意的作品上，自谦之辞。此外，他常用年号印，早期用干支，晚年则用公元，以记录创作的时期。在他的全部印章中，没有无意义的、炫奇矜异或自我标榜的内容。他说：

> 几百年来，基本上为文人士大夫辈所垄断着的篆刻艺术，除了为达官贵人、骚人墨客们服务之外，我们还突出地看到多数所谓"印人"是借以"浮生半日"，"游戏三昧"；或者"吟风弄月"，"赏心乐事"；或者宦海浮沉，满腹牢骚；无非是发泄一股消极的不健康的没落情绪。

这里先生明确地点出了篆刻艺术的健康道路。把印章当作消遣玩物是同绘画上的"游戏笔墨"一样的没落情绪，玩弄形式而没有内涵，是灵魂空虚的表现。先生痛切时弊，所以他一生都以严肃的态度对待包括篆刻在内的艺术事业。从他使用的印章来看，他对这一精辟见解是身体力行的。

中年以后，先生把主要精力用于绘画创作，为人刻印就少了，只为知者、识者刻。例如郭沫若先生的几方常用印章就是他的作品。因为名气大了，自有许多达官贵人、富商巨贾要求他刻印，但他决不轻易应承。有些实在推辞不了，他又不愿刻的，就命弟子捉刀了事。不随俗流，不阿权贵，瑾瑜自守，昂然独立，这就是先生在篆刻艺术中表现的品格。

四、山水·人物

《万竿烟雨》是抱石先生40年代的代表作之一，这幅画曾被英国有悠久历史的权威性美术刊物《画室》（STUDIO）杂志作为封面，对这个刊物的读者来说是启开了一个东方艺术新天地的窗口。

这幅画中，蔽空的竹，漫天的雨，大自然在混沌中颤抖，以雷霆万钧的力量和雄浑的气势，表现出绘画中从未有过的境界。除了远山和占画面一角的溪水，小桥上撑伞佝偻前进的人物，半幅是浓重泼墨，正如石涛题画诗中所描写的："墨团团里黑团团，墨黑丛中花叶宽，试看笔从烟里过，波澜转处不须完。"

入川，是先生艺术创造的转折点。

先生在南京中央大学艺术系任教第二年，卢沟桥的炮声破坏了一切人，包括艺术家在内的安定生活，先生举家内迁。大动乱给他提供了不平常的机会，可以饱饫祖国的奇丽山川。他独自从江苏出发，经安徽回江西，与全家会合后，辗转武汉、长沙、桂林、贵阳，抵达重庆。在艰苦的旅途中，他虽手不释卷，但终究不易作画，以致当时在漓江畔停留也未能把那被称作"甲天下"的山水描绘下来（他画的桂林山水是晚年作品）。最后，雄秀的巴山蜀水像磁石一般吸引着他，也许这里更契合他的性格吧。

重庆西郊歌乐山附近的金刚坡下。这是群山环抱中的一块谷地。从赖家桥过来，沿着一条蜿蜒小土路，穿越田畴，走过清澈溪流上的小板桥，迎面一座大竹林。竹林深处便是先生的家。这里的晨曦初露，烟笼万竿；亭午寂静，荫浓蔽日；夕阳斜晖，百鸟争喧；风雨晦暝，狂涛翻腾。周围山岭勾画出层层梯田，上下一片翠绿，间或露出赭红岩石构成的大块山峦，经常隐没在多雾的大气之中。到处是苍莽的林木，纷杂的野花。春天桐花烂漫，点缀着登山的石级，西望烟云出没间的金刚坡如接天际。这里四季常青，空气纯净。

先生一家住在附属于一个小院子旁边的二间厢房里，屋檐低矮，并无窗户，白天需要开门采光。仅有的一张小方桌，兼餐几、书桌、画案多种功能。不过这些条件已经足够了。天赋的环境，使先生得以"踪迹大化"，有了迸发不完的灵感。从此他的画笔与东川风光结下了不解之缘，金刚坡下成了艺术圣地，产生了划时代的作品。

中央大学迁到重庆不久，先生仍返校执教。每周一次到校上课，大部分时间在家从事学术研究及绘画创作。学生们经常翻山越岭去拜望老师。青年人的到来，使宁谧的山居平添了活跃气氛，先生和师母热情待客，海阔天空，谈锋雄健，竟日不倦。

大家惊异地发现，先生以香茶飨客，自己却始终喝一盅白水。探问之下，才知道他饮的是白酒。小屋里有只半截埋在地下的酒缸，每逢春节，他买来四川名酒泸州大曲，贮满缸中，以供一年之需。

作画必先饮酒，这是先生的信条。他的亲密"伙伴"，除了"文房四宝"就数酒杯了。同酒联系在一起的，还有纸烟，从不离手。酒中出画，正如李白的"斗酒诗百篇"。酒使人的理智暂时掩藏而把心底深处的感情喷涌而出，这种感情比醒时更为真挚。

先生的山水画是浪漫主义与现实主义的结合，"现实"不等于"写实"。一般地说，人类具有欣赏大自然之美的本能，但不同的人对同一景观的感受各异。抱石先生是用中国艺术家的眼光去寻找自然界的内涵之美。是经过消化吸收后的反馈——直观感性认识通过意识的融冶而成为理性认识，构成意象的全景。把特殊性加以整理概括而赋予普遍意义，因而更富于典型性。例如先生创作的另一幅雨中山水《潇湘夜雨》是典型的竹林在典型的夜雨里的典型状态。他在金刚坡下作的很多山水画又是典型的巴蜀山水。

1942年9月，抱石先生在重庆举行画展，这是他继东京书画篆刻展览以后在国内首次展出，即"壬午重庆个展"。

在中央大学艺术系，先生一直教理论课，同学还没有跟他学画的，见过他作画的人很少，有些教师甚至不知道他在作画。

当画展以中国画的崭新风貌突然出现在人们眼前的时候，大家都感到意外，像到了一个未知世界，惊叹不已。画展开幕之日，观众十分拥挤，风靡了山城。抗战中期，人们正在历经轰炸之后又迅速重建家园的积极精神与胜利渺茫的苦闷相交织的心理状态中，先生独开生面的艺术，有如一股新鲜空气冲破迷雾，使不少人受到启迪，展拓胸襟。那时，文艺界创作的戏剧和漫画正在鼓舞着民众的斗志。郭沫若先生的话剧《屈原》刚刚问世，抱石先生的第一幅屈原像也展出了。沫若先生在这幅《屈子行吟图》上题诗有云："屈子是吾师，惜哉憔悴死。三户可亡秦，奈何不奋起？"最后高吟："中国决不亡，屈子芳无比。"诗画配合，产生很大的力量。这两位文艺家对屈原的歌颂，不是为了"发思古之幽情"，而是通过历史知识的传播，使群众理解中华民族的伟大文化，宣扬中国不可侮，国家不会亡的真理。

在举行画展的同时，先生还在重庆、昆明等地报刊上发表了《从中国美术的精神上来看抗战必胜》等文章，从艺术的角度分析中国美术"雄浑""朴茂""积极"的风格来对比日本美术的"小巧""枯瘦""板刻""破碎"，从而指出"日本这次发动侵略战争，就是把这幅最伟大、最积极的中国画看走了眼，弄得深入泥潭，不能自拔"。这是何等气派的战斗宣言！

先生的画高雅，又是过去在国画中从未出现过的风格，在社会上引起很大的反响，出现了收藏傅画的热潮。就在重庆预展的当天，除了"非卖品"，极大部分画都贴上了"红条"，被人定购。有几幅原来未标明"非卖"，先生又觉得其中有难得的灵感，不忍舍去，自己贴上"红条"保留下来。还有不少作品贴上了两个至多个红条："某某重定""某某再定"。这些人同时看中一幅之后，都产生了占有欲望，后来者就要求重画一张。先生作画向来是随心所欲，即使同一题材，每幅都是新的创作，没有相同画面，在重画时总是另一面貌，好在欣赏者皆重画意而不拘形式和细节。

这次重庆首次画展，不仅对同胞，而且对国际上的影响也很大。当时不少画被外国人购去，以后还经常向他求画，欧洲的法国、英国、德国、荷兰的在华人员都很热衷，尤以英法为最。显然，这同样与他们的文化修养和审美水平有关。法国使馆一位年轻的"中文秘书"戴典庐（De Dianos）成了"傅画迷"，他把自己的几乎全部薪金用于购买先生的作品，结婚时还请先生作画一幅，作为美好的纪念。法国、英国、荷兰的驻华大使在展览会上得画以后，都曾邀宴先生。英国大使还专程到金刚坡山村拜访求画。1944年，法国大使的夫人请求先生作一幅画。她做了一个梦，梦见一座古老的教堂，庭院中长满马蹄莲（百合花）、罂粟、康乃馨（石竹），繁花似锦，古木参天。她要求画出这个梦境。这个题目对先生来说太陌生了，他研究了这些花卉的形态，凭想象作画。结果那位夫人看了，惊为与她的梦境一般无二。殊不知用水墨表现出朦胧感，恰是先生的绝妙画技，"歪打正着"，可说是与法国的印象派异曲同工。先生作画，所表现的就是将感官接受到的外界信息经过意识加工的完整印象，具有东方的特殊性和深度，因此法国大使馆一位参赞爱里舍夫（Elliseffe）对先生的画给予在他来说是最高的评价："比印象派更印象派。"

由于作品受到极大的欢迎，先生在壬午画展之后，仅隔二年就又在重庆、成都两地进行个展，并与郭沫若先生在昆明举行书、画联展，在这战时后方三大城市扩大了影响。在成都时，他与张大千先生过从甚密，他俩都是石涛的酷爱者，大千先生仿作石涛画可以乱真，抱石先生是研究石涛的专家，彼此知音，两位大师结下了永恒的友谊。以后虽暌隔多年，抱石先生逝世后，大千先生还从海外特意托人来向家属慰唁并表示关心。

抗战胜利后，1947年先生在上海举行画展。在新的环境里，人们将怎么对待自己的画，起初他是心中没底的。何况那时生活拮据，连装裱画的费用也拿不出，幸得南京一家裱画店主人允予赊欠，计划才得实现。展览在中国画苑一开幕，心中踏实了。就像以往几次展览一样，挂满了"红条"。这里很多人第一次见到先生的作品就为之倾倒，并认准了画的价值。

1949年，先生全家回到江西，因盘缠用尽，在朋友们的劝说下，又在南昌举行一次画展。在这兵荒马乱的年月，正如唐寅（伯虎）的诗句："大好水田人不要，谁来买我画中山？"这回更没有把握了。然而出乎意料地竟又被订购一空，说明先生的艺术已经深入人心，何况桑梓之谊。还有一部分人在受到通货膨胀的威胁下，以为存一幅好画比黄金更有价值，确具眼力。

40年代是先生创作旺盛时期，又是他完成了山水画的改革而达到艺术上的成熟阶段，他以超乎常人的精力创作了大量的精彩作品。

1942年，徐悲鸿先生为抱石先生所作《大涤草堂图》题塘："元气淋漓，真宰上诉"八个大字，后记曰："八大山人大涤草堂图未见于世，吾知其必难有加乎此也。悲鸿欢喜赞叹题。壬午之秋。"

抱石先生自题云：

> 石涛上人晚岁构草堂于广陵，致书南昌八大山人求画大涤堂图。有云"平坡之上楗散数株，阁中一老叟，此即大涤子大涤草堂也。"又云"请勿书和尚。济有发有冠之人也。"闻原札藏临川李氏，后辗转流归异域。余生也晚，不获睹矣。今经营此帧，聊寄长想尔。民国三十一年春制于重庆西郊。傅抱石。

先生根据石涛提出的要求作这幅画，但在风格上全无模仿八大之意。悲鸿先生认为八大"必难有加乎此"，是正确的判断，虽然八大那幅画有什么巧思我们已无法想象了。石涛于康熙二十七年（1688年）59岁时从扬州写信给年已七十四五岁的八大山人求画。十年之后，八大已是耄耋高龄，才把此画寄给石涛。原函只要求"三尺高一尺宽小幅"，八大却作了"巨幅"。二人同是名震一时的大画家，且为同宗遗胄，八大把此画当成重点创作，想来是格外认真地动了脑筋的。石涛在这幅画上的题诗说八大"往往游戏笔墨外"，"笔歃墨舞真三昧"，可惜只提到笔墨而未提画面形象。

先生此画的构思是奇特的。他着重在"樗散数株"，石涛原意是以樗（臭椿）、栎（橡树）之类的"散材"自况，喻不为世所用也。先生画了几株栎树，其中一棵矗立画幅正中，顶天立地。如此险峻的构图大概八大也很难想到。这是一株顶部已朽断而下面尚枝叶繁茂的大树，主干的宽度（直径）达整幅宽度的五分之一，树身已空，布满孔穴，显示树龄之高。暗合《庄子》中的话："吾有大树，人谓之樗。其大体拥肿而不中绳墨，其小枝卷曲而不中规矩。……是不材之木也，无所可用，故能若是之寿。"这就点明了大涤草堂的主题。先生把它画成拔地参天的巨章，也象征着石涛上人的艺术成就。在主树右后又衬一大树，枝干并不分明，在构图上是使这半幅暗下去，让读者视线移向左方。左边又画三株大树，与靠近画幅边缘的山石相接，最后把视线引向小阁。下方在处理得比较简单的平坡之上，几丛石涛式的矮竹烘托着建筑物——敞阁中布帘半挑，可见案头图书、架上盆栽。如此精心布局，才使画中仅占极小位置的主人翁——临栏伫立、垂手仰头、睥睨尘寰的石涛上人成为读者注意力的中心。全画只左上角留出一小块空白，精楷题字，加强对比效果。画面上整个气氛的渲染，是作者对石涛致八大信中寥寥数语的深刻会心，用艺术的语言突出了这位旷世天才的悲愤索寞、深沉放达的内心世界。大涤堂隐于漫天绿荫之中，正如石涛自题诗"寄来巨幅真堪涤，炎热六月飞秋霜"，体现了一个"涤"字，在这翡翠般透明的艺术天地里，不仅可以涤暑，更能涤除凡虑，阁中主人必为之拍案称快。

这幅画大片泼墨，用笔如天马行空，了无拘束，奔放恣肆，墨韵氤氲，"元气淋漓"，显示石涛自题诗末句"一念万年鸣指间，洗空世界听霹雳"的气概。

画中的唯一人物由于太小，并没把眉目交代清楚，但这位特定环境中的特定人物，使读者觉得他就是有血有肉的石涛，而决不会是别人，这里石涛不穿僧袍，留有发髻，仙风道骨，飘然出尘。顺治十四年（1657年）石涛28岁时，晚期也当和尚的丁元公曾为他画了一帧僧服无发的像。但到1688年石涛请八大作画时却特别声明："济有发有冠之人也"，不是和尚了。这种转变有其客观因素：石涛原名朱若极，是明藩王靖王的第十一世孙。清军入关，他父亲朱亨嘉曾在广西桂林自称监国，被在福建的唐王所杀。像他这样的皇族"遗少"，是清朝统治者的镇压对象，当然也可能变成统战对象。石涛少年就经国破家亡之痛，富贵成空，一时万念俱灰，或为了避祸，才削发为僧，那时年仅15岁。到13年之后，28岁时（1657年），是明永历帝被杀（1662年）的前五年，政治上并未风平浪静，以缁衣作为避风港仍有必要。石涛的画论和诗稿有很多涉及中国的传统哲学，却很少接触佛教经义。诗中既多慷慨沉郁，亦有风流蕴藉，哪像个出家之人？说明他并非虔诚的佛教徒，和尚不过是个幌子。他在77岁作的梅花诗中叹道："何当遍绕梅花树，头白依然未有家。"表明他在思想上是"想家"而非"出家"，所以自称"老夫"而不用"老僧""老衲"之类的称谓。看来，大动乱后几十年，政治和种族矛盾已有所缓和，他又早已成为著名画家，尤其是他55岁那年，"咫尺天颜"见到康熙皇帝之后，可以不再拘泥于非要做个形式上的和尚，再度蓄发换装，是合乎情理的。

先生在乙酉（1954年）正月所作的另一幅《大涤草堂图》，与前幅的构思完全不同。草堂置于画面正中，四围浓树如翠盖拥荷，仍是体现了一个"涤"字。屋后有高远山峰，屋前有墙有扉，院墙内外是两块空地，略成梯形，以指引读者的视线集中到室内趺坐的和尚。使人意识到，不论何时何地，如何装束，他就是石涛。

抱石先生所作古代人物，最大的特点就是使人感到是真正的古人。做到这点，完全得力于他的历史学识。他在《陈老莲水浒叶子序》中说："刻画历史人物，有它的方便处，也有它的困难处。画家只有通过长期的广泛而深入的研究体会，心仪其人，凝而成像，所谓得之于心，然后才能形之于笔，把每个人物的精神气质性格特征表现出来。"先生正是对自己所崇仰的历史人物经过全面研究，同他们在思想上息息相通，"欣慕之，想象之，心摹而手追之"，塑造了许多生动而可信的古人形象。

抱石先生的《屈子行吟图》所表现的屈原具有感情奔放的诗人气质；探索宇宙、人生的科学头脑；忧国忧民的政治家抱负；愤世嫉俗的孤高品性；威武不屈的铮铮骨气；心中有激烈斗争遗留的火星；无力回天的重重怅惘；还有等待着他的悲壮结局的预感；从庙堂走到旷野，理想的破灭与寄托在文艺上的心灵的充实。这一切组成屈原精神世界的特征。当然，在抱石先生的创作中并非以笔墨的符号来作为全部信息的载体，而是从屈原的气宇轩昂、微向前倾的动态，背景浪涛浩渺渲染的悲壮气氛，使读者产生种种联想，从而获得对屈原的深刻印象。先生在另一幅作品《渔父》中，刻画了屈原那"众人皆醉我独醒"的心理状态，与前画可以互作补充。读画的一个重要因素，对屈原的认识决定了对先生笔下屈原的理解深度。这些画不仅为读者提供直观形象，而且是观众与屈原沟通思想的纽带。

屈原之后一脉相承的唐代大诗人李白，由于时代相对地接近，作品数量多，事迹更清楚，似乎比屈原的"高古"更容易揣摩。而且先生与李白在气质上的相似，使他作的李太白像更接近于精神的真实。李白早期的入世思想，在昙花一现的殊荣富贵受到挫折之后，并没有颓靡或过度的愤激，却使他的才华像火山爆发一般喷涌出来。入世欲望被压抑之后，一反而为出世思想，酒与诗的结合，把感情寄托于皓月清风，精神状态富有幻想的神仙成分。这就是先生创造的李白形象。

杜甫是与李白同时代的"诗圣"，他对客观世界诗意的发掘和凝练，总是联系着无穷感慨，对民间疾苦的深切同情与面对人生的现实主义，感情充沛而沉雄。先生对少陵的形象，画出"新松恨不高千尺，恶竹应须斩万竿"的气概，并作了其他画中少见的工笔描绘。说明创作时的虔诚。

熟悉历史、熟悉古代人物及其作品，使先生拥有永远画不完的题材。屈原的《九歌》，神话与现实、幻想与激情交织在一起，自然同先生的浪漫主义画风合拍。魏晋士大夫啸傲猖狂、放浪形骸的生涯是先生特别爱好的题材。他在授课时，魏晋是重点，讲得非常生动，画来也格外真切。同学们看了他画的《竹林七贤》，联想到他家住竹林之中，身穿宽袍大袖，曾戏言"傅先生是竹林第八贤"，把他的形象同嵇康、阮籍、山涛、向秀、阮咸、王戎这些古人联系在一起，感到十分恰当。先生塑造的《山阴道上》《东山丝竹》这些人物群像，好像都在谈玄、吟诗，悠然自得的神情，似乎有他自己的影子。横幅《兰亭图》（也有作立幅），茂林修竹，流觞曲水，仿佛是先生亲身经历的熟稔场面：羲之和他的诗友们聚散其间，或行或坐，或临流揽觞，或凝诗炼句。有的尚在冥索，有的已经完篇，有几组举杯痛饮，有几组高谈阔论。把千载前那次著名的野游写得酣畅淋漓，使读者不知不觉地也参加到里面去了。《虎溪三笑》写东林寺慧远送陶渊明、陆修静过溪，闻虎鸣而大笑的故事。一个和尚、一个道士、一个诗人，象征着古代知识分子的思想往往是儒、释、道三家的混合型。虎鸣使凡人惊恐色变，然而对这三位哲学头脑所起的反应却是大笑，说明他们的旷达心境主宰自然而不被客观所左右，正如背景庐山烟云的往来自由。三个各具特征的人物形象，身材微矮，然而却使人觉得其精神境界之高大，仙风道骨，增之一分就会减色。

唐代故事、唐人诗意又是先生人物画的重要题材。他画过多幅以白居易为主角的《九老图》，构图和表现方式各不相同。画面用苍松陪衬这九位老寿星，银髯皓发，脸上刻画出漫长岁月中饱经沧桑的痕迹。他们都有过欢乐与忧患，腾达与潦倒，而今从尘世的旋涡里脱身，个个心平气和，那一双双深邃的眼睛洞察一切。在大自然的怀抱里，他们毋须回顾过去，诗文会友，享受着心灵解放的愉悦。一翁手擎童子刚采得的灵芝，如正研究长寿之道、参悟永恒之理。

先生的另一幅代表作《丽人行》是"唐人诗意"画的壮观场面。漫天浓绿的杨柳充满早春气息，树隙中透出五组群像。杨家姐妹的骄奢，杨国忠的奸诈，乐队纷陈，随从杂沓，势焰熏天，跃然纸上。全画布局严谨而多变，色彩绚丽而沉着，大手笔正堪与原诗媲美。《琵琶行》又是一番情趣：浔阳江头夜色浓重，正是泼墨的最妙效果，凄清的气氛笼罩客船，歌女哀怨、诗人惆怅，呼之欲出，画上无声胜有声，诗画并成绝唱。

苏轼的《赤壁赋》亦为先生所癖好，"江上之清风，山间之明月"，有"取之无禁，用之不竭"的灵感，真是百画不厌，幅幅各有妙趣。所作《赤壁图》，不重环境描写而着力于人物。作大幅时，山岩亦不烦琐，突出主题。有时作尺页，背景的"断岸千尺"，仅淡扫数笔赭墨，意思而已。主要在纸的下端浮"一叶扁舟"，东坡、鲁直、佛印三人围坐船头，一小童在船梢烹茶。人物脸部虽细小而须眉毕现，神情"飘飘乎如遗世独立，羽化而登仙"。小船的四周全留空白，意味着"长江之无穷"。此情此景，使读者与画中人同感"寄蜉蝣于天地，渺沧海之一粟"。

先生的很多作品富含哲理。有一幅这样的"小品"：几笔飘拂的柳丝下，野渡轻舟，舟梢斜倚一位须发苍然的老叟，双眼似闭非闭，神态傲岸。题字是"帝王轻过眼，宇宙是何乡"。人在我们这个小小星球的小小角落，看到的是宇宙。比起无尽的时间和无限的空间，人类是何等渺小！帝王尚且如浮云过眼，何况蝇头微利，蜗角虚名？一切都是短暂的，唯有艺术才能够永恒。

中国人物画以线为形象构成的基础，以周代帛画人物为滥觞，就是线描。抱石先生作人物画采用了"高古游丝描"，即春蚕吐丝式的线条。这种前后宽度一致的线，需要充分的腕力，由于他深厚的书法根基，落笔一气贯注，轻爽流畅，有"吴带当风"的意味，与人物形象的"上古衣冠"显得十分协调，特别是"仕女画"。

《九歌》中的《湘君》《湘夫人》是先生最常画的题材，或单人，或双人《二湘图》，风格继承晋唐，人物脸型丰满，樱桃小口，梅花点额。双眼先用淡墨勾出轮廓，再用较深的墨画出较确切的线条，眸珠用细笔散锋作小圆圈，略施浅墨，然后点出细微的瞳孔，整个感觉是透明的。目光凝睇，露出淡淡的惆怅，恰切地表现了"目渺渺兮愁余"的神情。体态轻盈，服装不加华饰，设色淡雅，衣袂飘举，丝绸的质感很强。湘君手执排箫，似刚吹奏完哀婉的曲调，余音未绝；湘夫人拈一茎开着小花的山姜，若将赠给属意的人。背景通常是一片空白，用淡赭墨画落叶，随风翻卷，漫天飞舞，点出"洞庭波兮木叶下"的秋意。有的画面把"二湘"安排在一片浓密的树荫之中，松枝摇曳，木叶随风，人物若隐若现，仪态安详，动中寓静，仿佛这两个古代妇女正在与命运搏斗，画家寄予无限同情。她们是被神化了的有血有肉的人，或者说是人而被加上了神的灵光，可望而不可即，充满了神话的意境。

五、个性创造

抱石先生在《中国的人物画和山水画》这本书里有一段关于古人画论的阐述：

"畅写生水之神情"——即要求体验自然内在的精神运动和雄壮美丽而又微妙的含蓄，认为这才是山水画主要的基本任务，而不是"案城域，辨方州，标镇阜，划浸流"似的画地图。由此可见，中国山水画的发展自始就是妙语自然富于现实精神的艺术创造，而不是单纯地诉于视觉的客观的描写。必须如此，才可能"咫尺之内，便觉万里为遥"（《南史·萧贲传》）。

　　这里说的"自然内在的精神运动"便是自然所赋予山水之"形"的内在的"理"——"质"的运动；"妙语自然"就是"写山水之神情"。但不是脱离实际而言"神"，是建立在"现实精神"——"形"的基础上的再创造。他曾引用明代王履《华山图序》中一句话："意在形，舍形何所求意？故得其形者，意溢乎形，失其形者，形乎哉！画物欲似物，岂可不识其面？"所以他的画以形见神，"意溢乎形"，是符合自然规律的创造；是体验客观事物，通过主观的颖悟、灵感、激情、意匠而产生的心灵中的宇宙。这是超乎视觉局限之外的宇宙，所以能够"咫尺之内，便觉万里为遥"，写出山水的精神气质，同时又反映自身的精神气质。具有中国画、民族审美观念的典型性——普遍性，又具有强烈的个性——特殊性，呈现与其他山水画完全不同的风貌：氛围、意境、气势。

　　氛围　先生的画中，无论巨幅还是小品，都存在一种特殊的氛围——一种氤氲之气，苍茫之感：沉浸在纤尘不染的净化了的空气之中；将天籁转换成统一和谐的乐章，赋予优美的音色，却又像发自非人间的乐器，有仙乐风飘之感；是现实升华为理想之美而进入的一个独特的艺术天地。这种氛围是如此明显，却又难以捉摸，具有强烈的感染力，使人陶醉，使人超脱现实，获得高尚情操的陶冶。

　　人们看影（照）片是通过摄影师所选择的范围和角度去了解事物。读抱石先生的画则是通过他的艺术形象思维，富于哲理的美学观点，不是以视觉角度而是以心灵的坐标去体察和理解大自然。先生所创造的独特的艺术氛围，不仅在笔墨所呈现的形式而是在笔墨之外的某些精神特质。在这里，人与自然互相交融而又独立于自然。人不是自然的附属品，更不是自然的奴隶，而是自然的驾驭者。宇宙创造了人，人也创造了宇宙。

意境　先生绘画中的特殊氛围传达了一种特殊的、深邃的意境。这不仅是一般绘画的构思、布局、情调和物象的层次这些可见的东西，而是具有思想——意象的广度和深度。较复杂的画面可以呈现特异的天地，即使极简练的构图同样有丰富的内涵，不是一目了然而能启发人去思考，去想象，百读不厌，回味无穷，每看一次都给读者以新的感受。这种意境也就是诗的意境，既是写景又是抒情。景即是情，情即是景，既反映宇宙，亦反映人生。一草、一木、一石、一水皆非无情之物，每一笔迹、每一墨痕都是诗句的组成部分，让人去破读，去意会。试从下述两幅寻其诗境：

《台高出城阙，一望大江开》写"龚半千与费密游诗意"，两个人物站立在巨大的磐石之上，一株压低的浓重的松树仅突出少许树梢，与山头浑然一体。背景淡墨渲染，一带江面如匹练横贯画面上方，水的弧度与山的轮廓相呼应，江上仅数点细小帆影，全画感觉空阔无边，似乎从扬子江看到整个神州。

《平沙落雁》在构图上有异曲同工之妙。画面下方为石岸，上铺一席，抚琴人盘膝而坐，旁具酒壶酒杯，似刚饮罢，面目微醺，全神贯注，手拨琴弦。所携书童，为避免干扰演奏者的注意力，坐在后方稍远的小溪旁，手执一竿，似在观察清泉中的游鱼，食盒置于一旁，主人正在兴浓，还不想吃东西。石岸前方是较宽的水流，急骤地冲激着错落地露出半截的石块，由于水势的动荡，似乎石块在向后退去。隔此一水便是漠漠平沙，时隐时现的曲水，渐去渐远，消失于迷茫之中。两三雁阵，从需要很强目力才能看到的天际冉冉飞近，直到略可辨识形态时向沙滩落下，点出了画面的主题。这一切正是琴弦震动中所倾诉的诗意，当你凝视画面的时候，仿佛听到一支悠扬婉转、超尘绝俗的曲调。画上十分简赅的淡墨远景似乎可以延伸到无垠空间。这些画使人领略到有限变为无限，瞬间化作永恒的诗的境界。

气势　先生作画，从立意构思到笔墨技巧都贯串着"气"。这"气"是精神的凝聚，也是力量的一种表现，它是中国绘画特有的一种素质，由"气"而产生"势"。在他的作品中，"气势"表现在笔墨酣畅淋漓，犹如雷鸣电闪，先声夺人。诸如一山横空，天呼地应；巨章擎天，女娲力薄；悬瀑飞坠，山岳震颤；千嶂凌云，万壑奔雷；风狂雨骤，天裂地摧。这些似乎把大自然的巨大能量释放出来而浓缩于纸上了。

《苦瓜炼丹台诗意》写高台在绝壁之上，巨岩雄踞如虎，后山直插长空，白云缭绕岩脚，伏松如龙蟠，烘托出主体的奇伟。《巫山出峡》，写巴江两岸壁立千仞，烟云幻变，激流漩涡中舟行似箭，千钧一发。《风雨归舟》写天晦地冥，疾风怒号，水帘障目，波滚浪翻，令人震慑。《听瀑图》三面屏合的山峦超出画面，若与天齐，瀑布降自云端；水势湍急，沸喧撼阁，似闻回声激荡。

意境与笔墨的气势来自心灵的气势。胸有十万貔貅，才能运筹帷幄之中，决胜千里之外。没有超高倍的望远镜，决看不到河外星系。先生胸襟阔大，泼墨先具胆识，椽笔在握，挥洒裕如，腾挪奔跃，叱咤风云，石破天惊。走笔不仅在运腕，还在于丹田之气和坚强的意志力。就是在他的人物画中，衣纹线条一笔到底，长而劲，轻而实，婉而锐，细而刚，是气势的一种表现。气势不仅表现在重山复水的巨幅，也能表现在尺幅小品。画面的大小繁简并非决定因素，曾见一巨幅，像广告画似地将实物放大，若假山小草，还不及盆景之致，实际上是"小品"，成了"丈二咫尺"，作者心境可以想见。抱石先生往往在小小的尺页上，作豆大人物，墨晕数片，远景一抹；或柳丝三两根，渔舟一点，却有望不到的地平线与辽阔的天空；小幅如《嘉陵景色》，浅山明灭，烟雾迷蒙，一角江干，风帆连纤，似见漫长行程。每幅皆具"咫尺万里"的气势，原子之微包含宇宙，而宇宙之宏亦足容之尺素。

先生具有桀骜豪纵的气质，恢宏浩宕的气度，吞吐大荒的气魄，上下古今的气概；形之笔墨，呈现雄浑凌厉的气势，流溢醇醇灵动的气韵，形成氤氲清新的气氛。七"气"归元，就是先生艺术上的强烈个性。

抱石先生一生服膺石涛，主要还在石涛的革新精神。先生提出的著名论点："时代变了，笔墨不能不变"，就是脱胎于石涛语"笔墨当随时代"。他的艺术始终与时代的步伐紧密相随。

先生晚于石涛300年，就比石涛站得更高，看得更远。很多当时接触不到的古代资料被发现了。过去真迹难见，现代的印刷技术使皇家的和个人的收藏得以公开，具备了较全面地研究古代作品的条件，同时对国外艺术有了更多借鉴的机会。先生得以系统地研究中国的艺术理论并加以充分发挥，在技法上继承传统吸收精华而找到传达理想境界的最佳表现方式。

先生在接触绘画之始，和大多数画家一样，对中国画的一切都感兴趣。在他仅存的几幅30年代早期作品中，可以看到模仿古人的痕迹，如学米家山水（米芾、米元章）的《竹下骑驴》、学倪瓒（云林）的《策杖携琴》。还有一幅《拟程邃》山水，学这位"江南布衣"的渴笔焦墨、粗犷疏朗的笔意。而仿石涛的作品更多。那时他就不喜欢拘谨的笔法，更不拘泥于模仿，名为拟作，实际上已见他个人奔放不羁的风格。这些基本技法的模拟是必要的阶梯，犹如西画之于素描一般。当时的画材也较广泛，先生在东京个人展览中的绘画（现为武藏野美术大学珍藏），就有山水、人物和花鸟、鸡、马等动物。说明先生的创作是由博而专的。他是江西人，对本省的画家，如清代的八大山人，30年代早负盛名的学者、画家陈衡恪（师曾）等当然十分熟悉。还有清末民初风靡江南的扬州画派（包括石涛、金农等）都对他产生较大影响。

"其命唯新"是先生钤画常用的一方印章，是他独出心裁的艺术思想、画意、画法的重要标志，又是他冲破传统束缚，刻意求新的宣言。掌握传统技法只是为"师造化"——对象服务的。先生重视对大自然的直接观察，这就是"源于生活"。

先生足迹遍名山大川，出门总带着一个速写本，一支铅笔，他并不斤斤于物象的精确轮廓与具体位置，不需要画出完整的透视图，更不需要明暗与阴影。通常用寥寥数笔勾出主要景物的位置和大致轮廓，有些部位只是自己才懂的简略符号，往往加上文字诠释，标明某处"木架"，某处"石柱"，某处"红色"，某处"绿色"等。一般都记上地点、方向、日期。这些速写实际上只是当时的印象或灵感的记录，作为记忆的补充而已。他眼里并不存在一个"画框"，由于掌握了对客观世界的主动权，云山树石，阴晴朝夕，大自然的一切无非是供他驱使的素材，取之无尽。为了表现千差万别的景象，当然不能用固定的方法，必然导致技法的多样化并不断更新和发展。

先生在日本留学时买了一本《地质勘探学》，并参考此书编译成一册《写山要法》。他外出经常携带一本地质学，在观察自然时以之对照，不仅寻求形态规律还寻求科学规律，两相印证以获得正确的分析和深入的理解。把中国的山水画技法同现代的地质科学联系起来，他是第一人，从这个意义上讲，先生又是一位科学家。古人画山的皴法虽从实际观察得来，却从未有人做过严密的科学论证，这也许是后人抽去了其客观内容的核心而徒存形式的原因之一。

先生在《山水、人物技法》一书中写道："皴法在山岳的描写上是具有特殊重要性质的技法之一，也是历代杰出的山水画家富于创造性的表现手法之一。由于后来特别从明代中期以后画家逐渐脱离了生活、脱离了现实，把原来发生发展于真山水的活的皴法当作形式看待，于是往往为一些不正确的说法束缚，只守着一二种皴法来写祖国姿态万千的山水了。"并加以科学分析说："皴法不过是用线条为基础来表现山岳的明暗（凸凹），因为地质的构成不同，所以表现在山岳的外形上自也不同。"他把传统的皴法归纳为六个系统：

一、披麻皴系（长披麻皴、短披麻皴）；

二、卷云皴系（云头皴、弹涡皴）；

三、雨点皴系（米点皴、芝麻皴）；

四、荷叶皴系（解索皴、乱柴皴）；

五、斧劈皴系（大斧劈皴、小斧劈皴、长斧劈皴）；

六、折带皴系（泥里拔钉皴）。

例如，"披麻皴系"主要表现土山的外貌，符合江南山水的自然实际；"荷叶皴系"主要表现花岗岩山岳的内廓；"斧劈皴系"主要表现火成岩山岳（崩坏或突出部分），易于表现山岳的裂隙；"折带皴系"主要表现水成岩山岳特别是崩断的斜面；"雨点皴"是表现雨雾中的山，可说是别具一格的表达方式。

先生认为："皴法是形成于古代山水画家们长世纪艺术实践的经验累积，某种程度上是描写山岳的形成规律，是具有充分的现实性和科学性的。"

因此，先生对传统的山水画皴法绝非盲目照搬，而是有鉴别有针对性地运用。既摸透了皴法的规律又摸透了山岳的形态规律，吸收了各"皴系"的特色和优点，巧妙地把古人的皴法糅合在一起。他经常以"斧劈"的笔法写山的大面及岩表的纹理；以"折带皴"表现岩脚及水边的坡面；以类似的"雨点皴"表现迷蒙的山色；以"卷云皴"的笔法表现古老山峦的"苍莽而又遒劲的感觉"。这些是他在长期潜心研究，大量实践中吸收融会的部分，实际上他早已排除了前人的拘谨琐碎的东西，而用比石涛更为奔放的笔调来表现这些的。既能看出所自来的痕迹，又有崭新的面貌。要达到前人所没有的更高的效果，就得有更高的手段。

先生在作细小人物时用的是衣纹、叶筋之类的狼毫中锋。作树石，特别是大面积的轮廓线时喜用健毫——"日本鸠居堂"产的"山马"，也是中锋。但在大片皴法中却创造性地运用"散锋"。古人作画，习惯以中锋为主，侧锋为辅，很少人尝试用散锋。先生将大笔（并非破笔，亦非渴笔）的锋在墨盘上碾转，成了疏密不一的散锋，笔锋的形状"横看成岭侧成锋"，侧用仍是一笔中锋，而横用则相当于无数的中锋。这是极难控制的"险笔"，如果使用不当，就会像书法中的"飞白"一样，出来很多条平行线，十分难看。用中锋作皴，必然出现无数细碎的线条，烦琐而单调；用侧锋作皴，难见笔力而陷于呆板凝滞。先生的散锋避免了这两种弊病，悬腕若擘窠书，比侧锋有大幅度的回旋余地。笔力均衡，轻重、疾徐、顺逆、欹侧均可得心应手，极变化之致。这种皴法，暮看颇似"大斧劈"与"卷云皴"的结合体，而奔放豪纵过之，一气呵成，具有强烈的整体感。

传统的皴法有的适于表现土山，有的适于表现岩石，然而自然界的山峦并不都是水土流失的黄土高原或像黄山陡立的奇峰般裸露的岩石。很多名山，尤其是与水相连，穿插着瀑布溪流的区域，都存在丰厚的植被。先生的皴法既能显示山岳的整体结构，又能充分表达植被覆盖以及烟云笼罩的真实景观，丰富了对山的表现力。这种皴法与传统的皴法有密切的血缘关系，却是前人所从未有过的，是划时代的创造，对中国山水画的发展产生了不可估量的巨大影响，是先生对民族艺术的一大贡献。它获得了一个响亮的名称："抱石皴。"

皴法被后人用首创者名字命名的历来只有宋代米芾、米友仁父子的"米点皴"。这位大书法家以高迈天资创造了这种水墨浑点画法，以烟雨缥缈的特殊美感在山水画中独树一帜。现代，抱石先生又创造了这种具有对大自然更大概括力、表现力和生命力的"抱石皴",巧合的是先生的子女又正在继承和发扬这种技法,可与九百年前米氏父子遥相媲美。

点 一般地说,作山水画在"皴"之后的一道工序是"点",往往起收拾局面的作用。"点"基本上是从属于皴法的,古人常以各种形状的点来表示远山上的树,但一些辗转模仿的山水画中,满纸都有"点",谓之"点苔"。苔本指附生在石上的低矮植物,与山的比例微乎其微,点大了根本不像苔,更不像树,甚至有的点为一堆枯墨,活像煤堆。实质上是作者对山的形态心中无数,皴法并不高妙,只好用不能代表什么东西的空虚的"点"来弥补,直如破衣上补丁摞补丁,面目全非。"抱石皴"表现山的面貌神完气足,往往无需加点,他即使偶然用点以加强葱茏之感,也是在必要的地方,使"点"不仅是"点缀"而且有实际的内容。

先生没有受传统"点叶"程式的束缚,而是抓住树的整体结构,用不定型的画法来表现不同树种在不同情况下的自然形态。诸如"雨雪风晴,四时皆宜",写枝叶的风中动态,雨中湿意;早春柔嫩的柳枝并不一叶一叶地"点",而是成片渲染;盛夏浓郁的树着一片重墨,密不透风;晚秋萧瑟的树则用轻快疏朗的点。这些树都使人感到树冠的立体厚度。即使画隆冬的枯枝,也能看出其向四面舒展之态而不是压扁在纸上的标本。笔笔浓淡变化自然,厚处不滞,疏处不虚,显得含蓄而耐人寻味。这种画树法与"抱石皴"同样是新的创造。

先生在技法上的独创是在追求自己艺术理想的过程中融会贯通了前人的技法而自然形成的。更重要的是先生本身的艺术家气质与高度的修养,自己的"神"与山川的"神"遇合,才能真正揭示大自然本质的无上的美。"抱石皴"(包括"点")不仅是外在的"笔墨",而且是内在的"气"的运行和贯通,笔笔得相关联,与所表现的内容浑然一体,天衣无缝。画面静止的笔墨仿佛都在动,产生一种特殊的韵律,这就是"气韵生动"。

"抱石皴"具有很大的现实性和灵活性，能够适应和反映复杂的客观世界，就在于它不断变化和丰富自己。因而先生并没有为创造了一种高明的技法而变成自己的固定程式。"抱石皴"的含义一方面固然是人们看到的先生画中所表现的方式，而另一方面却意味着这是一种不断变化的技法。从他各时期、各地区的作品中可以看出：蜀山的秀拔、三峡的峻险，江南的清润、华岳的雄壮、长白的诡奇，以至东欧的异国风情，他都是用不同的技法去表现，直到晚年，画法仍在变。一生不断地探索、前进，这就是先生创新的精意。

　　抱石先生在教学时，着重讲中国画技法的三个基本要素——"色、线、墨"。"线"勾勒物体轮廓，用于造型，犹如骨骼；"墨"表现层次和质感，使形体丰满，犹如血肉；"色"用于区别物象及加强效果，起装饰作用，犹如衣服。三者构成完整的形象。

　　在人物画中，主要运用线描方法，先生对传统形式"温故而知新"。他创造的人物形象，衣冠愈古而笔墨愈新，"线"是为传达形象的精神服务的。"色"在先生的作品中通常只起辅助作用。

　　先生说："所谓'笔'是描的线、点、画，而线条是主要的；所谓'墨'是描的浓淡深浅（包括色彩），而水墨是主要的。"所以他作的写意山水，主要是用笔和用墨，色当作墨的一部分。先生的山水画属于他自己对中国绘画分类中的"水墨山水"的一种——"浅绛"写意；他的人物画也基本属于"减笔"的"白描"。因此，画法的精髓在于"墨"。"墨即是色"，墨的层次无限丰富，用到神化之时，自然呈现色感。

　　先生又说："墨是不能孤立地来看的，它是用笔的一物两面。"即"墨"是用"笔"来体现的。"用墨不外'勾''皴''染''点'四个过程，以'勾'最为基本。"他这样解释这四个过程：

　　"第一'勾'，以勾勒形象的轮廓为主，在线条之中保持并控制着墨的浓淡变化。

"第二'皴'，在勾的基础上用长短宽狭的淡墨线条初步地描出物象的明暗和空间关系。

"第三'染'，是用浅墨（或色彩）渲染、烘染的意思，看不出线条，是一片一片像黑云似的，它不能单独成画，必须在'勾'和'皴'的基础上进行。因为它本身没有痕迹，为了强调空间和明暗的感觉，不妨多次使用。

"第四'点'，原是山水画上重要的技法之一，多用较浓的墨（在工笔着色的山水、花鸟画上，则另加青绿）为之。

"这四种技法，实在是描写物象体现在用墨方面的有机部分。"

他是理论的实践者，用笔奔放恣肆，用墨变化万端。最突出的是墨中水分的巧妙运用。在墨与水的关系及同宣纸（包括皮纸）相互作用的效应上有了新的发现，新的创造。

水和墨　关键在一个"染"字上。先生发现，墨的韵味要用大量水分经过反复"渲染""烘染"才能达到最佳效果。他用斗笔蘸饱了水墨染到纸上，一下把纸全部湿透，烤干再"染"，"染"了再烤，往往反复多次，取得墨渖淋漓的效果，可说前无古人。先生在重庆金刚坡山居时的简陋条件下，画纸是在供婴儿尿布的竹熏笼上烤的，后来进入城市，改用电熨斗熨干。这更是从未有人使用过的方法。如此大量"泼水"，只有宣纸（皮纸的纤维质更为坚韧）才能承受。西洋的水彩画也常用较多水分，但水彩纸的吸水性比宣纸小得多，用水过多会泛流，而且渲染第二遍时易将第一遍涤去，更难以控制。宣纸的这种特性虽已为前人发现，但加以充分发挥则先生是第一人。

反复叠加的饱和水分使画面产生润泽、丰厚的感觉。例如《潇潇暮雨》，使人感到整个画面上雨和空气的厚度，水蒸气已达到饱和点。从天空到山峦、树木、建筑、人物，所有的一切全是湿漉漉的。他用大笔斜扫的雨痕，决不像有些雨景画那样好似电影摄影棚中的人工雨帘，而是弥漫天地间的真实的雨，把画纸的二维空间变成了三维空间。他有一次给纸上矾，无意中洒向另一张纸，后来在那张洒有矾点的纸上作画，发现了雨点似的效果。以后有意识在纸上洒矾点。形成急骤之势，再加渲染，表现出大雨滂沱的逼真景象。在《江南春》一幅里的嫩柳，老干新枝之外，经多次渲染一片淡墨调成的浅绿，轻灵透明，穿过这层似烟如雾的绿色，可以看到远处的渔船，使人有千丝万缕、春色来天地之感。多次水墨渲染能产生一次浓墨所不能达到的厚重感。先生的一幅力作《夏山图》，结构奇诡，画面正中岿然耸立着一座巨峰，以泰山压顶之势逼人而来。近看似一片漆黑，不辨所以；可是当你后退几步，奇迹出现了：浓墨中具有无穷的层次，遍山满布原始森林，草木纠结，葳蕤茂密，竟是一片叠苍积翠的盛夏山林。如果用过去的方法画树，即使用尽那些剪贴式的针叶、点叶、单叶、夹叶、复叶，塞满纸的全部空间，也不可能描绘出如此生机勃发的场面。自然界的树，除了"特写镜头"，实际上并非像有些画上那样枝叶分明。藤蔓乱草更是支离纷披，漫无秩序。用那种机械的画法，不是简单化了就是盆景化了，索然寡味。而先生的画却使人如对真山，观之不尽，味之无穷。

对比 先生的驾驭笔墨的基础上，最善于运用艺术夸张的对比手法：

浓与淡，即墨的色度对比。从焦墨纯黑到仅含微量墨色的水痕，无穷层次表现大千世界。其间先生喜欢用大片的黑衬出的小块的白，或用大片的白衬出小块的黑，形成整体或局部的强烈对比来引出画的主题——中心趣味点。《大涤草堂图》《水阁围棋》《桐荫论画》等作品都是用大面浓重的山和树烘托出小块建构物中的明处，以呼出人物；同时以深黝的崖岸衬出溪流的空白，对比水中露出的浓黑石块，显得水面明亮耀目。在这里，纸的白和墨的黑都赋予质感，乃是对比的妙用。色度对比是基本的对比方式。先生的全部作品还存在着画与画之间的色度对比，有的画面浓重，有的画面轻浅。在展览会上可以看到一幅幅画在"高调"与"低调"、激越与恬淡的交替中跳跃变化，使观众的情绪随着强烈的节奏而起伏，并获得感官承受的平衡。

放与收，即粗放与精细的对比。二者出现在先生的同一画幅中，互为映衬，十分和谐。如《桐荫论画》《听瀑画》等，山、树皆大片泼墨，建筑物稍为仔细地交代其结构，到室内陈设和人物却很精致，甚至用小笔刻画须眉，放则粗放，收则细收，随心所至，无不臻妙。这是先生作画"大胆泼墨，小心收拾"的典型实例。他的这些细微部分不似"工笔画"而是缩小了的"写意画"，用笔虽有大小粗细之别，但笔意是一致的，没有两幅画拼在一起的感觉。他的人物画较工细的如《丽人行》，背景也是大笔渲染，不落传统工笔人物必配工笔背景的陈套，避免衬景的烦琐与过大的分量感以干扰主题，而起到最大限度地突出人物的作用。先生作仕女面部极为工整，对眼的描写尤为细腻，然而发鬓部分只用大笔画出整体，略加数笔发丝，感觉丰厚而真实。作山水画，先用大笔画下一团团墨块作为山的浑沦原型，取其大势；继而勾皴出山的姿态，使之脉络贯通，加上树石泉瀑，气韵已生；最后改用纤毫写出人物细节。这个过程，放如野马脱缰，收如游丝穿针，毕尽造化之功。

大与小。物体的大小、长短、高低，都是由尺度对比决定的，没有平地不见高山。先生怎样运用尺度对比，可以看《观瀑图》这个例子。几个观瀑的"旅游者"在画面上只占极小的位置，按人物的比例，他们所立足的磐石显得纵横数十丈，下临深渊，瀑布高得仰不见源头，下泻不知去处。显然，观瀑人不可能轻易地登上山岩，是经过艰苦跋涉才到达这一观瀑佳境。然而这里并不是顶峰，上去还有一层高于一层的重峦叠嶂，也许还有更精彩的景色。将这幅画挂在室内作"卧游"，定能身入画中，体会到攀登的劳累，观瀑的畅快，联想无穷。只有运用尺度对比的原理才能获得对画面绝对控制的主动权,把所要表现的景象置于任何大小的画幅之内,既可寓须弥于芥子,也可以芥子托出须弥。

虚与实。"虚者实之,实者虚之。"这是兵法的原则,也是辩证法的普遍规律。先生在绘画上也巧妙地运用了这一原则。再以《龚半千诗意》为例,画幅下面三分之一的石、树、人组成的一个斜面为实,上部三分之一的江水白茫茫一片为虚。然而这大片空白中使人感到浩渺的水势与光相辉映,又十分充实。下面的山石和树木笔墨粗犷,并不表现实在的细部,只是赋予构图的重量感及衬出人物,所以又显得是虚。在这幅画中,笔墨的虚与实是与内容的实与虚互换的。又如《听瀑图》,山、瀑、树、石占满了整个空间,全画都"实",仅在水亭中留出了空白。空白是"虚",而这里恰恰是主要的"趣味点",人物正在全神贯注地"听瀑"。瀑的声音是从人耳听到的,气氛是感受的,通过人物形象反映自然现象。在这里,人物是实,人物周围的小空间是实,而环境的大面又转化为虚。虚处空灵,实处凝重,虚实互为表里又互相呼应,构图上的实往往是意境中的虚,构图上的虚又往往是意境中的实。因此读先生的画不仅欣赏其笔墨形迹,更需玩味画外之音。

色与墨。"万绿丛中一点红"这个古老的命题,先生表达得格外精彩。《江南春》全画满染绿色,远方舟中一个细小人物穿着"一点"红衣。这一点比画面上所钤印章的红色还小。这里包含两个对比:一是色彩对比,红与绿在色谱上正好相对,互为"补色",两种色彩的相互干涉起到强烈的效果;二是面积大小,即幅度对比,漫天的绿与细小的红,两者产生微妙的关系。红色光波最长,以较短的光波作烘托,就给人以绚丽的视觉。如果相反"万红丛中一点绿",不仅不能突出绿,而且绿色光波被红色光波所掩盖,几乎看不到那一点绿了。

在这幅画中,柳树的绿只是在大片浅墨中加入一些绿色,成为淡雅的浅灰绿，恰是那一点红色（也不是纯粹的红）的对比作用，才使人感觉是新柳的嫩绿。墨是重音，色是轻音。以羼入墨中的色彩显示一种含蓄的对比效果。

六、巍峨顶峰

中世纪古堡、哥特式教堂、现代化摩天楼出现在中国山水画中令人耳目一新。先生以中国山水画的笔墨、意趣，把西方建筑巧妙地糅合进去，统一于中国艺术风格之中，达到高度的和谐，而兼中西风格之美。

先生于1957年访问捷克斯洛伐克和罗马尼亚。异国风光激发着他的创作热情，旅途居次所见，皆入画稿。他运用中国画的"高远法"描绘出《克罗什古城堡》《布加勒斯特"火花大厦"》等，建筑物虽只占画面的一小部分，却在泼墨树丛的烘托下，呈现巍峨雄姿。又如《TATRA（塔特拉）山麓饭店推窗一望》，用奔放轻快的笔墨刻画烟云出没间的遍山枞树及多层方格式建筑，既充分显示了东欧情调，而水墨的深厚层次所形成的葱郁感又体现了中国画意趣。可以想象，当时在TATRA饭店卧室中推窗一望，未必就有如许烟云，假若作油画或水彩画写生，大概不可能获得这样的效果。

这些作品，对欧洲人来说是窥见了一个前所未知的艺术境界。有些罗、捷艺术家在惊诧赞叹之余对先生说："我们从来没有想到风景还可这样画！"很明显，这些画在表现方式上与西洋画迥然异趣，特别是把一个固定视角所无法包含的物象，从不同的方向移入同一画面，在西方人是难以想象的。先生在全面观察了一个矿区之后，选择具有代表性的物象，构思出一幅富于典型性的场景。一位当地人看了说："这里找不到这样的景色，可是这幅画却真实地表现了我们的矿场，真是奇妙极了。"对客观事物的高度概括提炼，最终表现的还是事物本身。艺术家真诚地反映自然，即使对别人来说是十分陌生的方式，照样也能够理解和欣赏。

先生的东欧写生之作说明了中国画这种形式并不存在描写题材的局限性，不同风物完全可以纳入个人风格之中。有一部分画作，如《文化古城克罗什》《罗米尼采风景》《布拉格》等，采用焦点透视法，近似西洋画的构图，可是给人的感觉却仍然是地道的中国画。

石涛说："至人无法，非无法也，无法而法，乃为至法。"这是艺术上达到炉火纯青的境界，自然能"随心所欲不逾矩"。先生一支画笔横绝欧亚，得以随心所欲。他画欧洲古建筑繁复而一个个密集的尖塔，造型颇为严谨而笔墨洒脱轻快，把十分细致的物体以写意出之，不失原来风貌而又赋予中国画的灵动感。或中或西，全可取之为自己艺术服务。从这次远游的作品可以体会到，先生的绘画向来不守定法，或者说"无法"，也就是"至人"的"至法"。这是可以任意变幻，任意适应新事物的"至法"，如游龙天矫，无拘无束。

1959年6月，先生受湖南省邀请去韶山写生。7月盛暑，他正在挥汗作画时，突然收到江苏急电，请他立刻返回，中央电召先生为新建成的人民大会堂作画。

建国十周年大庆，首都十大建筑之首就是人民大会堂。为布置这座壮丽的大厦，全国知名画家荟萃于此。进大会堂临长安街的北门，向南通过一段长长的红地毯通道，直达一座宏大的楼梯，登上楼梯是宽阔的平台，从这里往北转便是千人大宴会厅。按原来的设计，楼梯上方两旁有两块板面，是两幅画的位置，拟请傅抱石先生和关山月先生各作一幅。楼梯上平台南侧迎面一堵大墙，计划做一座浮雕，可是大厦竣工，离国庆节开幕期已近，若要制作如此大型的雕塑已来不及了，于是改变计划，代之以一幅大画。把楼梯两旁两幅画取消，大画就由傅、关二位先生合作。

由于这幅画的位置特别重要，中央格外重视。周恩来总理出题《江山如此多娇》，陈毅元帅提出画面的设想，并在郭沫若先生的指导下，由抱石先生设计小稿，多番推敲然后绘制。画面宽9米，高5米半，共49.5平方米，是有史以来用宣纸作的最大的画。在先生居住的东方饭店内，立起了9米多长的特制画板，用两根大轴将纸从上下两端卷起，然后逐段作画。墨和颜料是用大盆盛的，特制的画笔，杆有一米多长。不过这样长的笔杆，举着它像抡大刀似的颇难着力，实际上先生使的还是短杆斗笔。如此大画，对先生来说纯属新的尝试，可以说是用精神和魄力去画的。

画的主题是毛主席的《沁园春·雪》中"江山如此多娇"词意，表现了"大河上下""长城内外""千里冰封、万里雪飘"的宏伟景象。远景雪山浩茫、黄河逶迤、长城起伏；近景是高山悬瀑、松柏苍翠。诗人在这里将祖国江山比作美人"红装"，"须晴日"，她在白雪外衣的"素裹"中显得"分外妖娆"。为了表现这一意境，画面的右上角升起一轮红日。全画完成后，周总理一看，觉得太阳太小了。几经扩大，尚感不称。后来用一整张报纸剪了个圆，往上一放，才显得合适，最后完成时太阳的直径将近一米，在下面观看颇近真实。安装在大墙上的画框将近一人高，到墙顶几乎相当于三层楼，人的视觉尺度变了。

这幅画是由30多张乾隆"丈二匹"宣纸拼接而成的，背后用麻布作衬，是在东方饭店大厅的地板装裱的，从工艺上说也是破天荒的创举。待完成上墙已是9月底了。适逢毛主席从外地回京，亲自题了"江山如此多娇"六个字，是写在信纸上的。连夜用照相放大，描在画的左上角，字也在半米以上。

这幅壮观的巨画是祖国山河的缩影。当时国家领导人会见外宾，经常以此画为背景拍摄合影。通过报章刊物的传播，使这幅画家喻户晓，驰誉海内外。

抱石先生在完成此画后，自己还不满意。此画近观气象雄浑，笔力千钧，每个局部都显得精彩照人。但也正是由于画幅太大，内容过多，远看却有些像从飞机上俯瞰，反而使细部隐去。正像缩得很小的印刷品那样不易看到画家精心刻画的许多内容，画面的整体感觉反而显得简单了。况且初次作此大画，经验不足，落笔时也难以看到最后效果。因此，这幅巨画比起先生其他山水画中那种叱咤山河、吞吐大荒的气概，不免稍感逊色。先生虽因这幅伟作而画名盖世，却自觉不是他的代表作。他和关山月先生都感到没有画出应有的水平，于是在第二年就酝酿重画。但要实现却非易事。

1960年9月，中国美术家协会江苏分会组织了以江苏国画院为中心的"江苏国画工作团"，老、中、青年画家一行13人，由先生率领，出省访问、参观。从南京出发到郑州，先后访问了洛阳、三门峡、西安、延安、华山、成都、乐山、峨眉山、重庆、武汉、长沙、广州等六个省的十几个城市和名胜。此行历程二万三千华里，是美术史上的空前壮举。先生带头写生、创作。这对一位热爱祖国山河的画家来说，是个梦寐以求的最好机会。他的很多著名杰作就在此时诞生。他在《黄河颂》一画上题道："1960年9月21日抵三门峡，至则前三日黄河之水清矣！清明澄澈，一平如镜，数千年未有之奇观也。水闸工程尚未全竣而亿兆人民将永蒙福祉，岂可无图颂之。"味此，先生当时兴奋、喜悦之神情跃然矣。

在华山，很多人上山去取景写生，而先生未登，只在山麓察形度势，把华岳雄姿尽收心底，到重庆就创作了一幅《漫游太华》，烟云掩映，峰不见顶，山势参天。后来又作了几幅华山图，其中一幅用稼轩（辛弃疾）词句"待细把江山图画"为题，笔飞墨舞，充分体现了太华兀立天地间的气派，同时表达了爱国词人字里行间所流露的民族自豪感。

他们在深秋季节到达延安，大家都在描绘草木凋零的陕北秋色。但先生却画了一幅《枣园春色》。认识自然，亦如识马之于牝牡骊黄之外，固毋须局限于一时一隅。"万物静观皆自得，四时佳兴与人同。"这是先生作画不受时间与空间的限制，主观与客观相结合，使自然规律为我所用的一个典型例子。

1961年5月，先生与关山月先生同时来到北京，准备重画人民大会堂的《江山如此多娇》，开了征求意见的会议，打算在原有基础上改进提高。工作尚未开始，周总理了解到这情况，认为原画还是很好的，同时又考虑到抱石先生年龄增长，体力已逊前年，担心他累坏了，遂决定不再重画。两位画家既然都已来了，就安排了一次东北旅行写生。

辽宁、吉林、黑龙江的北国风光，对先生来说是陌生的。此行使他感到新鲜而兴致勃勃，又一次极大地激发了创作热情，而且成为他一生中的创作"密集"期。

从大连海滨的渔港到松花江畔的柳荫，从抚顺露天煤矿到丰满电站，从松花湖到牡丹江，从延边的田野到长白山林海，从天池到镜泊湖，从江心的木筏到山头的电塔……赏不完的风光，画不完的题材。

从镜泊湖上倾泻下来的那道巨瀑使先生十分激动，他在这里流连忘返，不能自已。造化的伟力同他的笔势如出一辙，心神相应。瀑布的"性格"恰如先生的性格，彼此相见恨晚。他倾注了全部感情一气创作了多幅《镜泊飞泉》，有的画成立轴，有的画成横披，或俯瞰，或仰视，或近观，或远眺，从不同的方向和角度尽情描绘。画面运用细人、巨树、巨岩的夸张对比手法，显示出飞泉"疑是银河落九天"的气势，使读者摄心动魄，魂牵梦萦。

先生又以极大的兴趣遨游长白山林海。那一望无际的原始森林，千万年来未经人工雕琢的粗犷雄浑，苍凉浩瀚的景象与南国的纤丽相比，别有一番壮美情趣。在他的创作中，有时超于林海之上，但见墨涛起伏，一碧万顷；有时身入林海之中，巨章千干，根根插天，层层密密，深不可测。天边的幽静，似与尘世同绝。这不是人为幽境而是大自然的赐予。

《丰满道上》别开生面。他把过去很多人认为足以破坏中国山水画情调的现代高压电塔作为画的主题。高塔钢架错综，长空电线纵横，如驰如织，使人感到电流在快速运动，空气在震荡，似闻嗡嗡之声。另一幅《松花江上》以山川为主题，却在整个画面横贯几根高压线，好像飞过一段乐谱，蕴含着昂扬的高纬度曲调，增强了韵律感。这些是中国画中从未出现过的特异境界，然而先生恰恰是运用了中国画的最基本笔法——线，用刚劲遒拔的笔力，取得了任何其他画法所难以达到的效果。

先生东北之行除了大量写实作品外，还有一幅具有代表性的虚构作品值得一提。就是为宋振庭先生画的《飞泉图》，画上有一条非常别致的款识："振庭同志出题考试之作。"这次长白山之游系由振庭先生陪同，后来成为书画家的宋氏对抱石先生的艺术理解颇深，在频繁的交往中彼此许为知音。一次，酒酣耳热之际，振庭请求先生作一幅飞瀑图，规定全用水墨，不掺一点颜料，写出万壑奔泉；并且要求悬挂起来能够满室听到水声，顿觉室内气温降低若干度。以此先生戏谓考试，也确是高难度的"试题"。当时室内只有他二人，后来振庭追述：只见先生提起笔杆，在纸上落下几大块墨团，一似混沌未辟。然后仔细端详，或勾或皴，山峡陡现。最后写出处处飞泉，条条湍流，山水树石，跌宕错落。果真感到画面在动荡，泉声盈耳，凉气袭人，交出了完美的答卷。

先生自己感到东北之行收获特别大，回京后一次与黄苗子先生谈话提道："前人早就说过，山水画的皴法是从画家接触到的真山真水中体会出来，而不是画家为了好看，就能在画室里凭想象把'披麻''解索'画出来的。这次到东北，使我见到东北许多山水的形质奇诡，绝不是过去的"斧劈''披麻'……所能表现的，原因是我国过去的画家由于条件的限制，足迹很少到过关外，他们未见我国东北部山川的面貌。因此我到了长白山和镜泊湖等地，亲自感受到那面的水石嶙峋，使我悟出新的皴法来。"至此，

"抱石皴"又有了新的发展。

1962年，浙江省邀请先生全家去杭州休养，并为他大女儿治病。虽名为"休养"，可是面对西子湖、钱塘江、富春江的秀色，他更放不下画笔了，实际上是又一次辛勤的创作活动。这段时期他的心情和笔都是轻快的。那遍植桃柳的十里长堤充满了白居易、苏东坡的诗意；葛翁炼丹、林逋放鹤，遗踪可寻；严子钓台，一竿蓑笠，风高千古，足供凭吊。上溯新安江，湖拥千岛，快意放舟，他把很多美好的印象留在纸上。先生对大自然的偏爱更甚于人工。在进入虎跑的那条弯曲的道路上，浓荫不透阳光，杂花遍地，鸟啭蝶飞，似乎是个走不到尽头的清凉世界。他的一幅《虎跑》充分表达了这里的深度和浓度，在画上记叙着："壬寅深秋，小憩西湖者将半载，独好虎跑泉之幽邃曲折，足供流连。"这幅画像虎跑水沏龙井茶一般沁人心脾。

先生的晚年作品风格多变，创作力有增无已。古来不少画家在中年成熟之后，愈到老年愈僵守定型，进境无多。他却能从时代的信息中不断地吸收营养，不断更新艺术思维，进入创作的"自由王国"。

1962年盛夏所作的一幅《不辨泉声抑雨声》，把"泉"和"雨"结合起来，形成一个奇妙的水的世界，灵魂洗了一个痛快淋漓的澡。墨十分简练老辣而愈见天真烂漫。同年作的另一幅以观瀑为主题的《满身苍翠惊高风》，巨岩横空，隔断了上下飞瀑，一组人物聚立岩上，与笼罩在蓊郁苍翠之中的瀑、泉、树、云融为一体，笔墨豪纵如天马行空，莫可穷其端倪。

1963年为中国驻缅甸大使馆作的《雄峰耸翠》，劈面一岭插天，占横幅的三分之二强；下方覆盖着稠树密林的近山压得很低，奇峭险峻的连山毫无遮挡，像一座隔开天地的巨大屏风。如此大面积的一座山，画简单了就是平板一幅，画复杂了易显琐碎，先生却能把山岳的转折斑驳之局部变化统一于雄浑的整体之中，显示了太华的非凡气魄。

画山水最易的是堆砌，过去常见一些画上层层叠叠似有无数的山，表面相当复杂而实际空洞平淡。先生的画有时并不着力去雕琢什么怪石奇树，看似平易而实则奇险。1960年所作《雨花台颂》，中间一座山形近浑圆，山巅一塔挺峙，树木齐如列队，丝毫不见炫奇之处。假若功力稍逊，就会变成装饰图案，全无国画意味，此画却在不奇之中更显其奇。又如1960年另一幅作品《韶峰耸翠》，那本是一座既不高峻又无树木的秃峰，画在纸上有何美感？先生为处理好这幅画，冥思苦索了很久，几次试笔都不理想。有一天半夜突然灵感来临，披衣而起，仅用了半个小时，一挥而就。他根本不拘泥皴法，用"没骨法"染出山头，山腰则缀以大片小松树，近景是球状岩石，用低矮的景物陪衬，拔高山峰，画法奇特，新意尤多。

1965年为郭沫若先生作的《游九龙渊诗意》充分发挥了自己的风格。郭府大客厅里正面墙上原来悬挂着先生的大幅《九老图》，但对面还缺少一幅与之相配的画。郭老提起此事，先生就主动承诺再作同样大小丈二匹山水相赠。这幅画的内容是根据郭老1958年访问朝鲜游金刚山九龙渊瀑布一诗的意境而创作的。完成后置于那宏敞华丽的大厅的正面墙上，具有很大的重量感，成为全局的视觉中心。但见重峦叠嶂，丛林凝翠，双瀑并泻，奔突咆哮，山鸣谷应，远山无尽，气象万千。此帧的面积比之人民大会堂那幅《江山如此多娇》要小得多，而气势反觉宏胜。

抱石先生的画很多属于"神品"兼"逸品"。他的一些精彩之作，如《镜泊飞泉》《游九龙渊诗意》《雄峰耸翠》《三峡图卷》《琵琶行》《丽人行》等应列入"神品"而具"逸"气。如《平沙落雁》《龚半千诗意》《虎笑三溪》《唐人诗意》《二湘图》《观瀑图》《满身苍翠惊高风》《帝王轻过眼》等既是"神品"，又是"逸品"。

抱石先生一方面是专业画家，一方面又是书法、篆刻家，同时是史学家、画论家，一身兼备各种素质，才能达到"神品"与"逸品"的结合。珠穆朗玛峰之高，是以雄阔的喜马拉雅山为其基座的。

结　语

　　先生逝世20年之后在国家的重视和倡导下，在当年的汉口路故居建立了傅抱石纪念馆，在江西新余市、先生的故乡建立了抱石公园。人们可以在两处瞻仰这位国画大师不平凡的一生，欣赏他的艺术创造。先生笔下的瀑布流泉将涤荡观众的心灵，对人们有所启示。建筑物的每一个窗口都将通向整个世界。

　　先生创造的艺术奇峰，远而弥高。人们对先生的认识也将越来越深化。笔者学识浅陋，只是管窥蠡测。谨引用先生的一枚印章作为结语："不及万一。"

记抱石老师对我的关怀

沈 飞[*]

　　傅抱石老师生前曾授业于多所中等、高等学府，一生可谓桃李遍植。在芬芳的桃李丛中，我仅仅是棵不成材的朽木。但与其他门生弟子相比，我又多拥有一份特殊的兄弟情谊。

　　今日，我已成耄耋老者，早年的事大都忘却。可第一次见到傅抱石老师的情景，却记忆犹新。那时我年仅二八，正就读于江西省立第二职业中学。首次上图画课时，只见一位青年教师走进教室，他身穿灰布长衫，头戴黑礼帽，手提公文皮包，神态和蔼，气度俊雅。这就是日后引我走上民族绘画道路的傅抱石老师。真未想到，这竟是我一生中幸运的开端。我这一生，之所以会同中国画结下不解之缘，小半是天性，大半则归因于傅抱石老师的悉心关怀和大力培植。

　　自小我就十分喜爱绘画，从此，每逢傅抱石老师上课，我即专心致志认真听取。不久，绘画等各科成绩均为班上之冠。故此引起傅抱石老师的好感和重视，经常受到抱石老师的表扬和鼓励。

---

　　*　沈飞，江西画家，傅抱石学生。

傅抱石老师上课时，不仅仅教会我们如何作画，还把不少做人的道理讲给我们听。教导我们要"先有人品，然后才有画品"，使我们理解了"只有心灵上没有丝毫污点的人，画面上才可能没有半点脏渍"的哲理，也让我们懂得了"丈夫为志，穷且益坚，老当益壮"的深刻含义。

傅抱石老师就像一块强力的磁石，把学生们吸引在他周围，他对学生总是谆谆教诲，循循善诱，从来不搞训政式和填鸭式教育，还早在二三十年代，就率先采用现代启发式的教育方法，从事教育改革的探索和尝试。抱石老师不论课堂内外均不拘言笑，平易近人，与学生亲密无间，水乳交融。

那年春天，学校成立了文艺委员会，我被班上同学推选出来，在傅抱石老师的指导下开展活动。彼此接触增多了，我与抱石老师之间的感情也加深了。

寒假期间，学校组织文艺节目庆祝元旦和春节，每当排练演出结束后，我就同同学一起到傅抱石老师家去玩。那时抱石老师住在南昌市桌台后墙的一个试馆大屋里，租赁正后两间住房，师婆住在后房，正房抱石老师住。房间里陈设非常简单，两个大书柜、一张书桌、一张床、方桌椅子之外，别无他物。既是卧室，又是餐厅、书房，吃饭、工作、会客都在此处。

我在二职读二年级时，不幸染患慢性肺炎，身体日渐虚弱，有时上课都难以坚持，令我十分痛苦和烦恼。傅抱石老师得知后，对我倍加关心和安慰，又与班主任和校长商议，劝我暂时休学疗养。在休学初期，我经常到傅抱石老师家借书和画册，学习绘画。我经过服药休息后，病情日见好转。这时，傅抱石老师对我说："你就不要这样经常跑来跑去，干脆搬到我家来住，我这里有你喜爱的艺术书刊、画刊，又有动手作画的地方，比在你家环境和条件都要方便得多，烦闷时还可以打开留声机听听，对你养病有利。"并说："我又没有成家，又没有兄弟，姐姐早已出嫁，你就过来做我的弟弟，省得我一个人孤孤单单。"师婆说了许多恳切的话，也促我过去与抱石老师做伴，在这样的真情厚爱面前，我被深深感动。

我记得那是在1929年春末夏初的时候，从那时起，我大概有好几年时间吃住都在抱石老师家，同傅抱石老师在一个家庭里生活，同餐共食，抵足而眠，成了他家的一名特殊成员，成了与傅抱石老师长相左右的小弟兼学生。在学生门中，像我这样同傅抱石老师的关系，恐乏其例。若非我亲身感受，实难想象世上竟会有如傅抱石老师这样慈爱的师长，老师同学生竟会缔结下这样真挚深厚的情谊。由此可见，后人赞傅抱石老师爱生如子，实非妄言。

我的姐姐为我有这样一位无微不至的关心和帮助的老师，由衷地从心坎里感激，但又不敢相信，怕我说的不是实话，特地亲自上门走访了解。那天，适逢抱石老师上课不在家，我也出去了，师婆一面忙着接待，一面真切地告诉我姐姐说："你兄弟在我这里学画、吃和住，你都尽管放心，我们都非常喜欢他，都把他当作自己家里人。"我姐姐听完看过后，这才深信世上真有这样的好人。

六十几个年头过去了，每每在夜阑人寂的时候，件件往事就会萦回心头。抱石老师生活起居十分严谨，常年坚持作画治印，从不懈怠。每当抱石老师绘画时，我一则侍旁观看，一则帮着牵纸磨墨、磨图章，耳濡目染，长年熏陶，我也试着绘画刻印，每日绝大部分时间乐此不疲。在抱石老师身边生活，可算得天独厚，因为随时都可得到抱石老师的指点。在中国画技巧方法的掌握运用上，我得益于此段时日颇多。此段时日的绘画观摩和练习，为我的绘画生涯打下了扎实的基础。

也就在这个时期里，抱石老师还为我篆刻了白文"沈飞"和朱文"翀云"二方印章，边款上写道："翀云弟索印灯下成之，抱石治印"。此二印虽饱经劫难，现幸保存珍藏。

几年后，抱石老师结婚成家，新家安在肖家巷他夫人罗时慧家隔壁的一栋住房，有四五间房，相当宽敞。抱石老师为我能继续学习绘画，遂让我依旧同他住在一个屋宇里。

抱石老师为了更进一步地帮助和培养我，提出资助我上武昌艺术专科学校深造。一日，抱石老师对我说："你学绘画是大有前途的，我打算让你去考美专，继续深造。去上海费用比较大，不如去武昌美专，你准备一下，等暑假一过就走。同时还要与你姐姐商量商量，大家共同出力就更好。"我姐姐说："难得老师这样热心帮助，我们更是天经地义。"我父亲听说此事后，感激得涕流满面。我自己则感到美梦成真的欢欣。

我提前于8月中旬赶赴武昌。考试揭晓，幸被录取。在武昌学习期间，抱石老师殷殷嘱我节资苦学，要我寒暑假留居学校，既可节省往返路费，又能获得充裕时间学习艺事。

1933年7月，我从武昌艺专毕业回到南昌，一直担心工作问题无法解决。在旧社会毕业即是失业。这一次，又是抱石老师帮我联系好了二职和洪都中学的图画课教学。抱石老师真乃我之恩师也。

不久，傅抱石老师在徐悲鸿大师的鼎力襄助下留学日本，返国后又辗转于重庆、南京等地，抱石老师与我共处晤言一室之日渐稀，然根深蒂固的师生情谊却系于两地，心气相通。

在彼此分别二十九年间，仅仅见过两次面，一次是在南昌举办画展"小住匝月"的1948年，另一次则在1963年秋天，也就是先师仙逝前二年。抱师因公来昌，下榻于江西宾馆，立即约我晤谈。阔别多年，此番相见，真使我感到十分珍贵与难得。第一天谈了一个下午远未尽兴，其后的几个晚上亦在畅怀叙谈中度过，我带了几张近作恳请抱石老师批评指正，他一张一张仔细地看过，然后一一加以指点，殷情教诲。临别前抱石老师留我共进午餐，饭后我到车站依依送别。谁知此次一别竟成永诀。

从1928年9月，初次拜识傅抱石老师到先师作古，其间近40年，抱石老师待我真是情同手足，视若同根。师生关系，真诚若此，实为当世罕有。就在最后一次会见时，抱石老师还多次问及我未能"归队"之事，对我多年以来未能专门从事美术工作，深为关切。我长期以来，受家事牵累，生活困扰，只能业余作画，惜愧无建树，深负恩师栽培之德，言之惶恐有加。

傅抱石与中国画教学

吴云发[*]

　　傅抱石先生是当代闻名的中国画大师，美术史论家和书法、金石家。然而对傅先生还是一位杰出的中国画教育家这一点，人们还很少论及。为此，本文就想谈一谈有关这方面的问题。

坚持倡导中国画教学

　　20世纪50年代初期，我国美术界刮起了一阵民族虚无主义的台风，说中国画不科学，不懂透视，没有明暗面，人物不讲解剖，也像当时西医反对中医一样。又说什么中国画是为帝王、地主阶级服务的，劳动人民不需要它……妄图取消中国画。于是，各地美术院校一度中断了中国画教学，直到1954年左右才逐渐由"彩墨画"的过渡，而再恢复到中国画教学，其间经历了一个曲折的过程。许多改了行的前辈国画家才重返讲台，担任起培养下一

---

　　* 吴云发，画家，曾任苏州丝绸工学院副教授，傅抱石学生。

代的光荣任务。年轻人也得有很好的学习机会。然而，唯有当时傅抱石教授任教的南京大学——师范学院美术系，却一直保持着中国画教学，从未间断。我就是从1951年到1955年间直接受教于抱石老师的学生，毕业后的一段时间里又是在抱石老师指导下进修中国画和中国美术史，回顾当年的情景，记忆犹新，不能忘怀。

我们从一年级到四年级，中国画和西洋画一直平行教学，二者相辅相成，相互促进。当然，这与中西画教师合作共事，融洽相处的和睦环境气氛是很有关系的。当时担任中国画教研室主任的傅抱石有胆有识，顶住了这股风浪，他大声疾呼："民族传统艺术不能取消，不能割断历史。"他和教研室的各位国画教师认真实践，不断总结教学经验。那时学生没有国画用品，抱石老师便一卷卷地把自己用的皮纸高丽纸等带到学校，发给学生练习，其实当时抱石老师家里经济条件也并不宽裕，只是出于老师对中国画教学事业的满腔热忱，对学生关心爱护才这样做的。所以抱石老师对我国50年代初坚持和维护中国画教学，承前启后，继往开来，是做出巨大贡献的。再有傅教授及当代许多画家在创作上的杰出的成就，雄辩地证明中国画强大的艺术生命力，它是世界艺术宝库中的一朵奇葩。

在我们学习四年中，幸运的是一直由抱石老师教授中国画和中国美术史，而且还在他的具体指导下，全班同学通过学习讨论，写出了《我们对继承和发展民族绘画优秀传统的意见》一文，发表于《美术》月刊1955年8月号，参加当时全国美术界的学术大讨论，据理驳斥那些民族虚无主义的谬论，捍卫民族绘画优秀传统。从而也使我们在学习中国画技法的同时，培养对于理论学习的兴趣，以及研究理论的方法。

严格的造型基础训练

我们在素描课上是按明暗、块面观察分析和描画石膏像、静物及人物，而在中国画课上则要求按物象形状特征组织结构而运用线条进行描写的。记得开始时我们曾经用线描方法画石膏像，今天看来，显然是由于当时的环境气氛所采取的一种临时措施。因为，中西教学各有体系，各有特色，在题材和表现手法上也各有侧重。现实生活中有许多物象是更适合于中国画表现的。例如：我国江南地区一些制作得像工艺美术品那么精致的竹篮子，按照竹篾穿插结构运用线条白描，可以把篮子的形象质地和空间虚实充分表达出来。再有自行车的线描练习，又要比篮子难得多，从整体到局部复杂的造型及组织结构，作画时必须十分严谨细致，方能形象准确，而且要求在生宣纸上进行线描，它的难度对初学者来说是可想而知的。至于白描人物，如临摹《敦煌壁画》《八十七神仙卷》等古今人物画，在繁复的长线条中，只要一笔差错，就影响全局，前功尽弃，于是只得重新画上一遍。

在教学中，抱石老师就是以古今名作为例，说明中国画的形象构成是由线条起着决定作用的。而线条的变化基本上由于用笔的不同，所以学习第一关，便是练习用笔，从而培养造型能力，而且这种锻炼，也是西洋画所不能代替的。

师古人与师造化结合起来

虽然抱石老师在教学中指导我们临摹过许多古今名作，但是，他不主张单纯临摹前人的作品，而是把临摹和写生密切结合起来，并在教学中具体指

138

导作画的方法步骤（详见出版的人物山水画技法），为此，我们就能较快地掌握人物画、山水画写生技法。

记得在1954年深秋和初冬季节，抱石老师曾先后带我们去南京太平门外紫金山麓及栖霞山一带写生，在他指导我们作画的同时，自己也拿着速写本进行写生，虽然他画的速写比较简括，可是重点的形象结构是很严谨的，而且老先生一般都擅长目识心记，主要的东西都形象记忆在脑海之中，所以自然景物经过他艺术加工后创作出来的作品，便非常生动感人。面对老师的范画启发我们领会到，写生的时候，首先应该加强对景物总的领略和感受，只有使你有动于衷，深感其美的景物或者说使你陶醉的景物，才会由此而产生激情去表现它。而后这种作品才能感动欣赏者，使人看后也为之陶醉。而且只有当作者怀着要把某种美的感受加以形象化地表现出来的强烈愿望的时候，才会千方百计在技法上进行许多新的探索和尝试。我想这也就是所谓"外师造化，中得心源"的道理。抱石老师在1957年创作的《满天飞雪炫双眸》一画，就是当年我们在紫金山麓写生所见的情景，也是我深受教育和启发的范本。

老师的画充满了诗一般的意境，耐人寻味，看来不单纯是个艺术问题。首先是感受问题。所以一些艺术大师的作品，特别是他们的代表作品，为什么一般人难于逾越，就是由于他们某种特定的感受，和由之而采用相应的技巧的结晶，也包含了作者多方面修养的综合发挥，通过辛勤劳动，独辟蹊径，自成风格，确实是难能可贵的艺术创造。然而，前人的这些成就，它可以作为我们的借鉴和启发，但却不能代替我们自身的创作，而必须把师前人和师造化结合起来，这就是抱石老师常常告诫我们的，不能把古人所创造的生动活泼的自然物象，看作一堆符号去搬用玩弄。应该反对那种脱离生活、脱离现实的因袭模仿。并以明清两代画坛现实主义和形式主义矛盾为例，教育学生"师意不师迹""略其迹而取其意"。不要理睬那所谓"正宗"的一套，应该加强在艺术实践中的观察和体验并锻炼表现技法。例如，他提出画山石皴法要按不同地质构造去研究相应的笔法，否则，虽然临摹多年，教法似乎也学了不少，但面对现实却束手无策。名曰写生，可是画来画去，千篇一律，脱不出古人窠臼，毫无生气。如果说当前中国画发展中还存在一些问题的话，那么以上所述大概就是其中之一了。

广泛修养　胆大艺高

因为抱石老师对中国画史论有深邃的研究，见地高，要求高，同时老师对于书法、印章早有研究，所以和吴昌硕先生一样，深解书法、印章、绘画的个中三昧；再加涉足中外纵横几十万里，在艺术实践中不断高度发挥的敏锐的艺术感受力和艺术表现力，真可谓见多识广，胆大艺高，言传身教，启迪后生。

抱石老师在教学中明确指出继承和发展的辩证关系，他说没有继承就无所谓发展，没有发展则谈不上继承，我们应该继承发扬传统中的现实主义精神，他说笔墨当随时代，提倡生活气息浓厚的"变革"。非常宝贵的机会是这段时间里我们能经常看到老师的许多新作问世，为我们学习上提供了不少新的蓝本。如《抢渡大渡河》《四季山水——春，夏，秋，冬》《玄武湖一瞥》《风雨归舟》以及稍后一些的《初春》《深秋》《中山陵》《江南春》等。尤其是1957年傅老师赴罗马尼亚、捷克斯洛伐克访问写生的大量作品，不但使大家饱赏了许多生动的异国风情，而且雄辩地证明中国画并未过时，它不仅能反映我国的现实生活，而且也能很好地描写别国的美丽河山。老师说：中国画传统的形式、技法来表现从来也没有见过的东西，的确是一个新课题……我始终怀着激动的心情，不加考虑，断然下笔的。老师的作品，从题材内容，笔情墨趣，都充满了新意，为大众所赞赏，由此也证明中国画不但从古代发展到现代，而且可以超越国界，描绘世界的风情，抱石老师在这方面开创了一代新风。从此以后，抱石老师的创作进入了新的高潮，1960年他在国内作了二万三千里的长征写生，以后又相继去东北、江西、湖南、浙江等地写生，一批批精湛的山水画作品，陆续举行展览、出版或发表。在这里恕我大胆地说一句话，我觉得从50年代起，通过国画家的努力实践，中国山水画的发展，起了划时代的变化，而抱石老师的作品便是其中为中外人士熟知的了。

抱石老师强调学画不仅学习技术，要注意多方面的修养。要求我们学习文艺理论、中国通史、中国美术史、中国画理论……他指出我国的绘画传统要求是"意存于笔，趣多于法"，"形成于笔墨之内，意存于笔墨之外"。他说笔墨技巧不仅仅源于生活，并服从一定的主题内容，同时它又是时代脉搏和作者思想感情的反映。另外老师也提出一个新的见解说："中国画除了'线'的巧妙应用外，也应用'面'的技法表现，这是千百年来，中国画在长期实践中不断发展的反映。"为此教我们在认真练习线描的同时，还要很好地学习"面"的技法表现，发挥用笔上更多的变化，以求运用自如地去表现繁杂的自然物象。老师也鼓励我们吸收国外绘画技法营养，洋为中用。

纵览老师的画，确实用笔变化多样，气势雄浑，他在强调骨法用笔的同时，也非常讲究渲染，所以读老师的画，笔酣墨饱，线面结合，纵情挥洒，水晕墨章，元气淋漓，气韵生动，浑然一体，似出天成，情景交融，扣人心弦。我们深切体会到抱石老师有一股善于主宰整体气势、韵律的巨大魄力，如同伟大的作曲家那样，谱写了一曲曲对大自然的颂歌，他的作品有的如大型的交响乐章，有的如抒情的随想曲，旋律幽美，节奏鲜明，音域宽广，赏读之余，余音袅袅，绕梁不绝，情味无穷。正如有的老先生说："抱石的画，不是叫看画，而应该说是读画，它吸引着你非坐下来细读不可，如果配合音乐那真是美妙极了的享受。"另一位学者也说看抱石画，非搬只椅子，一张可看一二小时，都不觉疲倦，越看越引人入胜。还有人在看抱石老师画的《万竿烟雨》时，硬说听见沙沙的雨声。以上情况说明，人们对抱石老师的作品，不但是观看欣赏，而是从看到读；又不但是读画，更有人凝神地听起来了。可见作品艺术感染力之深了。

所以抱石老师坚持倡导中国画教学，认真执教，启发后生的重大贡献，亦同他在中国画创作和中国美术史论方面的杰出成就一样，为人类创造了宝贵的精神财富，人们将永远怀念敬爱的老师——杰出的艺术大师。

继往开来的画坛一代宗师

——深切怀念恩师抱石先生

曹 汶[*]

傅抱石先生离开我们已经20多年了。作为中国画艺术大师，他在水墨画、美术史论和金石篆刻等方面，给我们留下的大量财富，有如璀璨的明珠，在我国艺术宝库中，愈来愈显示出它的光辉。

这些年来，我时时怀念这位为中国绘画艺术的革新做出过杰出贡献的导师。抱石先生生前送给我的一幅山水，十年浩劫中被抄，发还后仍挂在我的房中，画上题款："曹汶同志喜写山水，暇辄商量画事，甚可纪也。"音容笑貌，历历在目，睹物思人，黯然神伤，深为这位画坛巨匠的早逝而倍加痛惜，也为不能再亲聆先生的教诲而深切怀念。

我对先生仰慕已久，但在就读中央大学艺术系时，却因故错过了向他学画的机会。直到先生生前的最后十几年中，我才以先生为师，经常登门求教。他热情诚恳，和蔼可亲。我每次去不管多忙，他总是放下手中正做的

---

* 曹汶，画家，曾任南京书画院副院长、中国美术家协会江苏分会副主席等。

事，与我侃侃而谈。有时一谈就是几个小时，毫无倦意。谈锋之健，令人惊叹；谈资之广，使人倾倒。谈得兴来，他便情不自禁地打开柜子，取出酒来，自斟自饮，边喝边谈。

抱石先生学识渊博，他上下古今，山南海北，无所不谈。但谈得最多的，还是关于中国画的创新问题。他经常提到石涛的名言"笔墨当随时代"，并说"思想变了，笔墨不能不变"。他有一方常用闲章，叫作"其命唯新"。他是把创新看作时代所赋予自己的使命的。他强调深入生活。在生活和传统的关系上，他认为"只有深入生活，才能有助于理解传统，从而正确地继承传统；也只有深入生活，才能够创造性地发展传统"。"笔墨技法，不仅仅源自生活并服从一定的创作主题内容，同时它又是时代的脉搏和作者的思想感情的反映。"

抱石先生主张"师造化"，他的"胸中丘壑"是真山真水，而不是一味摹古。早在30年代中期，他就致力于石涛的研究。他曾写道："余于石涛山人，可谓痴嗜甚深，无能自已。"石涛的"师古人之心，而不师古人之迹"的思想，使他体悟出从混沌中开辟天地的道理。抱石先生对石涛也如石涛对前人的态度一样，"不取亦取，虽师勿师"，学石涛之神，而不摹石涛之形。抱石先生作画，技法和感情并用，常使人有"烟云生于腕底，波涛起于胸中"之感，这正是他实践了石涛的"画受笔，笔受墨，墨受腕，腕受心"的结果，他是在"外师造化，中得心源"的美学原则指导下，深入观察体验生活，使理性的概括和感情的抒发相融合，从而创作出既源于生活又发于内心的主客观结合的艺术作品的。

作为山水画看家本领的皴法来说，傅先生是精心研究，勇于实践的。远在30年代他编著的《中国绘画理论》一书中就对种类繁多的皴法从性质上、笔法上做了科学分析，最早以点、线、面来归纳概括各类皴法。后来，傅先生又翻译了日本高岛北海《写山要法》，从地质学、地貌学的角度来分析各种皴法。因书中举例都是欧洲的山，我曾建议先生写续篇，用科学的方法说明中国各大名山的皴法，他当时自谦说，不懂地质学。其实，后来我知道他去东北写生时就随带着《地貌学》，他说"画山水应从地貌纹理、地质的科学去寻求事物的本来面目"。可惜他去世太早，不然我们将有幸读到他的《写山要法》续篇。那定是对山水画创作研究的又一伟大贡献。这些深入的研究，无疑对"抱石皴"的形成和发展有一定意义。特别是巴山蜀水的长期熏陶，使傅先生在不断的艺术实践中逐渐形成了笔墨齐下、挥洒自如、变化多姿、别开生面的皴法。打破一般先勾后皴、皴后擦、擦后染的陈规。由于"抱石皴"是在深入观察、体验生活、融会贯通古人皴法，并吸收外来营养的基础上，经过再创造而产生的，因此它既对山石富有表现力，又可充分发挥传统笔墨之所长。但是在那"处处讲来历，笔笔讲出处"的年代，能成功地作此创新是需要多么惊人的胆识啊！

抱石先生强调师造化，是主张深入领悟大自然，给大自然以再创造，赋予大自然以新的生命，对以真山真水的启发而成画的杰作，他总是十分推崇。他称赞过王希孟的《千里江山图卷》、夏圭的《长江万里图卷》、黄公望的《富春山居图》，在游华山之后又特别提到明朝以画华山得名的王履。王履在创作《华山图》时，不是照华山的外貌依样画葫芦，而是吃饭、睡觉、行路……都在揣摩华山的内在素质。"丹青难写是精神"，王履终于领悟出华山的精神，画出了华山的气势。抱石先生在创作《待细把江山图画》时，也是经过反复试笔，不断升华，才在纸上泼墨渲染，达到了出神入化之境的。他画华山的西峰，不见顶端，反而愈显其高，愈显其磅礴的气势。我以为这幅画应看作"抱石皴"的代表之作，是"抱石皴"从形成、发展到走向成熟的标志，是真正的艺术精品，是抱石先生丹青生涯的一个高峰。

抱石先生和我谈起他漫游太华的情景。他说："我没有攀登到顶，只上到青柯坪，从这儿看高耸云端的西峰，像一扇大屏风，仰起头来，帽子要掉似的。"抱石先生在青柯坪来回徘徊，从各种角度仰视西峰，静观默察，……同行者从山顶下来时欢声笑语，惊叹叫绝，"华山多好峰"，信哉，他竟一点也没察觉，原来他的心已和大自然融为一体了。

抱石先生从漫游太华到细把江山图画的历程，给我以很大的鼓舞。我对华山也变得更加心向往之。终于在1962年的10月，得步抱石先生的后尘，也登上了华山。那正是满山红叶的深秋，夜宿青柯坪，天蒙蒙亮，我就登上了北峰，从北峰可以看到西峰的全貌，没有一点视线上的障碍。归来后我曾把自己画的《太华朝霞》向抱石先生请教。他说，这也是一种画法，可以给人以更多的想象。他指点我，画稿的前面可以加重些，让层次更分明些。这幅画因为得到过抱石先生的面教，我非常珍惜，以后又曾多次重画，参加过在西德举办的画展，并收入画册。另一幅陈列在南京长江大桥大厅。

抱石先生称赞元代吴镇的画，"特点在于表现了一种空灵的感觉"。我在抱石先生的画中，亦常发现那种动人心弦的灵气。一次，他拿出一厚叠小幅给我看，都是些大胆落墨后尚未细心收拾的半成品，是他画到恰如其量的时候，"勒住笔锋，徘徊一下，可以止则就此中止"的画稿。他用这些画稿向我说明怎样首先抓整体效果。他对这些"中止"的画稿，经常翻阅，一有所得，即取出来，细心收拾。使"乱头粗服"与"谨严精细"相结合，利用"恬静"和"放纵"两种不同的笔墨对比，极力使画面"动"起来。经他收拾后的作品，果然景物粲然，神采飞动。

看了这些画稿不禁使人想起南宋画僧玉涧和牧溪的作品。抱石先生在《中国的人物画和山水画》一书中，谈水墨、山水的发展时说道："通过米芾友仁父子、牧溪、莹玉涧、马远、夏圭为首的诸大家们创造性的努力，在作者和鉴赏者的思想意识中，在广大的读者中，几乎墨即是色，色即是墨。所以水墨、山水便有足够的条件顺利地经过'不平凡'的元代而成中国绘画传统的主流。"抱石先生在这里把玉涧、牧溪放在马、夏的前面称为大家，这种评价是异乎寻常的。我曾就此向他请教，他对这两位画僧在我国画史上不被重视，甚至有些不公允的贬低之词颇为不平，说这两位画僧在日本被奉为楷模。久负盛名的长谷川，他的《松林图》用笔锋锐刚猛而有气骨，墨色明暗交融，富有质感，就是融合了牧溪墨韵的精英，还兼用了玉涧的泼墨。日本至今还保存着二僧极为珍贵的画迹。

善于广收博采的抱石先生，不仅吸收了日本画中的精华，而且他还从英国水彩画中撷取营养。英国水彩画在南京展出，他也要我去认真观摩。从这儿我又联想到，他从东北三省写生归来，曾发出过"兹游奇绝冠平生"的感叹。他从一叠写生画稿中取出一张《将到延边》告诉我，这是他晨起看到车窗外朝霞映红了水田，心情非常激动时画的。接着又问我："你看这么红的水田，感到舒服不舒服？"他曾多次说过，中国画的颜色不够丰富，应该吸收西画的长处。我想这大红的水田，既是从生活出发，又借鉴西画的用色之长。抱石先生是富有大胆革新精神的，而在实践中又是谨慎从事的。

傅先生循循善诱，诲人不倦的精神是令人难忘的。他经常强调"师造化"，但也从不忽视学习传统。他以自己的亲身实践，向我说明临摹的重要。他说他每隔一段时间总要临临古画、收收心。否则就变成无缰之马，没有规矩了。又说"画家最忌信笔挥洒，自以为足"。当时我几乎不能想象像他这样的大家，竟然还要临摹。及至我意识到他作为革新者，意在追求"无法之法""随心所欲不逾矩"的最高艺术境界，不觉对先生更加敬佩。

傅先生一向主张博采众长。有一次，我临了其他画派的作品，怕他看了不悦。出乎意料的是他并不介意，反而耐心地告诉我这位画家的长处是什么，用笔用墨的特点是什么，应怎样向他学习，胸怀坦荡，毫无门户之见。

傅先生在中国技法上的创新是多方面的。记得有一次，傅先生酒兴很浓，海阔天空，无所不谈，说到戏曲表演艺术家都有绝招时，认为画家也应有绝招。并说他的绝招就是画水，即水口、雨和浪。的确，抱石先生画水口、画浪、画雨，真有独到之处。古人画的水口是用几条线勾出来的，而抱石先生是用笔擦染出来的，有一种浪花飞溅的动感。黄子久说："山水中，惟水口最难画。"这是因为水口的变化很多，千姿百态，要把水口的飞动，顺山势奔泻的美姿表现出来，很不容易，而抱石先生却能得心应手，他的《镜泊飞泉》《天池飞瀑》等传世名作，真使人拍案叫绝。在画雨方面，抱石先生借鉴于南宋的马远加以创新，如他的《潇潇暮雨》给人以雨从画面上下来的感觉。这些，都是傅先生技法创新的成功范例。尤为突出的应是画水口。

不过，我理解，傅先生所说的"绝招"其内涵是很丰富、很深刻的。它不仅是技法上的"绝"，而是技法与意境融为一体的"绝"妙境界的表现。正如先生所说："意和笔是不可分割的整体，两者是高度统一的，既具新意，又出以妙笔，意和笔相发，才能出满意的作品。"他在水口上的创新，不是纯技巧的，而是新意和妙笔高度统一的结果。这一新的创作是形式美与自然美的统一，是先生在大自然中发现了前人没有发现的规律，通过思维实践发展而产生新的艺术境界和表现形式。傅先生的绝招，是笔精墨妙更臻完善的自然流露，是与气韵生动融为一体的，是得水之魂。绝不能理解为孤立的特技。虽然画雨用矾水洒，傅先生表现得很成功，但这是偶然发现的，并非刻意追求新奇的手法。他既敢于探索新的技法，同时又不是唯技法论者。把新颖高超的表现技法与艺术境界的感悟、体验和追求结合起来，表现丰富而美好的自然和生活，这才是他所强调的"绝招"的真正的、全部的含义。而这样的"绝招"，往往是艺术家多年甚至毕生苦心孤诣的心血的结晶，非傅先生这样的大家手笔是很难达到的。

抱石先生作画善于"粗细结合"。在他那大笔挥洒的山水画中的点景人物，都是用细笔勾画出来的。神态毕现，栩栩如生。他还善于控制水分，给人以水墨淋漓的感觉。

148

抱石先生的点景人物虽是细笔勾写的，但都是最先入画的。他对点景人物十分重视，认为一幅山水首先引人注目的就是其中的人物。1961年前后，我把自己创作的一幅《莫愁湖雨意》拿去请他指教，他对画面上大片烟柳丛中一个打着红伞的少女背影步向亭台，倍加赞扬。说："点题好，'万绿丛中一点红'。"接着便问我点景人物是先画还是后画的？我说是后画的，他说："按一般常规是这样，但我却先画，在精力最饱满时画。因为诗有'眼'，画也有'眼'，往往点景人物就是'眼'。假如人物画坏了，就换张纸另画。"先生独到的精辟见解，使我豁然开朗。深感自己作画时面面俱到，反而顾此失彼，结果主次不分，削弱了画的感人力量。这幅《莫愁湖雨意》曾展出、发表。"十年内乱"开始不久即与我的另两幅描绘南京风光的作品竟被当作毒草，在《新华日报》上点名批判。我想那幅画的这个结局是傅先生万万料不到的。

抱石先生的技法还有一个特点，就是水、墨、色融为一体。过去有人讲，某画家善用墨，某画家善用色；抱石先生却主张"墨即色，色即墨"。他作画时，往往墨中加色，色中加墨，墨色相得益彰，使画面具有生气盎然的效果。

抱石先生刻意求新，不仅表现在对形式的追求上，也表现在对展示新内容的探索上，许多反映新生活、新建设的画稿，在他笔下清新隽永，富于时代感，而又不脱离中国画的传统。即使是游访东欧的写生画，如《布拉格教堂》等，既有异国情趣，又有中国气魄。对于一片新建设或人烟稠密的地方，如《哈尔滨印象》等，他往往点点戳戳，而神态毕现，生气盎然。沈括在《梦溪笔谈》中说："其用笔甚草草，近视几不类物象，远视则景物粲然。"抱石先生的这些画，近看往往是粗细纵横的线和大小浓淡的墨，不辨物象，远看则层次分明，蕴藏丰富，灵秀之气，跃然纸上。

抱石先生在创新的道路上，不仅善于把现代建设融入国画，而且追求表现时代风貌的更高境界，他的《江山如此多娇》（与关山月合作）、《待细把江山图画》等名作，以豪放的笔墨、雄伟的气势充分显示了人是大自然的主宰，表达了对祖国江山的无限热爱。

师法造化、力求创新使抱石先生的山水画达到了一种迷人的艺术境界。郭沫若先生在评价他的绘画风格时曾说："抱石作画别具风格，人物善能传神，山水别开生面。"别开生面的实质就是善传山水之神，它和善传人物之神是一致的。中国画讲究意念。抱石先生主张师造化，同时也主张写意，他把写实和写意统一起来，使之产生了一种令人陶醉的气韵，我想这就是抱石先生所传之神。抱石先生有一颗闲章，叫"往往醉后"。"醉"者，激情升华之谓也。他曾经对我说："我们要到生活中去找'醉意'，有'醉'才能有深邃的感受，才能使创作出现新的面貌。这种'醉意'，只有深入生活才能找到，如果整天关在家里，闭门选山选水，仿某家的笔意，是永远不会有这种体会的。"抱石先生的画确有一种醉人的清新俊逸之气，而无火气、霸气。这种清新俊逸之气，既平淡沉静，又大气磅礴，使人从中领略到大自然的美，进入似乎是仙境的艺术佳境，而如痴如醉。

傅先生豁达开朗，慷慨豪爽。相处久了愈感亲切。傅先生对文房四宝笔墨纸砚十分讲究，特别喜欢用名贵的旧墨。他曾告诉我，旧墨要买半两小锭，最好是乾隆年间"汪近圣"制的，但不容易买到。有一次，他高兴地捧出一盒好墨来给我看，说是刚买的。看见黑漆描金墨盒，似曾见过，我问："里面是不是少一锭？"他顿生疑窦。"你怎么知道的？"我告诉他，我在古玩店看到这盒墨，要价很高，但墨似乎不错，买了一锭一试，果然很好，再去买时，已售出了。傅先生听后乐呵呵地笑了起来，并随手拿出两锭送给我，让我先用着，说这是汪近圣制的。这时我才发现这行小字，佩服先生的细心。原来不是每锭墨上都标有"汪近圣制"的字样。

傅先生爱惜人才，关心同行，对民间艺人的高手也同样十分器重。扬州竹刻名家黄汉侯老艺人为我刻了把扇骨，是用文徵明体把《滕王阁序》全文刻在两块扇骨上的。扇子的一面由林散之先生题了自己的诗。我带去给傅先生看，他非常欣赏林老的书法和黄老的刻工。说："现在这样的竹刻高手太少了，我要推荐他作政协委员。"并在扇子的另一面画了《秋江放舟图》。这把扇子，被朋友们称为书、画、刻"三绝扇"。

中国美学历来注重艺术家的思想、情感、气质和人格与其艺术成就、艺术作品之间的内在联系。傅先生在艺术上的辉煌成就，是与他刚正平和，豪放豁达的高尚人格及其内在的丰富的激情分不开的。他的画是艺术家胸襟、学养、胆识、气度的体现，是集诗人、画家、学者于一身的"浩然之气"的流露。

傅先生在美术史论、金石篆刻，特别是在山水、人物画方面的造诣博大精深。他承前启后，继往开来，开近代水墨画一代画风。作为现代中国画艺术的一代宗师是当之无愧的。他的光辉的艺术实践和精湛的绘画理论正指导着画坛上一代新人继续攀登新的艺术高峰，为中华民族的艺术史册写出新的篇章。

傅抱石二三事

伍霖生[*]

1981年暑天，青岛海滨汇泉湾小庄，有幸得遇宋振庭同志。振庭同志是吾师傅抱石先生的挚友，他深情地谈了抱石先生的许多往事。振庭同志对抱石先生的作品评价极高，友谊深厚。我虽对抱石先生的创作生活较为熟悉，但这次再度听到当年先生在东北写生的许多逸事，倍感亲切。避暑归来，再次翻阅保存的资料，研究宋振庭珍藏的先生的遗墨，并结合师母罗时慧女士所珍藏的先生生前得意之作，写此短文介绍给读者。

抱石先生于1961年6月下旬去东北写生，同行的还有关山月先生。当时在长春主持文化工作的宋振庭同志热情接待。振庭同志很有艺术修养，对中国画极为爱好，是个行家。他与抱石先生一见如故，相见恨晚，每谈至深夜方散。两人对石涛都很有研究，同是石涛的崇拜者，可称都是"石涛迷"。当抱石先生临离长春时，振庭同志拿出傅抱石旧著《石涛上人年谱》，请他写石涛诗句并绘肖像留念。抱石先生欣然命笔题诗：

---

* 伍霖生，画家，曾任江苏省国画院教授，傅抱石学生。

春云离离浮纸肤，翠攒百叠山模糊。

山空云断得流水，咫尺万里开江湖。

依然灌莽带茅屋，亦复远渚通菰蒲。

冈峦出没互隐见，明晦阴晴日千变。

平生未省识匡庐，玉削芙蓉正当面。

宛转香炉飞紫烟，依稀梦泽分秋练。

未遂扁舟客里游，酒醒独展灯前卷。

问谁能事夺天工，前元画史推高公。

已应气概吞北苑，未必胸次输南宫。

南宫已矣北苑死，百年惟有房山耳！

只今遗墨已无多，窗前把卷曾摩挲。

世间吮笔争幺麽，扫灭畦径奈尔高公何！

　　这首诗系石涛戊午冬月临高尚书手卷，并题于清湘耕心草堂。抱石先生用这段题文赠知音，正怀着石涛当年临高房山手卷巨幅时的同样心情。石涛的题诗表明了他虚怀若谷的品质。抱石先生和石涛一样抱着虚心向前人学习的态度来题诗作画。一幅含意深邃的苦瓜和尚像就这样诞生了。抱石先生一生崇拜石涛。50年代初，笔者曾陪伴先生两次赴扬州，专程去平山堂后蜀冈觅寻石涛墓地，拟效诗人高西唐为石涛扫墓。《石涛上人年谱》便是先生研究石涛的重大成果之一。

　　这里我将重提抱石先生40年代喜用的一颗名章"抱石斋主人"。先生原名傅瑞麟，因为崇敬石涛，改为傅抱石，取斋名为"抱石斋"，以志对石涛的永久纪念。他在《石涛上人年谱》自序中说："余于石涛上人妙谛，可谓癖嗜甚深，无能自已。"他在整理石涛生平资料时，翻阅日本桥本关雪所著《石涛》，见到石涛在戊辰年（1688年）托李松庵致书南昌八大山人（朱耷），乞画大涤草堂图的信、全文为：

　　闻先生七十四五，登山如飞，真神仙中人也，济将六十，诸
事不堪。十年以来，忆往事，所为书画，皆非济辈能赞颂之而为宝
物邪？济几次接先生手教，未及奉答，总因病苦，拙于应酬，不独
与先生一人为然也。四方皆知济此病。今李松庵兄还南州，空函寄
上，济欲求先生三尺高一尺阔小幅，平坡之上，老屋数椽，古木樗
散数株，阁中一老叟，此即大涤子大涤草堂也，若事不多，余纸求
法书数行，列于上，真济之宝物也。勿书和尚，济有发有冠之人
也。只恨身不能迅至西江，一睹先生颜色！老病在身，如何如何？
雪翁先生。

　　大约事隔十年，戊寅年（1698年）石涛山人终于收到八大山人为他画的
《大涤草堂图》。据云此图后来流传至日本。

　　40年代抱石先生寓居重庆金刚坡时，根据信中内容创作了《大涤草堂
图》。先生曾告诉我，他自1942年至1945年一共画了四幅。这里发表其中的
两幅。一幅画于壬午年（1942年），画成被徐悲鸿先生见到极为赞赏，欣然
挥毫为之题额："元气淋漓，真宰上诉"，并小款曰："八大山人大涤草堂
图未见于世，吾知其必难加乎此也。"一幅画于乙酉年（1945年）。两幅章
法、用笔不尽相同，用纸也各异；一为宣纸，一为皮纸，均属精品。另外两
幅，一幅赠徐悲鸿先生，一幅于1947年个人画展时为人购去。现发表的两幅
均完好地保存在南京，是极有纪念价值的作品。

　　先生数十年艺术生涯中的逸事很多。宋振庭同志在回忆与抱石先生的友
谊时，高兴地告诉我们东北赠画一事。一天两位好友谈兴正浓，振庭先生突
然提出要出一个题目请抱石先生画成赠送。先生欣然同意。振庭先生只说了

154

一个凉字。画家稍加思索，立即展纸挥笔，整整半天时间，一幅精品绘成。振庭先生为画家的构思敏捷拍手叫绝，至今提起仍赞叹不已。夏日觅凉，以高山观瀑来表现，确实太妙了。正如石涛题画诗所云：

断岸遥山翠影漫，冥鸿飞去楚天宽。

何年结屋松林下，坐听泉声六月寒。

先生完全是应"坐听泉声六月寒"的意境而构思的。当时正值先生去长白山写生归来休息，长白山的雄伟，瀑布的壮观，留给他极深的印象。大瀑布在长白山附近，水从山顶天池边溢出，涌过山岩，一泻千尺，奔腾而下；底部乱石流泉，气象万千。观瀑者站在瀑布前一百米外都感到凉风爽爽，空气中充满蒙蒙水珠，不一会儿就全身湿漉漉的，别有一番情趣。抱石先生怀着美好的记忆，以饱满的创作激情，发挥丰富的想象力，运笔如飞，一气呵成。全画潇洒淋漓，题款也饶有趣味："振庭先生出题考试之作即乞教正如何？"可见作者当时"如泻出水之神情"的满意心情。挚友得此珍品确系人生美事也。

先生一生所画瀑布甚多。师母罗时慧女士珍藏的《听泉图》是精品之一。这幅画是在江苏省国画院第一届学员毕业时召开的一次座谈会上的即兴创作，时间是1962年端午节，地点在太平天国天王府西花园的桐音馆（江苏省国画院旧址）。当时任画院院长的傅抱石先生，见这批青年学者是按先生造就中国画人才的方法培养起来的，成绩都很好，当然十分高兴。为满足大家的愿望，当场挥毫。先生以泼墨的方法画树、石、草舍等前景。他运笔如飞，饱含墨汁的大笔，淋漓落纸。先用笔尖，后用笔根，将笔中所含墨汁全部用完，再蘸新墨落泉水、乱石。背景山岩飞泉则用水墨带色先行渲染统调全画意境和气氛，待稍干，用极慢的节奏开水口，勾流泉，接着又转用快节奏点皴，完成山石纹理变化。最后皴笔画流水，再加以渲染而成。此画虽是即兴之作，他笔墨之间充满创作激情，观画者无不啧啧称赞。先生落笔如有神，并非过誉。

更值得称道的先生画水的方法。古人画水往往"勾水法"或"网巾法"。抱石先生认为古人所用方法不能充分体现泉水湍流的动态。他在四川山区生活时更喜欢画水泉瀑布，在长期艺术实践中，不断地观察、探索。他用侧锋皴擦的方法画水，颇得泉瀑流动的神韵，达到"绘声"的效果。我们称抱石先生画水的方法为"皴水法"，与他特有的山石皴法一样，是极富创造性的。

我在整理先生留下的作品时，见到不少作品是根据石涛的诗意画的。其中《满身苍翠惊高风》可称是石涛诗意画的典型作品。石涛的原诗是：

云色崔嵬奇未已，百尺何来虬旖旎。
遥将茗色凌鸿蒙，中有高人相坐起。
满身翠影惊高风，采芝采实何从容？
昔闻徐福出东海，复见二君来江东。

先生用画笔再现了石涛诗中的意境。他题为"满身苍翠惊高风"，可能是误记一字，亦可能是先生着意在诗的意境而不在一字之差。此画创作于1962年，即先生东北写生归来所画，是先生最得意的作品之一，一直留在身边，未曾发表过。

先生东北之行是1961年6月至9月，为期四个月，足迹遍及长春、吉林、沈阳、哈尔滨、旅大、延边朝鲜自治州、长白山、镜泊湖等地，画了近百幅作品。他曾激动地对我说："这次收获太大了，太大了，你有机会一定得去东北一趟，对山水画家来说，东北的山河会给你新的启发、新的意境，不可不去！"在一次座谈会上谈东北之行的收获时说："当今画家深入生活里面，谁不一管在手，挥洒自如呢？而对日新又新，气象万千的现实生活能够无动于衷，没有丝毫的感受？不能。这是绝对不会的，也是不合常情的。我认为画家这种激情和感受，就是画家对现实生活所表示的热情和态度，也是画家赖以创作，赖以大做文章，大显身手的无限契机……通过生活中新的感受不能不要求在原有的笔墨基础之上，大胆地赋予新的生命，大胆地寻找新的形式技法。对于长期生活在平畴千里江南水乡的山水画家，对于长期沉潜在卷轴几案之间的山水画家，东北雄伟壮观的山河，给我极大的启发，可谓有'兹游奇绝冠平生'之感了。"从先生的谈话可以体会到东北之行对他山水创作的影响，已经达到石涛所说"山川与予神遇而迹化也"的境地。

抱石先生东北写生归来直至1965年逝世四年中，他把对祖国壮丽河山的炽热感情，倾注在大量的山水画作品中，其中不少是以新的意境来表现他过去常喜欢画的唐人诗意画和石涛诗意画，这些画从艺术造诣来看，确实进入了"逸兴湍飞，潇洒出尘"的境界，绝不是一般笔墨技巧堆砌的作品所可以比拟的。

先生有一习惯，一张作品完成以后，常挂在画室墙上，朝夕欣赏揣摩，有时挂半天即取下，有时挂几天便被新的作品所替代，而这幅"满身苍翠惊高风"却在他的墙上挂了很长一个时期。先生多次对笔者说："画画往往是追求'偶有一得'，这一'得'，是多么不容易呀！"这幅"满身苍翠惊高风"可以说是傅抱石先生"偶有一得"的佳作，而这"偶有一得"又正是先生在艺术生涯中，几十年如一日勤奋作画、长期修炼的结果。

怀念傅抱石老师

梁邦楚[*]

傅抱石先生去我日远，作为亲身受过先生教诲之弟子，怀念更深。

1928年秋，我16岁，考进了江西省一高中艺术科，校舍是座古刹令公庙，位于南昌市的北湖边，傍湖石桥名肖家桥。春天到来，岸柳垂杨，迎风摇曳，盛夏时节，荷香扑鼻，游鱼可数，环境清幽。本省首创的高中艺术科学生人数不多，女生五人中的罗时慧同志与我同桌共读，学生们为得到一位博学多才、为人逊和而且谦虚富有风趣的好老师傅抱石先生的教导，感到庆幸。先生在中国绘画、书法、篆刻以及中国美术史等课程教学中讲解清晰，旁征博引，不厌其烦，务使学生听懂，消化运用。学生都尊敬和喜爱这位年轻有学问的傅抱石老师，在课间休息十分钟，学生也不出教室，先生有问必答，所以师生关系极好。也是先生腹中渊博，在学生中威信极高，全班同学都由衷地佩服这位青年书生的抱石老师。以后罗时慧同学考取武昌艺专，我能考上南京中央大学艺术系本科继续学习中国绘画专业，应是得到先生教诲

---

* 梁邦楚，画家、教授，曾任中国美术家协会江西分会副主席、八大山人研究学会副会长等，傅抱石学生。

之恩德，永不忘怀。

抱石先生出身贫寒，勤奋好学，在南昌一高师毕业，以优异成绩留校任教，旋被聘为高中艺术科主科教师。那时高中教师待遇月薪140元现洋，加上各方争聘兼课，收入近200元大洋。跑书店、购书籍是先生特有的嗜好。接济贫困的年轻学生，费了很多心血和金钱，有的学生长住在先生家里，记得当时师范科有个名叫张绚的学生，住在先生家中，学生生病还得请医生治疗，最后病死在先生家中。但先生完全出于热爱学生，并不图报。那时得先生帮助的学生很多，有的一直培养到大学毕业。

罗时慧同学是官宦大户人家的长女，性格爽朗，敬佩抱石先生道德文章，彼此个性相投，她敢于冲破当时封建思想门第观念，于1930年初春两家结为秦晋之好。傅先生艺术取得杰出成就，与时慧同学的支持是分不开的。

先生在我求学期间，严慈并济，经常给我提醒，说："做学问要下功夫，小聪明只能取巧一时。学中国画路子要走得正，书法的线条，包括字体的结构部位、篆刻的腕力、刀法与印章布局，都对画国画有帮助。"

又说："学艺术的人要重视道德品质。八大山人的画，笔墨艺术高超，但他那坚强不屈的民族气节，尤其令人敬佩。"以上是先生对我教诲之言，不止于此。

1963年先生带着全国人大视察任务来南昌，一个晚上约我去江西宾馆晤谈，先生仍然关心我工作生活和做学问等等。先生给我的教诲，永远铭记在心。

难忘抱石老师对我的培育

喻继高[*]

四十年前的初夏，我从徐州三中毕业，来到南京大学报考艺术系。在考场，我第一次见到了傅抱石先生。我被录取后，得知抱石老师教我们班中国美术史和中国画的课程，老同学们都很羡慕我们。

我们班只有新同学7个人，画室设在六朝松旁的梅庵。这是一排幽静的平房，在校舍的东北角。梅庵在80多年前的两江师范时，曾是著名书画家李瑞清先生居住和作画的地方，他也是艺术系最早的创办人。上课的第一天，老师亲切地问了每一个同学的名字后说，今天我先考你们一下，你们说说中国历代有哪些大画家？我们都呆呆地想着，竟没有一个同学能说出几个画家的名字来，都感到很难为情。可是老师并没有责怪我们，却微笑着说：好，一张白纸，可以画最新最美的图画，我一定好好地教好你们这一班。当时，美术界和高校美术教学，不少人对中国画持民族虚无主义态度，认为中国画不能反映现实生活，不能为社会主义服务，不科学，不合透视，人物不合解

---

[*] 喻继高，画家，曾任江苏省国画院副院长、江苏省美术家协会副主席等，傅抱石学生。

160

剖，没有质感、量感、立体感，是封建社会的产物，只能麻痹人们的革命意志，要把中国画教学从高等院校驱逐出去，要画中国画的老师改行画漫画，搞木刻，画连环画、宣传画等。面对这种情况，抱石老师十分气愤地说，我们不能做民族绘画的败家子，使祖宗留下来的优秀绘画传统，到我们这一代断了种。他在经常挨批判的情况下，毅然亲自担任了教中国画的老师，并把我们这一班由一年级一直教到四年级毕业。

我们班七个同学，都没有多少绘画基础，所以老师一开始就重视造型基础的训练，要我们用线条画石膏像，要求用线条的粗细、浓淡、转折勾出立体感来。由此可见老师教学是有创造性的。由于我对学中国画没有什么偏见，所以学起来非常起劲。不管老师怎么教，我都认真地学，后来得到老师热情的鼓励，我学画的劲头更大了。我被班上选为中国画的课代表，因此与老师有更多的接触机会。

老师家住南京鼓楼北坡的傅厚岗六号，从学校到他家步行也不过20多分钟，有时课余时，我便到老师家去玩。我们班大都是穷学生，老师为了我们学习不致困难，常常把纸笔等送给我，那时的师生之情是十分值得留恋的。

老师学识渊博，记忆极好，又非常健谈，因此，每轮到老师的课，我们都特别高兴。他授课有自己的特点，并不是站在黑板前，按着事先准备的讲稿讲，而是要我们围拢他，如孩子听大人讲故事一样。他讲徐悲鸿先生作画如何勤奋，讲张书旗先生如何用功，讲敦煌壁画如何被盗卖国外和八国联军抢掠中国宝藏。他可以说是一部活的中国绘画史辞典，每次我们都听得入迷，只觉得课堂时间太短。这样的授课，不但使我们了解了丰富的绘画历史知识，也使我们认识、学习中国画传统于潜移默化之中打下了坚实的思想基础，后来学习中国画成为我不可动摇的选择。

老师还要我们经常观摩作品，以提高鉴赏水平，开阔视野。当时在艺术系南高院楼上的美术陈列室里，经常陈列着系里老师们的佳作，如徐悲鸿先生的《愚公移山》《九方皋相马》《奔马》《奚我后》（久旱望雨）、《猫》等；傅抱石老师的《山鬼》《万竿烟雨》《潇湘暮雨》《九歌图——国殇》《更喜岷山千里雪》等；陈之佛老师的《青松白鸡》《文猫牡丹》《荷花鸳鸯》等；琳琅满目，使我这个从农村来的孩子，真像刘姥姥进了大观园，深深地被艺术迷住了。于是暗暗地下着决心，一定要跟老师好好学习。毕业时，我受到学校红榜表扬。

老师教学既重视写生，也重视临摹。《故宫周刊》上印有许多古代名画，老师选择了适合我们临摹的历代帝王像以及华佗、张衡像等。张大千先生临的敦煌壁画《供养人像》《飞天》等也让我们临了许多。更使我难忘的是，老师从北京参加全国第一次文代会回来，把徐悲鸿先生珍藏的名作《朝元仙仗图》（八十七神仙卷）放大了几套黑白照片，与原作同大，给我临摹。这是一卷白描长卷，人物造型生动俊美，衣着飘逸，线条流畅，全部作品用线条构成，是一件极为珍贵的传世国宝。我临完了全稿之后，老师还让我用幻灯放大了临摹，这样练长线条。安徽省博物馆藏了一堂工笔重彩古装仕女画，山水树木，亭台楼阁，各种人物都画得极好。老师也把他拍的照片送给我，现在还保存着。傅老师上课，还常常把系里其他老师的画带来让我们观赏临摹。如杨老师的《群雁来归》图，不少同学都临过。老师和之佛老师感情最要好，也是尊敬推崇，常常给我们介绍陈老师的高深艺术造诣，把他的许多作品带给我们学习（那时陈之佛先生只教图案和色彩学课），由此可见傅先生教学，思想是非常开放的，古今名家佳作，都成为他教学的范本，绝不抱门户之见，只教自己这一套。因此我们学得的知识是多方面的。

1955年春节，南京市举办第一届美展，傅老师指导我们全班合作了一套四条屏工笔花鸟画，我们画梅花树干最感困难，老师还亲自动笔为我们画了梅枝，然后亲自送市里参加展览，给了我们极大的鼓舞。

除了课堂教学和临画外，老师对"外师造化"也十分重视，经常带领我们去栖霞山、灵谷寺、玄武湖、清凉山以及本校校园里，写生树石、建筑，教我们如何用传统的技法去表现。我们画石膏像习惯了，轮廓具体，光暗分明，一到野外树木杂乱，建筑烦琐，感到无从下手。老师总是先给示范，耐心指导，常常语重心长地说："十年种树成林易，画树成林半辈难"啊。还说："十年树木，百年树人。"老师为培养教育我们花去许多心血。那时老师孩子多，师母又无工作，生活并不宽裕。我们几个穷学生，每逢外出写生不能回校吃饭时，常常是老师请客。记得有一次老师带我们到玄武湖写生，怕午饭吃不好，要师母烧了一饭盒牛肉带着，这种父母般的师生之情，是一个伟大的画家对祖国、对自然、对人的高尚爱心和情怀。老师还常常用李白的"天生我材必有用"的诗句，勉励我们刻苦努力学习，将来成为国家有用的人才。

春去秋来，转瞬间四年的学生生活过去了，我们都不忍离开母校和老师，大家和老师们拍了许多合影。后来，我很幸运，被分配到江苏省美术工作室和省文化局工作，和许多著名画家如亚明、张文俊、魏紫熙等在一起，由于工作的关系还能经常见到老师。到了1956年，党对发展文艺的"百花齐放、百家争鸣"的方针发表了，全国文艺工作者为之欢呼、雀跃。同年10月，中国美术家协会南京分会筹委会成立，老师被推选为主任委员。翌年2月，敬爱的周恩来总理为了更好地弘扬民族文化优秀传统，更好地推进繁荣中国画的发展，要求安排好老国画家的工作和生活，亲自提议首先在北京和上海设立中国画院。上海拟请傅老师担任上海画院副院长。此时江苏省委、省政府也决定成立江苏省国画院，着意挽留老师不去上海。老师考虑到多年在南京工作，情深谊厚，便决然担起了筹备江苏省国画院的工作，并任筹委会副主任的职务。本来大家一致赞同老师担任主任，可是老师十分谦让，说吕凤子先生德高望重，主任还是他担任为好，那时凤子先生长病苏州，只是担个名义，实际上还是老师负主要责任。那时老师的工作还在南京师范学院美术系任教。画院在他积极的筹办下，很快聘任了全省各市有名望的画家20余人，这些人中有许多为当代国内外享有很高声誉的知名画家，如钱松嵒、宋文治、魏紫熙等。

同年5月到8月，老师由国家组织率领中国美术家代表团访问罗马尼亚、捷克斯洛伐克。师母为老师到店里做了两套咖啡色的西装，我们看老师着中山装习惯了，一看着西装，显得非常派头，那时在我国还很少有穿西装的。他这次出国访问，除了繁忙的礼节，应酬参观访问外，还画了50余幅画，可见老师是多么勤奋和珍惜时间。他用中国画的技法画外国风光，创造了不少新的表现方法，后来在江苏省美术馆展出，引起了美术界极大的震动和兴趣。之后还由江苏人民出版社出版了《罗马尼亚写生集》和《捷克斯洛伐克写生集》两本画册。

师母的学识也很渊博，帮助老师完成了许多重要著作，是一位非常有才干的妇女。师母乐观健谈，由于把我视作家人，因而常常同我谈及许多老师家事趣事。比如谈到老师作画很重视渲染，皮纸上渲染后，半天都不能干，这样就很难继续画下去，要知道画家作画灵感来了，恨不得一气呵成，很快想看到预期的画面效果。老师待纸染好色后，久候不干，无法继续画下去，便用炭火盆烘干，可是纸大，两只手怎么也顾不过来，师母家务事又多，老师看到哪个孩子在家，就拉住烘画，稍不留心，还会把纸扯裂，老师便会发火骂孩子。后来，孩子们一看老师作画，便一个个轻手轻脚地溜走了。一次，老师理发，受到电吹风的启发，就再也不用炭火盆烘烤了。再后来又用电熨斗熨画，师母风趣地说，这是傅抱石发明的"新式武器"，不少作品产生了用毛笔难于实现的特殊效果。老师作画时，专心致志，最怕正在作画时受到干扰，若此时客人来访，总是师母接待，为这件事有人就说老师保守，怕自己的技法别人学了去。师母说，哪里是那么回事！老师作画时思想非常集中，就如演员进入了角色，什么都顾不得了。若人站在旁边，眼睛瞪着看，一举一动感到非常不自由，若不同客人说话，会说不礼貌，若讲话，哪里会集中思想呢，笔墨断气接不好，思路一干扰也同样是接不上的。这些，一般人是难于理解的，老师又喜欢喝酒，画桌上总要放着大酒杯，后来才知道为什么专门刻制了"往往醉后"的印章，喝了酒作画，才能使画进入妙境，这是不吃酒的无法体会到的。师母还说，老师鼻炎重，画得紧张时，鼻涕流了出来也顾不得擦。他还有个习惯，作画时常常把笔捣毛笔锋炸开了再画，我们从画幅上可以看到的，这就是被大家誉为"抱石皴"的画法。但要画细部时，常常用嘴把笔锋顺齐，有时满嘴是墨，由于形象自感不雅，所以也怕人看。其实老师绝对不是保守，在画院里多次当着许多画家的面作画，并介绍他用笔用墨的方法。例如：癸卯端阳节，老师到画院桐音馆为全体同志作画表演示范，在他画集中的一幅《听泉图》就是那次画的，大家里三层外三层地围着画桌，眼见着一幅山水画呈现在大家眼前，高山流水，*潺潺*若有声，茅亭中静立一人，聚精会神地听着泉声，惟妙惟肖，大家无不为之叹绝。省文联主席李进同志还即兴吟了一首"底事人群挤满堂，非关风雨闹端阳，桐荫馆里茶当酒，不读文章读画章"的诗句，老师把诗和大家热闹的场面题了长跋记在画上。还有一次，在中山陵藏经楼作画时，老师和宋文治同志合作了四尺山水《夏》，还较早地同亚明同志合作《大军南下横渡黄泛区》等画。就拿我这个晚辈学生来说，还和老师合作过画呢。那是1959年冬季，天气晴和，我正在画院里，忽然接到老师打来电话，要我立即准备好画画的工具、纸张送到省政协礼堂来，原来省政协正在召开省文艺界重要会议，省里许多领导同志和文艺界知名前辈都到了会，大家要求会议间隙请著名画家作画。我便磨好了墨，理顺了纸，等待老师们动笔。大家把画桌围得水泄不通。老师说，还是请之佛老先生开笔吧，陈老便在四尺宣纸的右下角画了一枝盛开的蜡梅。接着大家等待着傅老开笔，哪知冷不防地听老师说，继高你画吧，我顿时感到很为难，那时我才是20多岁的青年，哪里经过这样的场合，许多人还说着，这既是考学生，也是考老师。我正不知如何是好。

傅老师鼓励我说，你就画几朵山茶花吧，我心里紧张得直跳，再加上暖气，不由得额头上冒出了汗珠，便鼓足了勇气，用笔饱蘸了洋红，画了几朵艳红的山茶，两位老师满意地点了点头，我这才如释重负。蜡梅和山茶画在画的右下部。我看来看去，不知傅老师往下如何构图。只见老师抓了一支最大的斗笔，走了过来，顺手把纸抖了一抖，眼睛向纸上看了一看，猛可地一笔到顶，势如利剑出鞘，顺势又加了几下，一根壮硕的石笋，昂然挺立在画幅中央，老师的气魄令人赞叹、叫绝。后来蒋仁先生（南京艺术学院老教授）在石笋上画了三只黑八哥，然后由南京大学教授、著名书法家胡小石先生题了款。这幅画在很长一段时间里悬挂在省政协大会议室里。老师对我的教育、爱护、栽培使我终生难忘，这幅画成为我最好的纪念品，现在该画珍藏在南京博物院里。

1958年5月，我在江苏省文化局参与筹备省国画院的许多具体工作，不久便因工作需要调到画院。这时，老师也从南京师范学院美术系（前身系中央大学艺术系，南京大学艺术系）正式调来画院任职，担任了第一任院长。为了办好画院，老师费了许多心血，画院初办，什么也没有，他每次到北京，总要到"荣宝斋""庆云堂"等文物商店，给画院买纸、墨以及古画和图书资料，至今还有许多古画珍品和宫藏御制墨藏在画院里。老师知道我画工笔需要用熟纸，所以每买到熟纸总是送给我。我对老师也非常尊敬。

1961年，正处于困难时期，我回了一次徐州老家，发现农村家中串晒了许多红辣椒，我想到这是老师最喜欢吃的，便带了一些回来，老师十分高兴，接着老师说，那我就送你一瓶"辣椒面"吧，我一看，真是高兴极了，那是一瓶朱砂，我画工笔最需要的，这是老师珍藏多年的。

1959年秋，老师从湖南写生作画回来，为北京人民大会堂江苏厅画了一大幅《韶山耸翠》，趁我去，要我帮助拍张照片。老师的画室在二楼，平时难有机会上楼去，我想象中，老师的画室一定文物字画布置得很漂亮，哪知我进入一看，除了中间放了一张大木台画案外，只有墙角上靠了几卷纸卷，别的什么也没有，连张椅子也没看见，墙壁四周和地板上到处是墨迹，我猛然想到，老师的画室好像战场，可以想象老师作画时的紧张情景。

老师为了发展山水画，亲率江苏二十余位画家走遍了祖国大江南北，他把热爱祖国、热爱毛主席、热爱党、热爱祖国的大好河山，全都流露于笔墨之中，若干年中他画了《江山如此多娇》《枣园新春》《待细把江山图画》《峨眉处处有歌声》《西陵峡》《雨花台颂》《韶山》，在他的影响下，江苏的山水画家同样地创作了一批很有影响的作品。老师很好地解决了传统笔墨如何反映现实生活和如何为社会主义为人民服务的问题，把我国山水的创作大大地推向前进，成为这一伟大转变的带头人，他的历史功绩将会永远名垂青史。

1965年9月5日，天气晴和，画院里安静如常，老师在百忙中，又应上海市委邀请，为虹桥国际机场作大画的任务，由于工作繁重，过度疲劳，再加上吃酒，兴奋，9月28日回南京又乘飞机，回到家时，便感身体不适，脸部涨红，人也显得很疲乏。我们去看他时，他十分关心画院里的事，问这问那，并交代了做好准备工作，不日开始画大画等事。我们劝他好好休息。据师母说，老师吃过晚饭，便早早地睡了，老师平时睡觉有打呼噜的习惯，且声音很大，但这一夜师母竟未听见老师打呼，还以为他睡得很香呢！次晨9时，仍然不见老师起床，师母便去房中看他，已因脑溢血不省人事了，赶快请来医生，已经不治了。中国山水画大师，著名美术教育家，美术理论家傅抱石先生就这样安详地未惊动任何人便与世长辞了。逝世时才是61岁啊。老师可以说是累死的，留下的是他的才智、品德和数百幅佳作。老师虽然走了，但是他将永远活在人们的心中。

精神长存

——怀念傅抱石先生

丁观加[*]

1955年7月，在班主任王祖德老师的推荐、鼓励下，我去投考南京师范学院美术系五年制美术科，出乎意料，我竟然被录取了。从此，我走上了艺术之路。进了南师美术系，我才能有机会在一些著名的教授教导下获得知识与技能。所以，每当我取得点滴收获与成绩时，都想到他们，在这些师长里，其中有一位是傅抱石先生。

我们是系里第一届五年制的学生，一个班级共有50个同学。班主任是陈毅华老师，当时系里的名教授全部为我们授课，如系主任陈之佛先生，还有以后担任过系主任的吕斯百、秦宣夫先生及黄显之、傅抱石、杨建侯等先生，分别在这五年中亲自上我们的各门专业课。高班同学对系里的老师都称呼先生的，于是，我们也对这些老老师喊先生，而对年轻的老师及班主任仍称呼老师。傅抱石老师为我们上《中国绘画简史》，也上过山水画课，我们

---

* 丁观加，书画家，曾任镇江中国画院院长，傅抱石学生。

学着高班同学称呼他为傅先生。

在迎新会上已见过傅先生了，他清癯的身材，目光炯炯，显得很有精神。当时，他给我们讲了孔子弟子因吃盐多了变成咸（贤）人的笑话。于是，觉得傅先生很幽默、风趣，因此，对傅先生来为我们上课，特别感到有兴趣。

上绘画史课时，要到另外一个教室，那里安放了幻灯机。只见傅先生空手来到教室，走上讲台后，从上衣口袋里掏出一张小纸来，放在讲台上，但是他又不去看它。他一上来就问我们："你们知道中国有多少画家？"他停顿了一下，目光从教室中扫过，然后，他说："中国的画家实在太多了，光是清朝就有数百人。但是有突出成就也只有那么几位。清朝有好几个画派，这些画派的代表人物，是有重大贡献的，他们是对我国绘画史做出了成绩的人物。每个朝代都有代表人物，由这些画家所创造的艺术成就，汇合成了我们中华民族的绘画史长河……今天开始，我来给你们讲讲这些画家的事迹与成就。"为了提起我们学习的兴趣，傅先生给我们讲了李思训与吴道子在大同殿画嘉陵江的故事，同学们听得非常入神。然后，他让我们把厚厚的黑布窗帘放下来，教室里倏然漆黑一片，傅先生说："同学们一边看作品，一边听我讲解，这是放幻灯片，我来配音，是无动作的有声电影。"引起同学们一阵笑声。

以后的上课，都是傅先生一面放幻灯，一面讲课。有时，他带来一些画册与报刊、印刷品，放在幻灯机上映出来，原来这是一架反射式的幻灯机。很奇怪，平常有的同学坐不住的，而一上傅先生的课，思想很集中，很少有同学讲话，而且课间也不休息，往往到讲完课了才下课。这时，傅先生连忙说："啊呀，忘记下课了、忘记下课了。已到午饭时间了，肚子里唱'空城计'了吧？"其实，我们也听得入迷了，忘记让先生休息了。

傅先生讲课带着外地口音，后来我们才知道他是江西人，又从他的作品的落款，得知他是新余人。这种真挚的热爱家乡的感情，深深地感染了我们，有的同学后来作画落款时，也把自己家乡地名写上了作品。

傅先生浓郁的江西口音，加上他有鼻炎，故语音显得很浑厚、朴实，以及他博学、风趣的语言，形成了傅先生讲课的特殊风味。后来，我在观摩、学习先生作品时，往往把这些因素加进去欣赏，感到江西的地方环境、风土人情，加上先生的天赋、才智、修养与灵气等，在我面前树立起一位举世瞩目的艺术大师的形象。

傅先生给我们上山水画课时，也联系绘画史进行教学。他说："掌握了中国画的历史，才能了解各个朝代的画风。这些画风就是创造的鲜明的技法。可见，绘画的风格是每个朝代不同的。所以，我们既要学习古人的技法，又要开创今天的画风。"傅先生要求我们，不要一学古人传统就拔不出来了，所以，还要到大自然中去领悟真山真水，画出今天时代的作品。

傅先生的教学起步很高，这给我们学习中国画奠定了基础。

傅先生上课时也做示范，记得他在事先钉在黑板的宣纸上，三四笔就画好了一块石头，说："石分三面。画好了石头，再画山就容易了。"后来，他还画过一棵松树，教我们"画树也要掌握规律。最主要的要画出树的姿态以及树枝的前后、左右的区别"。

傅先生又说可以临临《芥子园画传》，他也临过的。《芥子园画传》上的有一些规律性的技法可以借鉴、学习的。又说《画传》造就了一些画家，这些画家把《画传》仅仅作为学习绘画的敲门砖或者叫作启蒙老师。如果他一辈作"芥画"，那不是画家，而是傻子了。傅先生还说，即使有了成就的画家，还得看看古画，临临古画，这是老本，不能忘，这样，才能不断丰富自己，不断有长进。

后来，傅先生有事，未能来上课，由杨建侯先生继续为我们讲课。不过我们仍有几次机会看到傅先生在国画教研组里参加集体创作。因教研室的门关着，我们就搬来凳子站起来看，有的爬到窗台上。在《鼓楼公园》的大幅画面上，只见傅先生手执斗笔，横涂竖抹，开始看不出画的是什么，但经过先生逐渐的渲染、整理，才逐渐显现出具体的树木（柳树）的动态及整个画面的气氛。这使我想起先生对我们所说的作画的手段多种多样，不能一成不变，要大胆落笔、细心收拾。这些教诲，一直很深刻地印在我的脑中，一直影响着我的创作，使我终生受益。

有一次，因课程临时有变动，负责教务的何先生要我（我曾任班主席）与另一位同学去告诉傅先生，请他第二天上午来上我们的绘画史课。那天午饭后，我们根据何先生给的傅先生家里的地址，从系里步行到鼓楼，再问到傅厚岗。

傅师母让我们坐下来，为我们端来了茶。她告诉我们先生在休息，稍等一下。是啊，我们刚才在大门口就听到这雷鸣般的鼾声，现在听来更响了，一会儿高，一会儿低，高时空气里真有些抖动的感觉。这使我们克制不住竟笑了起来。过了片刻，只听得呼呼声停了，接着是咳嗽声。师母进房去，又过了一会儿，先生出来了："有何重要的事啊？"我们说了来意。先生说："明天上午我好像有什么事，但是不管什么事，给你们上课最重要。好的，好的，知道了，知道了。"接着问起我们上绘画史课喜欢吗？对先生的课有什么意见。我们告诉他，同学们喜欢听先生上课，很有兴趣。傅先生说："有兴趣就好，我就是要让你们有兴趣，一有兴趣，学习就会有劲头，就可以钻研。"临走时，还嘱咐我们收集同学的意见转告他。

我们在回校的路上，除了议论傅先生的鼾声外，就是谈着先生的谦和、热爱教学、热爱学生的品德。

第二天上午，傅先生早早地来到了教室，上课的开头就说："你们派代表来要我为你们提前上课，这是好事。不是派人来对我说，傅某，你的课不上了。所以，我是很高兴的。"

于是，他开始授课了，还是老样子，从上衣口袋里掏出一张小纸片，放在讲台上……

又有一次，傅先生在讲到书法艺术时，要我们练习写字，我记得他说过：画面上题字很重要，题不好，一幅画就毁了。山水画题字要特别慎重。你们可以学学《九成宫》，欧字瘦劲、有力，我以前也临写过。哪知这一席话，便成了我学习书法的启蒙，于是，我便开始临习《九成宫》了。这本字帖便成了我自购的第一本书法教本，也是我的书法碑帖的第一册藏书。它对我的书艺的进展起了很大的作用。

1958年下半年，傅先生调到江苏省国画院任院长，但他还不时地来到系里，这时见到他的机会已少了。他不是外出写生，就是出国访问。

1960年夏，我们经过五年的学习毕业了。我被分配到南京艺术学院附中任教。

当时，江苏省美术家协会常在南京市湖南路丁家桥的一幢小楼里开会。南艺也在丁家桥，有一些学术会议，我也前去参加。因省美协主席是傅先生，所以有些会议是由先生主持召开的。开会时可以看到先生，他风趣地对我说："你现在也成了先生了。"说得我满脸通红，我说："我还未学好呢，怎么去教呢？"傅先生哈哈大笑起来："哪有学好了，才能去教的？我现在还要学习呢。"

傅先生的教学方法、治学态度一直是我学习的楷模，一直影响着我。于是，我边学习，边教学。为了更好地工作，我跟美术系的李直先生吃住到中山门外的一个学校里，过了几个月的时间。每天步行到南京博物院去临摹古代的作品，收获颇大，这批作品，后来又作为我教学时的参考资料，效果不错。

后来，李可染、石鲁等先生的作品分别在江苏省美术馆展出。在展厅里见到傅先生，我看见他忙于与大家见面、打招呼，不便上去向先生问好、致意，但他总是主动过来与我们这些美术系的学生招呼，往往谈不上几句话，便有人来向先生问好、握手，打断了我们的交谈，于是只好在作品座谈会上聆听先生关于深入生活重要性的发言，印象深刻。

以后又参观、学习了在傅先生率领下的二万三千里壮游后作品展览及出访归来的作品观摩。

我于1962年11月调到常州师范学校任教，此时，该校已下放到武进县南夏墅镇上，进城不易，到南京的机会更少了。1965年6月，我调到镇江博物馆工作。不久，10月，有人转告我傅先生已逝世。我简直不相信这是事实，待我见到了报刊上报道的消息，这才确信无疑，这时我心痛如绞，泪水夺眶而出，泣不成声……

对于这样一位艺术大师的逝世，这不能不说是中国文艺界的巨大损失。

然而，在傅先生培育下的一批学生，遵照先生的教导，坚持"古为今用""洋为中用"，坚持深入生活，"搜尽奇峰打草稿""代山川而言"，反映时光新面貌，不断地创作出一批批的佳作，受到了广泛的赞赏。有人说："这是傅抱石的精神！"

"傅抱石精神"——这是多么有意义、多么有力量的五个字啊！

第三辑

眷属缅怀：刚毅体贴的夫，慈爱严厉的父

往事如昨

罗时慧

抱石离开我们已整整20多年了，时间往往会冲淡人的记忆，然而我和儿女们对他的思念之情，不但丝毫未减，反而与日俱增。他那典型的男子汉气概，响亮的嗓门，坚强的性格，爽朗的笑声；偶然间，似乎他正在与客人高谈阔论；在街上，会突然看到仿佛他在人群中。这当然是错觉，他给我们留下来的是美好、完整的形象，时时都会在脑际浮现出来，"音容宛在"这个形容词，对我们来说，是多么真实呵！

抱石一生的时间不算长，但他没有浪费一天光阴，哪怕是在抗战逃难的途中，他也能抓住空隙时间读书或写点短文，甚至躲警报时，在防空洞中的微弱灯光下，还孜孜不倦地看书。偶然有一天因故没有做他想做的事，到晚上便会感叹着说："今天算是白吃饭了！"他最怕过年过节，说这都是浪费时间的日子，尤其是春节，耽误的时间拖得长。童年时，他母亲叫他到外祖母家拜年，他却躲到书店里，半天才回家，哪知外婆已坐在他家了，后被母亲打了一顿。他对春节拜年这个习俗非常不满，一生不拜年，不串门子，

＊　罗时慧，时为江苏省文史馆馆员、南京市政协委员，傅抱石夫人。

只串书店，每天晚饭后，一定要到外面走一二小时，朋友们以为他是去逛马路，称他为"马路巡阅使"。其实，他只是到旧书摊集中的地方，东翻翻，西找找，经常在旧书摊上发现书店里买不到的书。到他50岁以后，旧书摊没有了，便去古旧书店，有时在小县城中倒可买到一些很有价值的书，甚至有善本、孤本书，被他发现，即高价买来，视若拱璧。直至他去世前18天，齐燕铭同志因受他之托，找到了一套（10本）书寄来（书名我忘记了，价格是500元），我认为太贵，他却抱着书爬上楼，连呼"好得很，好得很"！高兴的劲头，如同孩提。因此，他一人睡一个偌大的床铺，还感到不够使用，原因是床上的大部分空间全被书占满了。在那些线装的古旧书中，是蠹虫生长发源地，是以不断地发现蠹虫在床上爬行着，如果我不去天天打扫，他也满不在乎，甘与蠹虫共处。

抱石是个责任心很强的人，对国家、对社会、对家庭都有自觉的责任感。他曾说：人活在世上几十年，不论做哪一行，都应该给后人留下一些可供参考和借鉴的事物，前人不是给我们留下了数不清的各种遗产吗，否则，人生意义何在？

他数十年中，无限热爱生活，顽强追求事业，永无休止地动脑筋，对自己从不满足，千方百计去突破现有的水平。为此，他的身心老是不得平静。他曾对我说："现在太忙了，等再过10年，到我70岁退休以后，得好好静下心来，集中思考。你看吧，我有个计划，将来还是会有不少提高和突破呢！"说明他到老雄心未减，到那最后一天，砚中墨未干，墙上一幅大画未完成，溘然停止呼吸方休。

在家庭里，他上对老母，下对儿女，全都关心得无微不至，有时甚至使我感到有些过分。他哪怕是离家只有三天，必定有两封信回来。有时人都到了家，他进门便问我："今天收到信么？"我说没有。他却有把握地说："信太慢，在路上了，不相信，你等着看，邮递员马上便会送来的。"真叫我好气又好笑。他一生离家的时间，加起来也不满五年，家信却有一大皮箱。抗战时，我将他在日本及在南京中央大学时写的信，装了一个箱子，这一箱信，便寄放在新余县他老家章塘村的同族叔父家。土改时，工作队发现这是傅抱石的家信，甚为重视，特派人将这箱信及几箱书送到南京，我们十分感动。以后他出外开会时，旅行写生时，仍旧不改当年的写信习惯，最后已积聚了一大皮箱。我们一直保存着。不料十年浩劫中付之一炬！

可惜他这么多的时间精力，尽付东流。如果保存到现在，是研究抱石的多么珍贵的历史资料啊！

抱石青年时代很瘦，只有90斤，50岁后，体重增加到150斤。不管他是胖是瘦，在家里或是在宴会上，只要他在，那里的空间就像被他占据了似的，是人们注意力集中的焦点，无形中成为中心人物。早年，我家和他家这两家人只有他一个男丁（我弟弟尚幼），无论是在灾难的岁月还是遭遇艰危处境时，只要有他在身边，大家就感到安全有靠，把他当作保护伞。他也确实有主意有魄力，料事准确，是能起到保护作用，虽然他身上慢性疾病不少，说不上是壮汉，却有一种凛然不可侵犯的威严气概。

我和抱石从相识到分别，其间近40年，对他的了解应该是很深的，我佩服他的坚强意志，百折不回的毅力，勤奋和刻苦钻研的精神，只是我因儿女众多，家务繁重，对他的帮助太不够，甚至对他的健康情况也没足够的注意，这是永远无法弥补的过失，至今思之，愧疚无已。亡羊补牢，如今，只能在我一息尚存之时，将他身后遗留的东西，与儿女们、他的学生们，共同做好整理工作，并回忆他一生的奋斗历程，公之于世，做一些有益于后代的事，聊赎前愆，以慰抱石在天之灵！

回忆点滴

傅小石　傅二石[*]

　　1965年秋，当时父亲正在上海为虹桥国际机场作画。国庆节前夕，父亲从上海乘飞机回到南京，想在节日期间和家人团聚。回来后的第二天早上，他感到身体有些不适，母亲便让他继续睡觉，客人来了也没叫醒他。但是父亲却从此再也没有醒来——他得了脑溢血症，发现时已经太晚。母亲（当时只有她在家）请来了医生。那时父亲已经处于昏迷状态，但仍在呼吸，大家还抱着一线希望。直到医生检查了父亲的血压，从床边站起来，用沉重的语气宣布父亲将在一个小时之内停止呼吸，这时大家才真正惊慌失措起来。

　　这最后的一个小时，对父亲自己当然已没有丝毫意义，因为他已失去知觉了。但我们知道父亲一定有许多事情要交代，因为他还有那么多事情没有做完——没有写完的书，没有画完的画，没有刻完的图章……而我们又是多么希望在这最后的时刻能够听到父亲的声音，听到他的教诲和嘱咐。然而，

---

　　* 傅小石，画家，时为江苏省美术馆高级美术师，傅抱石长子；傅二石，画家，时为傅抱石纪念馆馆长、江苏省国画院山水画创作室主任、中国书画函授大学南京分校教授，傅抱石次子。

我们听到的只是他那越来越微弱的呼吸声。

父亲就这样悄然离开了人间。这打击来得太突然，使我们全家陷入了极度悲痛之中。追悼会和遗体告别，送骨灰到雨花台公墓安葬，在所有这些过程中，我们都处于精神恍惚的状态，因为我们在感情上还没有真正接受永远失去父亲这个冷酷的现实。在去雨花台公墓的小路上，天正下着雨，我们捧着骨灰盒走在前面，后面是长长的送葬的队伍。那里边有领导同志，有父亲的朋友和学生，还有许许多多热爱父亲的绘画艺术的不相识者。他们都带着严峻的表情，在凄风凄雨中默默地走着。在那个时刻，我们感到手里的骨灰盒变得越来越沉重了，它好像在不断地提醒我们：这就是命运，这就是现实——无法回避的现实。

父亲去世后不久，便开始了那场史无前例的"文化大革命"。我们家也随之开始遭受种种迫害：我们兄弟俩身陷囹圄，尝尽了铁窗滋味；妹妹成了"反革命"，母亲进了"学习班"，父亲的坟被砸，骨灰盒被盗走。在那个时候，大家竟不约而同地产生了一个想法：父亲的去世是多么及时啊！

的确，父亲赶在那场大动乱之前匆匆地离开了人间是非常及时的，甚至可以说"有福"。然而，父亲去世的时候，也正是他创作力极为旺盛、艺术上炉火纯青的时候。"如果傅老多活十年，能画出多少精彩的作品来啊！"现在又常听到人们这样说了。这是多么矛盾啊！但生活就是这样地充满了矛盾。

而我们作为子女，今天每当想起父亲的时候，也总是充满了这种矛盾心情——既庆幸他避免了"文化大革命"这场灾难，又痛惜他的早逝。

父亲出身穷苦，而性格刚毅。他在艺术道路上奋斗终生，为祖国的艺术事业做出了自己的贡献。他的绘画艺术在国内外产生了广泛的影响，他的品格和为人也受到人们一致的赞扬。我们为自己有这样的父亲而感到自豪。

我们虽然长期和父亲生活在一起，但对父亲的了解却是很不够的。我们没有体会过父亲在青少年时期所过的困苦生活，也没有经历过他在为自己的艺术事业奠定基础时所做的无比艰巨的努力。当我们开始懂事的时候，父亲已是一位受人尊敬的教授和画家了。

不过那时我们并不知道父亲作为一个画家和别的画家有什么不同，也不懂得父亲的画好在哪里。那时我们只知道父亲的画是很受人欢迎的。我们经常看到有人来求父亲的画，有中国人，也有外国人。

外国人求父亲的画，比较早的，是抗战开始时我们家由江西迁往四川，住在重庆西郊金刚坡下。有一天从重庆来了一群"洋人"，为首的是英国驻华大使，他们是专程来向父亲求画的。为了接待这些"洋人"，可把家里人给忙坏了。因为当时的条件实在太差（我们住的房子原是一个地主家堆放杂物的地方），只得跟房东商量，借用他家的堂屋（四川话，即客厅）做"外宾接待室"。当时我们还是上小学的孩子，又生活在乡下，见识少得可怜，对那些高个子大鼻子的"洋人"充满了好奇心，也不懂得父亲那些黑黝黝的画何以能吸引他们这么老远跑到我们这乡下来。我们那位房东也未曾见过世面，却满脑子崇洋思想。他原先很看不起父亲这个教书、画画的穷房客，认为世上最实惠最有出息的事莫过于当地主。可是这些洋人，尤其是那位英国大使阁下的到来，使他顿时改变了态度。"傅先生，你还真不简单！"他对父亲说，"英国大使都来买你的画，看样子画画比买地吃租子还强些。"

在重庆期间，还有个名叫杜安的法籍越南人和父亲相识。他自称原姓段，和中国的段姓是一家。因此之故，他从《古文观止》上找了个题目——"郑伯克段于鄢"，要父亲根据这个题目作一幅画。父亲于是画了幅表现郑伯掘地见母的画给他。由于这幅画，当时重庆法国驻华大使馆的人士都对父亲的绘画艺术产生了莫大的兴趣，他们经常来求父亲的画。

有一次，法国驻华大使毕士高让杜安介绍他认识父亲。见面之后即提出要父亲为他作一幅画，内容是他夫人的一个奇异的梦。在那梦中大使夫人站在马蹄莲丛中，远处是隐约可见的一座教堂。这要求过于特殊，父亲只好向大使说明：作这样的画是很困难的，因为自己从未画过梦，更没画过洋人的梦。大使却不罢休，一再强调他的夫人是如何珍视这美妙的梦，又是如何希望能经过东方艺术家的手再现这个梦境，并深信唯有父亲才能胜任，因此恳求父亲接受他的要求。

以后父亲终于按大使的要求作了一幅画。画面上满纸烟云，具体形象不多，倒确有梦幻之意。大使夫人见了这幅画极为满意，说这就是她的梦。这一结果倒使父亲感到意外，因为他在作画时，其实并没有过多地去想那洋人的梦到底是怎样的，也根本不相信用中国画能画出洋人的梦来。

这一有趣的事父亲曾多次当作笑话谈起过。

除了洋人求画以外，父亲开画展的情景也是很有说服力的。每次举行画展，热闹的开幕式结束之后，一张张红色订购单就逐渐出现在展出作品的下面，直到布满了整个展所。这就意味着画展成功了，全家人的心情都为此而振奋起来。一次画展的成功，就意味着家里可以过一段比较宽裕的生活——这就是当时我们对父亲的艺术价值的理解。而对父亲的绘画本身的价值有所认识，那是很久以后的事了。

但是父亲作为一个艺术家的性格和习惯，却很早就给我们留下了难以磨灭的印象。当我们回顾自己的童年生活时，父亲的形象总是异常鲜明地浮现在脑际。他身材瘦削，总是穿着一件灰色的长衫，显得文质彬彬。他工作起来是那么认真，表情是那么严肃，我们谁也不敢去打扰他。尤其是在他作画时，更是全神贯注，好像周围的一切都被他遗忘了，铺在画桌上的那张纸就是他的整个世界。

然而闲暇时父亲也很爱说笑，还常给我们讲故事，特别是历史故事，我们最爱听。我们至今还清楚地记得父亲给我们讲汉朝苏武的故事的情景。那是由父亲的一幅画引起的。

那还是抗日战争的年代。当时我们在金刚坡附近的一所学校里念书。有一次我们放学回到家中，看见墙上有一幅画，是父亲刚画成的。画上有一手持长鞭的白发老者，在大雪纷飞之中赶着羊群走在荒漠的草原上。那老者回首远望，眼中充满了忧郁和向往。这一内容的画我们以前也见父亲画过，但这回画幅更大些，画面的气氛也更强烈些。我们便好奇地问起父亲为什么这么喜欢画这个内容？有什么故事没有？父亲答应吃过晚饭后再给我们细讲。

　　那正是最炎热的季节。吃过晚饭，我们照例在室外的平地上泼上一些水，然后搬出凳子来，听父亲讲故事。父亲坐在一张竹子做的躺椅上，一手拿着折扇，一手端着茶杯，开始给我们讲西汉时苏武怎样奉皇帝之命出使西域，怎样为匈奴所留，19年不能回国，怎样靠牧羊度日，忍受着北方的严寒和思乡之情的折磨，终于坚持到匈奴放他回到自己的祖国。父亲讲得生动而有感情，使我们听得津津有味。我们一边听着，一边联想到父亲那幅新完成的画。我们明白了那画上的老者就是苏武，他回首凝望的神情正表示他流落异乡的痛苦和对祖国的思念。

　　"你画的苏武头发和胡须都那么长那么白，他的年纪一定很大了吧？"我们向父亲问道。"啊，不是年纪大的缘故。"父亲回答说，"那是19年的痛苦生活造成的。一个人失去了祖国和亲人，当然是万分痛苦的。你们还小，不知道这些啊！"

　　那时我们的确什么也不知道。但我们却隐约感到，父亲那样喜欢画这个故事，总是有什么原因的。

　　父亲还喜欢讲日本的民间故事。由于父亲曾在日本留过学，对日本的民族风情十分熟悉，甚至还能背诵一些日本民谣。父亲对日本是有感情的，但他对日本民族及其文化的感情，从未妨碍他对抗日战争所抱的鲜明的爱国立场。记得有一次父亲给我们讲了一个关于日本武士道的故事。这故事说的是一个日本武士被他的主人派去杀一个和主人结下怨仇的人，而这个人正是当年救过他母亲的恩人。武士经过思想斗争，最后服从了主人的意志，在杀死了那救过自己母亲的恩人之后，自己也剖腹自杀了。父亲讲完这个故事之后，叹了一口气说："现在日本鬼子在杀我们中国人。日本的文化是在中国文化的影响下发展起来的，他们正是在杀自己的恩人啊！武士道精神既害了我们中国，也害了日本人自己啊！"

父亲的故事确实给我们增加了不少知识，也启发我们明白了许多道理。

除了讲故事以外，父亲还常在画画看书之余拉二胡、唱京戏。两把胡琴：一把京胡，一把二胡，是始终跟着他的。听母亲说，父亲从年轻时候起就有了这一爱好，而且还登台表演过呢！当然，那是很久以前的事情了。在重庆金刚坡期间，当父亲的朋友偶尔来玩的时候，大家聚在一起，唱的唱，拉的拉，也是非常热闹的。每逢这种场合，我们总是对父亲性格的开朗、活泼感到有些惊异，因为平时父亲给我们的印象是那么严肃和文静。

记得那时候常来的客人有漫画家高龙生，油画家司徒乔，以及在郭沫若领导下的"三厅"工作的一些人。郭老当时住在赖家桥全家院子，离我们家不远，有时也来我们家，但他不是来参加"余兴"活动，他一来就是观画题诗。父亲和郭老的友谊一直保持到他去世。

父亲对生活、对大自然有着深切的感情。他喜欢观察大自然的变化，从中汲取创作的灵感。当时我们所住的金刚坡是个典型的四川山区：层层山峦围绕着疏疏落落的村舍，到处是溪流、竹林和树丛，还有藏在深山里的幽静的古寺。无论你往哪里走都要翻山越岭。夜间犬吠声不断。到了夏季，常常是烟雾弥漫，不辨东西，而这种迷迷茫茫的景色，正是父亲所最为欣赏的。在那个季节，他常常站在家门口观看四周烟云的变化。若遇山雨欲来、风起云涌之时，父亲就会停下正在做的事，在轰鸣的雷声中奔到附近较高的地方，凝视那滚滚翻腾的乌云，时隐时现的山峰和在狂风中乱舞的树丛。直到暴雨来临，才穿着湿漉漉的衣裳回到家里。

父亲喜欢烟云、山雨，也喜欢黄昏。对我们兄妹来说，傍晚时分和父亲一同到室外散步，一边走一边听父亲说些有趣的事，确是无比的快乐。我们总是先穿过门前的一片竹林，跨过清澈的小溪，再沿着用石板铺成的路，经过一条有茶馆和酒店的小街，最后登上高处的盘山公路。在那里可以尽情地欣赏日落时的山区景色：山头沐浴在金色的余晖里，村舍升起袅袅炊烟，牧童骑在牛背上唱着山歌缓缓归去。在这充满田园诗意的景色面前，父亲常常发出"美啊！真美啊！"的感叹声。在父亲的感染下，我们好像也陶醉在美好的大自然里了。

　　在这样的时刻，父亲和从事耕作的农夫一样也感到劳动后的轻松。所不同的是，父亲喜欢精神专注地观察周围的一切，有时还在小本子上记录着什么。

　　父亲喜欢观察大自然的习惯起初很令我们不解。我们不懂他究竟要在那变幻无常的烟云、狂暴的山雨和金色的黄昏中寻找什么。以后我们从父亲的画上找到了答案。父亲的得意之作，如《初夏之雾》《万竿烟雨》《潇潇暮雨》《暮韵》等这些备受赞赏、为父亲赢得荣誉的作品，所画的正是烟云、山雨和黄昏。而且画得那么真实，凡在四川山区生活过的人，看了父亲的画必定会感到无比的亲切。

　　于是我们明白了：父亲的画是从生活里来的，他那能使画面产生绝妙效果的技法也是从生活里来的。他所画的正是他强烈感受过的；他自己先陶醉在大自然中，然后再使别人陶醉在他的作品的意境中。

　　父亲是一个充满革新意识的艺术家。他热爱生活，忠于生活。在绘画技法上他十分尊重民族绘画的优秀传统，同时他又有大无畏的革新精神。早在20世纪40年代初，他就曾大声疾呼中国画需要"变"，认为只有"变"，才能使中国画适应生活、适应时代，才能恢复中国画的强大生命力，使中国画在世界艺坛上继续大放光彩。

父亲自己是实践了他的主张的。在入川以前，父亲的画风尚未完全从传统陈法中脱出来，而且也不是以画山水为主。1935年父亲在日本举行的展览中，篆刻和书法占了相当比重，绘画部分也是山水、人物、花卉、动物（那时父亲喜欢画马和牛）并重。山水画大多数是传统的章法和题材，在画风上还带着古人特别是石涛的明显痕迹。但在入川之后，画风随即大变，形成雄浑、厚重、泼辣、豪放的风格，技法上也形成了以独特的皴法为主的完整的一套。这一变化的完成，可说是父亲艺术道路上的转折点。

　　之所以会发生这一巨大变化，客观因素是父亲入川后受到巴山蜀水这一特定自然环境的陶冶，对苍茫滋润、因天气变化无常而面貌变化多端的四川山水有了深刻的感受，产生了强烈的爱。记得父亲在一篇文章中说过：在四川生活过而对巴山蜀水没有产生感情，那是很对不起四川这块画家的宝地的（大意）。

　　而从主观因素来讲，父亲在艺术上求变革的精神，是起了决定作用的。父亲能在艺术上取得今天的成就，关键就在于他把绘画上求变革的精神和作为艺术本源的生活（对山水画来说就是大自然）紧密地结合起来了。他没有脱离生活去求变革。他的变革既扎根于传统，又扎根于生活，同时放眼世界，对外国的优秀艺术传统也敢于借鉴和吸收。正因为如此，他的变革才能站得住，才能作为中国画的演变和发展的新的一页而被人们承认。

　　当然，说起父亲的绘画艺术被人们承认，也是有一个过程的。当父亲最初以全新的面貌出现在中国画坛之时，曾遭到一些人的讥讽嘲骂。有些人看见父亲那种狂放的既非中锋又非侧锋的"乱锋皴"，看见那在厚皮纸上层层渲染而成的粗犷而暗黑的调子，看见那打破传统规矩的大胆构图时，他们便大摇其头，甚至发出"哎呀我的妈"的惊叹声（此语出自当时报上的评论文章）。

　　自那以后，父亲不断受到一些人的非难和挖苦，对此，父亲习以为常，仍我行我素。这又更激怒了那些人。他们以"维护传统"自居，攻击父亲的画"没有传统"，"不是中国画"，是"东洋画""水彩画"，力图把父亲赶出中国画坛的大门之外。

变革，在一定意义上讲就是对传统的背叛，而传统的继续存在和发展，却又正是依赖着那些既有胆识又有才华的人所实行的大胆的变革。父亲的变革精神和倔强性格，决定了他永远不会向那些死抱着传统陈法不放的"卫道者"们屈服。在父亲看来，这些人是没有出息的，因为他们维护的并不是真正的传统，而是一具僵尸。父亲认为自己的使命正是使这具僵尸复活。

回顾在四川的八年生活，父亲在金刚坡下"抱石山斋"里的辛勤艺术劳动所具有的深远意义，当时我们确是完全无法理解。在那些年里，我们在父亲的影响下也喜欢画画，也常背着画篋到附近写生。但在我们的观念中，画画就像上山打鸟、下河摸鱼一样只是一种有趣的消遣；而对父亲来说，画画则是谋生的手段。那时我们根本无法理解父亲在艺术事业上的宏大抱负。当他沉醉在山水之中，埋头于画桌之旁，一年四季，不分寒天还是酷暑，总是在那间拥挤的斗室里构思、创作，在那时候，他想到的不仅是养家糊口。他是在脚踏实地地沿着自己选定的艺术道路前进，是在实践自己改造中国画、使明清以来日趋没落的中国山水画恢复生机的宏伟誓言。

在许多人看来，父亲的画是"怪"的。他用完全不同于前人的笔法，创造了完全不同于前人的意境，乍看起来画画又是那么"乱"、那么"黑"。但是，人们逐渐发现了在那"乱"和"黑"之中，有着一种崭新的艺术境界，蕴藏着诱人的甚至是惊人的美，于是便开始认真思考其原因了。

父亲作画确实不同于别人。不论多大的画，总是要一气呵成。当然也并非最后完成，细节部分的处理还是要再花时间的。然而这一气呵成的初步，却是这幅画成败的关键。因此在这样的时刻，我们总是屏声静息地在旁观看，生怕出一点声响。使我们惊讶的是，以父亲那文弱的身躯，挥动画笔时动作却是那样迅猛，真有风驰电掣之势、雷霆万钧之力。这和他平时的举止斯文形成鲜明对照。

记得哲学书上说过，一切工具都是人体器官的延续。看父亲作画时用笔那样挥洒自如，会使你感到那画笔已成了人体的有机组成部分：他时而使笔锋散开，时而又使它收拢；时而卧笔擦出大片的墨迹，时而提笔勾出挺拔的线条。墨色的干湿浓淡，用笔的轻重缓急，线条的粗细刚柔，物体的虚实隐现，这一切都在那一支毛笔之下魔术般地出现。传统的勾勒皴擦的程序被打破了，"笔笔中锋"的雷池被逾越了。那皴法呢？不是披麻皴，不是斧劈皴，也不是"芥子园"上所能找到的任何一种皴法。人们看到的只是那摸不着头绪的线条和斑斑驳驳的墨迹。然而，山石的质感却又表现得那么鲜明，那么自然，那么真实，气韵是那么生动，气势是那么磅礴，这是多么奇怪啊！多么令人不可理解啊！但这就是创造和发展。历史早已对此作了肯定。

父亲作画的真正特点还不在于他的特殊笔法，而是他作画时的精神状态。他认为一个画家在具备了基本功力和生活积累这两个先决条件之后，作画时首要的是画家的激情。有了激情的驱使，画家才能画出真正感人的画来。父亲曾说过，他作画时只想到怎样充分而强烈地表达自己的感情，决不再去考虑用什么笔法什么皴法。他从不在作画过程中犹豫不决，因为他一旦提起笔来，就像狂风一样不可遏止。直到他作画的第一步完成，即画出他预想的大体效果，才会将画钉在墙上，坐下来细细揣摩。

当年父亲在日本时，曾在一方寸大的图章的四壁刻上两千多字的楚辞《离骚》获得日本篆刻竞赛的头奖。日本人用"精神雕刻"来形容父亲的篆刻技艺，意思是那样小的字既非普通视力所能见，刻的时候当然只能靠"精神"来把握篆刻刀了。我们同样可以说，父亲作画也是靠"精神"来把握画笔的。这"精神"者，就是如醉如痴的精神状态，就是不能自已的创作激情，就是战士冲锋陷阵时的那种英雄气概。在这种"精神"的支配下作画，才的确是"笔所未到气已吞",才能赋予画中的山岳、河流、飞瀑、树丛以至于每一根线,每一块墨渍以生命,才能使整个画面"动"起来,产生震撼人的心灵的感染力。

父亲在艺术上有不达目的誓不罢休的豪壮气概,而他平时待人却十分谦和。各种不同阶层的人都认为父亲平易近人,没有所谓"名画家的架子"。即使对同行,父亲也不"文人相轻"。例如,我们曾多次听父亲谈起他对贺天健的佩服,说"论功力我不如贺老"。

尤其突出的一点是,父亲一贯对处于困境的人特别是艺术青年给予同情和支持。据母亲说,还在她和父亲结婚以前,对一些境遇特别不幸的艺术青年,父亲就常常供他们吃、住,还教他们学画,支援他们上大、专学校。而那时父亲自己不过是个收入微薄的中学美术教员,他除了自己以外,还得奉养年迈多病的母亲。"有饭大家吃",父亲在这方面是极为慷慨的。一些当年受到父亲帮助的人,如今回顾起来,都充满了言语所难以表达的感激之情。

有一件事很能说明父亲的性格。那是抗日战争结束后,我们家随当时的中央大学由重庆迁回南京。有一个在南京居住的法国人,十分喜爱父亲的画,但从未和父亲见过面。他通过一家裱画店买了许多父亲的画,后来这个法国人要离开南京回国去了。在启程之前,他想宴请父亲一次,以表达对自己喜爱的画家的敬意,并要裱画店老板向父亲转达他的这番美意。谁知这一要求竟使那位老板感到十分尴尬:原来他卖给那位法国人的画中绝大多数是赝品,是一个学过一点中国画的青年临摹的。现在法国人要直接和父亲见面了,老板无计可施,只得把真情告诉了父亲,同时一再说明那个造假的青年并非专事伪造名人字画的小人,而是由于家境贫寒被迫而为之的,请求父亲给予谅解,并让那个青年亲自向父亲表示道歉。

这件事使父亲大为生气,可是想到那青年确实是由于生活困难才在裱画店老板的怂恿下做了这件不光彩的事,就答应"不予追究"了。当那位法国人在宴会上展示他买来的那些假冒父亲名字的技法不佳的画时，父亲没有当场戳穿。但事后回到家里，他终于忍不住骂了那裱画店老板一通——一个艺术家到底还是有自己的尊严的啊！

还有一次，父亲带着我们兄弟俩到夫子庙去。走过一家字画店时，看见墙上挂的画中有一幅山水像父亲所作，画上也题了父亲的名字。但再一细看，就发现那是假造的父亲的画。父亲就问店里的人说："这幅画是傅抱石画的吗？"那人回答说："当然是的。"父亲又问："这幅画你们是从哪里得来的？"这时从里屋走出来一个像是老板模样的人。他大概觉察到事情有些不妙，就脸上堆满笑容地说："我是本店的老板，请问先生尊姓大名？"父亲说："我就是傅抱石。"

父亲的回答好像证实了老板的猜测。老板顿时满脸通红，赶紧请父亲到里面去坐。我们一走进去，就看见一个中年人十分尴尬地从座位上站起来。那老板一面叫人倒茶，一面指着那中年人说："傅先生，实在对不起，那幅画是这位先生画的。是为了借先生的大名谋取生活出路，才做了这种事，实在丢人，万望傅先生能多多谅解。"说完随即叫店员把那幅画拿下来。而那个造假画的中年人不知如何是好，只是连声说："对不起傅先生，对不起傅先生。"父亲看了看他，说："我看你画得还不错，不仔细看连我都能骗过去。你有这样的基础，自己也可以画出来的。以后不要再造别人的假画了。"接着又对老板说："你们做生意的，不能只管赚钱不择手段，也得顾及我们画家的名誉才行。"那两人不断点头说"是，是"，而脸上却已露出喜出望外的神色——他们万万没有想到父亲竟如此心平气和地了结了这件事。

父亲是以富有同情心和宽宏大量著称的。他被人们怀念，不仅是由于他的杰出的艺术成就，还由于他的为人。

父亲的家庭责任感很强。由于我们兄妹众多，加上社会环境的不断变化，使父亲不得不在从事艰苦的艺术探索的同时，拼命为一家的生计而奔忙。父亲长期在大学任教，学生有假期，而他却从没有过真正的假期。几乎每天都要熬夜工作到12点以后。同时他还要关心我们的成长。他看到我们对绘画发生了兴趣，就找来各种美术书籍给我们学习。记得有一套《梅岭画鉴》，是父亲从日本带回来的。上面的图画虽然简单，不外乎渔翁垂钓，春江扬帆，以及花鸟鱼虫、瓜果菜蔬之类，但笔墨情趣还是有的，印刷质量也不错，很适合初学毛笔画时做样本，故父亲特意推荐给我们。

我们逐渐长大并走上学画的道路以后，父亲更是利用一切机会指导我们的学习。他针对当时社会上流行的民族虚无主义对我们的影响，教导我们要正确对待中国画。记得50年代末父亲曾对我们说过："现在不是常说要赶超世界先进水平吗？你们说在绘画艺术上谁是世界先进水平？我看就是中国。中国画在世界上有重要的地位，这是西方国家也不能不承认的。将来大家都要向中国画学习，因为中国画确实有许多西方艺术所不及的长处。"这些话对我们的影响是很大的，因为当时在我们的头脑中，确实存在西洋画高于中国画的幼稚偏见。

父亲对我们的培养和寄予的希望，是我们永远不会忘记的。我们决心在父亲的崇高精神的鼓舞下，努力在父亲曾献出毕生精力的祖国绘画事业中，做出一点自己的贡献。

父亲教我画画

傅益珊[*]

我们全家只有我一个人是学理工科的。父亲对我的志向并不反对。但是命运却不肯为我作美，在大学一年级的时候，我就患上了神经衰弱症，后来越来越厉害，以致不得不退学疗养。那时候我苦恼极了，父亲也为我一夜愁白了头，可是父亲从来没有气馁过，除了各方延医求药外，更是鼓励我的斗病意志。就是在这个关节眼上，父亲劝我拿起笔画画。我原来就很喜欢画画，可是为了考大学拼命在数理化上用功，竟将画画丢到一边去了，当我陷入苦境的时刻，父亲指点我画画就好像一帖良药救了我。我拿起笔画各种我感兴趣的东西，父亲每天都要我拿给他看，他那样仔细地看，又那样认真地讲，使我渐渐地敬重起画画来了，不再把它看成是消遣的一种方式，而是一种认真的追求。有一天，我对父亲说："爸爸，我给您画一张像好吗？"父亲听我这么说，真高兴异常，立刻回答我说："太好了，我给你做模特儿。"于是就在沙发上坐下，静静地头转都不转一下，连抽香烟的手也尽量轻轻地抬起，又轻轻地放回原处，一直等我画完才站起来，父亲拿起我的速写本，看了一会儿，开朗地笑

---

* 傅益珊，傅抱石长女。

起来，说："这真是一张好速写。"于是父亲就把妹妹们叫来，说："你们来看，看谁能看得出为什么我要说这是一张好速写吗？"我们一时回答不出来，父亲说："小小（我的小名）这张速写画得像，但是仅仅像并不见得就是好画。可是这张最应该表扬的是小小的用笔，你们看，她是用线条来表达的，不像有些人，为了要画像，就擦擦勾勾，笔触又短，又碎，这些线条，既肯定，又准确，看上去痛快淋漓，这就是画水墨画的基础，画国画十分需要这种洒脱的精神，以后你们都要学姐姐，千万不要忘掉这个原则。"父亲一番话，说得我既兴奋，又惭愧，因为我并不是自觉地那样做的，但我和妹妹们一样，那天以后，就再也没有忘记过父亲的这一教诲了。

我后来又用毛笔来画，我画了一张题为《送肥去》的国画，在父亲的支持下，参加了三八妇女节的美术展览，获得了好评。父亲离开我们近三十年了，但是我觉得父亲依然存在于我们的生活环境中，处处感觉得到父亲的影响。画画，现在已成为我生活内容的一个主要部分，我越来越意识到，对画画的追求，和对爸爸的追念，在我身上早已融为一体，也成了我的最大的幸福。

无情最是台城柳　依旧烟笼十里堤

——记父亲在南京故居的生活点滴

傅益璇*

父亲在南京生活近20年，共住过两处地方。一处是城北玄武湖畔的傅厚岗6号，另一处就是他去世的地方——汉口路132号。

父亲在傅厚岗6号住的时间最长，大概有十几年。感情也最深。听母亲说，那幢房子是父亲用在重庆的画集资盖的。父亲的原意，是盖两幢一样的楼房，组成一个花园。也想好了名字"慧园"（母亲的名字叫罗时慧）。我相信那是送给母亲的礼物。可惜后来遇到战乱，到处都民不聊生，已备好的材料，渐渐被人偷去。到开工时，只够盖一幢房子了。而且因为银钱拮据，连油漆也无法完成。当然"慧园"也没有再用。我想可能是父亲觉得已不值得再冠以母亲的名字了吧！

那是幢砖木结构的三层楼房，有一个偌大的院子，长满了灌木和高大的乔木，有许多都是父亲亲手种植的。我印象最深的是两棵桂花（一棵金

---

* 傅益璇，画家，傅抱石次女。

桂，一棵银桂），一棵枫树，一棵高大的玉兰花，那两棵桂花可能是周围的树荫太浓，遮住了阳光，生长得不十分好。但听母亲说，那是因为父亲、大哥（小石）及我的生日在农历八月（好像是连着的三天），而桂花飘香也在八月，父亲为此特地种上的呢。不过那棵枫树却长得讨人喜欢，每年秋冬季节，映着清晨的阳光，那种鲜红欲滴的颜色，衬着墨绿的宝塔松，实在是非常突出而令人难忘的。记得父亲也常常在树前流连，有时还允许我摘一片红叶夹在书里。

通到大门的是一条弯弯的洋灰路。路的两旁，整齐地种着黄杨树，大概有到腰间的高度，树顶修剪得很平，而且一年四季都是常绿的。这使得那条单调的小路有了一种曲径通幽的感觉。父亲常蹀步在其中，看着四面的花木，有时也做一下深呼吸。我想在那个时候，他的心情应该是很愉快的吧！

小路的尽头，是院子的大门。虽然要起大门的作用，但却是一扇小木门，也没有好好地油漆，朴素得近乎简陋。但门的两旁，却连着长长的篱笆，将整个院子围住，显得很气派。最特别的是，那竹篱笆上爬满了月季花。也不知为什么，它们生长得特别茂盛。每逢春夏时节，如连下了几场雨水，那深红的、桃红的、浅红的、粉红的，大大小小的月季花夹着长长的枝条，铺天盖地般地垂了下来，到处都是一片灿烂！蜜蜂和那些不知名的小飞虫，整天嗡嗡地响个不停。过路的途人，或放学的孩子，都会忍不住摘上一朵，把玩一番，我们也从不干涉。大概感到那是摘之不尽的吧！父亲是爱花木之人，我想他也一定是乐在其中的了。可惜的是，没有几年之后，院子外的马路要扩建（为了让大卡车通过），这些花和竹篱笆都被连根拔了起来。院子缩小了，花也没有了，蜜蜂当然也不再来。换来的是从早到晚震耳欲聋的汽车和满天飞舞、无孔不入的尘土。

那时父亲的收入不多，负担却很重。不但要应付我们六兄妹的开支，还时常要接济江西老家的亲友。因为父亲是有求必应的，所以来找父亲的人更多。记得我们的生活一直是很清苦的，直到父亲去世前几年才有好转。当时我吃饭的饭桌上，也只有一两样好一点的菜，而且是为了父亲而做的，那也不过是什么"辣椒炒肥肉片""红烧猪大肠""芦蒿炒腊肉"（芦蒿是一种只吃根茎的蔬菜，有一种特殊的气味，父亲非常喜爱）或是一盘皮蛋，当然也少不了一碗辣椒油。从现在的观点来看，这些菜都是胆固醇极高、营养又不全面的菜。但父亲却是无此不欢，而且还要母亲亲手做才行。父亲有时也爱吃汤面，虽然他不是北方人，但吃起汤面来，却是很豪爽的，加了红红的一层辣椒油的大碗面，他能很快地吃完。虽是满头大汗，但却是很痛快淋漓。听母亲说，父亲这个吃汤面的习惯，是在50年代初期养成的。那时他要在单位里（南京师范学院）参加"知识分子向党交心运动"，晚晚开会向党交心到深夜。就是在大风大雪的夜晚，也不能缺席。经常是我们兄妹都熟睡了，母亲还在苦候。有时更会冒着风雪，撑着伞，跑到傅厚岗巷口去等。父亲回来后，当然是一身的寒气，又冷又饿。此情此景，一杯白干，一碗汤面，就是最大的安慰了，就是这样，父亲一直到老年，都很爱吃汤面。

南京夏天的酷热，是令人难忘的。一到傍晚，不但白天的余热未消，而且地面吸收了一天的热气，也蒸发了上来。那种闷热，是令人心烦意乱、坐立不安的。通常我们兄妹都是合力提水浇在地上、墙上，甚至各种乘凉用的床上、凳子上。好像发了大水一样。这样才能将白天的余热散一些，好让父母亲晚饭后来休息。我记得母亲常常穿着一套半旧的黑绸衫裤，睡在院子里的小竹床上，轻轻拍着扇子。父亲总是坐在她的身边，手里也拍着扇子。他们总是有那么多话谈。等到我们兄妹东倒西歪地沉睡了过去，他们还在侃侃而谈。我倒从未认真听过他们的谈话，可能听了也不会十分明白。现在回想起来，应该是谈有关父亲的创作，题材、构思，以及各种快乐和烦恼。当然也一定会谈到这一家大小的生计，和父亲肩上沉重的负担。直到后半夜，轻风渐起，月儿西坠，父亲才会和衣睡去。

父亲在夏天乘凉时，时常会帮母亲捶腰，常常捶到深夜，直到母亲睡熟。母亲曾告诉我，她的腰病是生我时受凉落下的。又说我有多大，父亲就帮她捶了多少年，其实父亲对我们兄妹也一样的钟爱。虽然我们经常惹他生气，令他失望，但他很少责罚我们。不过他对哥哥比较严厉，大概是对他们的希望更加殷切吧。我记得每逢刮风下雨，父亲都会走到我们房间来，帮我们关好窗子，拉好被子，而且他并不叫醒母亲。我常常在朦胧之中，感受到父亲对我们的呵护和那种温馨无比的安全感！

父亲步入老年之后，身体逐渐发福，他又特别怕热。夏天在傅厚岗的画室里，他常穿的白竹布的短褂，似乎无时不是湿透了贴在身上的。额头上的汗水不断地淌下来。两个手臂上的汗更是顺着手腕往下流，源源不断。母亲常要放两条大毛巾垫在手臂下接汗才行，而且要时常更换，否则很快就饱和得无法再吸汗了。就在这样的情况下，父亲也是手不离笔地埋头作画，而且还画出许多流传后世的优秀的作品。在那个时代，不要说冷气，就是连风扇，也是后来才有的。但风扇的风会吹乱纸张，所以常常也是不开的。因此他一直是在极其闷热的环境中工作。现在每当我在冷气充足、窗明几净的画室习画时，总是会难过地想起父亲所经历的辛苦。要是他老人家能活到今天，我一定会帮他布置一间冬暖夏凉的画室。可是这一切他都不会知道了。这就是所谓"子欲孝而亲不在"的惆怅！

父亲晚年的手臂的疾患，给我的印象很深。他因长年累月地从早到晚提着手腕画到深夜，既不保养，又没有时间休息，积劳成疾是必然的。我记得最疼的是右手。从肩到手腕（最严重的是肩）不时痛得不能提笔，不能举筷，甚至痛得不能在饭桌上吃饭（饭桌比较高）要改在矮茶几上。而且也是食不甘味，话也少了许多。为了治疗手疾，也想了不少办法。当时父亲在香港的朋友曾寄了不少药来。记得有"脱苦海"和另一种止痛药。又用过另一种叫作"坎丽砂"的偏方，是用一种铁屑（相信不是普通的铁屑）拌上醋，包在一个布口袋里，敷在肩部。铁屑和醋会起一种化学变化，散发出很烫的热力，用此来改善肩部的血液循环。但在散发热力的同时，又散发出一种极难闻的味道，令人窒息难忍。不过。在敷过之后，父亲倒能舒服一阵子。他就是在手疾如此严重的情形下坚持作画的：相信父亲当时是非常辛苦的了。想起这些，我常常深感不安。我直到如今，都不知道父亲在去世前手疾到底好了没有，他为此到底受了多久的痛苦，许许多多的问号，我都无法再弄明白。

20世纪50年代，南京的民风十分纯朴。过年过节气氛很浓，充满了人情味。我记得父亲很重视这些，每逢将近年关，父母亲就会商量着做些什么菜，请哪些人来吃饭，又为我们兄妹添置些什么等等。虽然家中并不富裕，但父亲总是想尽办法要将这个"年"过好的。还有一件事，父亲是一定会做的，就是带上我们几姐妹去夫子庙买花灯和年花。我印象中他似乎偏爱天竹（结有累累红果的那种）和银柳，当然还有蜡梅花。

我们搬离傅厚岗6号是父亲去世前二三年的事。我记得是因为我们家对面的印刷厂每天发出的噪声越来越厉害。早、中、晚三班工人，在放工时，不分日夜的喧闹常常使人从梦中惊醒。而且在每日清晨，大概6时至6时半吧，就开始播放高音喇叭，震耳欲聋。就在这种情形下，有许多关心父亲创作的朋友，都极力劝说父亲，搬到一个较清静的地方去，我记得郭沫若先生和当时中央的几位领导人都极为关心此事。就这样，父亲才依依不舍地离开了傅厚岗6号。我清楚地记得，父亲是最后离开那里的。他颇有些留恋地关好所有的门窗，又独自站了一会儿，才转身上车离去。不过，没想到的是，他从此就再也没有回去过，而在新房子里突然去世。现在回想起来，如果有先知先觉的话，那么父亲留在旧居直到去世，应该是他的愿望。不过，他从未有机会说，我们又如何可以得知呢？

熬过了"文革"，经过了多年的苦难，母亲和我们几经辗转，回到傅厚岗6号。但那里已经历尽沧桑，面目全非了。母亲只好打起精神，又重建家园。虽已不复父亲在世的环境，但倒也可以安居，因为这毕竟是父亲真正的故居啊！

父亲在生命的最后两三年，住的地方是南京城西的汉口路132号。那是一个很有历史的大花园。三层楼房高高地建筑在一个林木葱葱的小山头上。另有一排平房，围绕着主楼。整个花园占地有六亩之大。从主楼到大门口，有一条宽阔的大路蜿蜒而下。路的两旁长满了竹子，密密麻麻，成林成片。每到夜晚，路灯闪烁其中，别有一番风味。微风过处，成群的麻雀叽叽喳喳，倒是一片清幽，令人神往。在主楼的南面，有一排五棵参天大雪松，气势逼人，树下遍种花草，还有一个金鱼池和各色假山石。羊肠小道穿插其中，是一个散步的好去处。最特别的是，主楼后面，另有一条崎岖小道，曲折而下，通往大门口。这是花园中最引人入胜的所在。在二百多级麻石砌成的小道上，有一个用粗壮的圆木搭成的、长廊形的花架。两旁长着有碗口粗的，曲折盘旋的紫藤。那些细长的枝条爬满了木架，并向两边的空间伸展开来。每逢春末夏初，那紫藤花就东一串西一串地竞放，直到满架都挂满云衫一样的粉紫色的花。就是在阳光普照的白天，那花架下，小路上，也只有斑斑点点的阳光可以透进来，夹着晃动的花影，令人眼花缭乱。每当微风吹过，那重重的紫藤花瓣，便像雪花似的飘落下来，弄得你满头、满身都是。真是"绿树荫浓夏日长，一架紫藤满院香"了。父亲很喜爱这架紫藤，但由于花架下的小路上常年不见阳光，到处长着片片青苔，很容易滑倒，因此，我倒不常见他去走动，只是安静地欣赏那静静地飘落的花瓣。我想，那时的父亲，心情应该是愉快而宁静的。

新居的一切，无疑比傅厚岗优越许多。可是，父亲却在第二年突然去世了。接踵而来的"文革"，更使我们惶惶不可终日。我们几经抄家残暴对待之后，母亲和我们就被红卫兵赶了出来。从此居无定所，寄人篱下。直到

"文革"结束，经过漫长的等待，在各方人士的关心和帮助下，终于在汉口路132号成立了"傅抱石纪念馆"。如今里外修葺一新，重植花木，又立起了父亲的半身铜像，挂起了父亲的遗作，供人参观怀念。总算否极泰来。现在，母亲每逢中秋前后，还会带着月饼和鲜花去那里拜祭父亲。想来父亲在天之灵，一定会感到安慰吧！

当年，母亲对于父亲的突然去世，一直耿耿于怀。曾有轻生的念头，要随父亲而去。但到后来，她倒是豁然开朗了，还感叹地说，父亲绝顶聪明，知道什么时候应该抽身离开，免受折磨。因为在"文革"之中，她亲眼看到许多专家学者，无故地被红卫兵残酷批斗而死无葬身之地。母亲深知父亲一生做人爱憎分明，从不做苟且之事，而且性格刚烈。这样的脾气，怎能逃得过红卫兵的那关呢？相信不用斗三次，他就会气绝身亡。母亲想到这些，当然是不寒而栗。这才慢慢对父亲的去世想开了不少，甚至为父亲能在"文革"前去世而感到安慰。说来这真是可悲又可怕的心态。但在那悲惨的年代，也只能作如此想了。

因为环境的改变，又有了其他的责任在身，南京我已经很少回去了。但是想到父亲，那种心痛的感觉，仍然深沉。往事如烟，一切既真实，又虚幻，父亲的身影仍然是无处不在。他始终在关注着我，呵护着我，使我得到力量，努力去继承他的艺术。父亲啊！一切请安心吧！

父亲与恩师

——记父亲与金原省吾先生的亲情

傅益瑶[*]

金原省吾先生，日本一位东方美术理论的权威，也是对傅抱石有深远影响的第一位恩师。傅益瑶重踏父亲当年求学的土地，在金原省吾的日记中更深入地认识了傅抱石与恩师的一段真挚、崇高的友谊，领会到金原省吾对傅抱石的无私帮助和完美的人格，字里行间仿佛重温了傅抱石昔日的学习生活和友情世界。

我们从幼小的时候起，就十分耳熟金原省吾先生这个名字。因为我们都没有见过我们的亲祖父，所以，不知为什么，在心里的某个角落里，金原先生的形象，更接近"祖父"这个概念。现在回忆起来才明白，那是因为父亲在感情里，有一位比亲生父亲更有恩情的恩师存在。父亲自从日本回国以后，就再也没有去过日本，父亲内心充满了包括怀念的复杂的感情，

---

* 傅益瑶，画家，傅抱石三女。

我有好多次听到父亲向从日本回来的朋友打听："神田的书街还是老样子么？""吉祥寺的烧鸟还有得卖吗？"父亲一直想把我们姊妹中的哪一个送到日本留学，这个念头常常在茶余饭后流露出来。没想到我和妹妹来日本留学的时候，已和父亲的留学前后相距近半个世纪。这横亘在我们眼前的冷冰冰的半个世纪——战火纷飞的年代，再加上不相往来的年代——使刚刚踏上日本国土的我不由地紧缩起心来，我向往的父亲走过的足迹，随着岁月的推移，恐怕已泯灭难见了，我不禁感伤起来。

第一个抚平了我心灵愁纹的，是盐出英雄先生。盐出先生当时正任武藏野美术大学日本画系主任，也是我在日本学画的第一位指导老师。我第一次走进武藏野美术大学的校门，是盐出先生最先来迎接我，他见我的第一面就说："原来您就是抱石君的女儿呀！太好了，想不到能见到您。"这位忠厚的长者，笑容里有说不出的慈爱，我刹那间，仿佛看到父亲见金原省吾先生第一面时的情景。盐出先生对我说，父亲与他是同窗，虽然专业科目不同，但同从金原省吾先生学美术理论，盐出先生笑着说："当年您父亲从中国给金原先生写来的第一封信，上面竟然写的是'江户金原省吾先生收'。江户这个地名已结束了一两百年，没想到，信竟然送到了金原先生的手里，金原先生大笑，后来抱石君来了，还经常拿此事来跟他开玩笑。"盐出先生像谈昨天的事情一样亲切地谈论着父亲，这样一下子把我温暖了，我立刻觉得我脚下踏着的地是父亲的学校。

武藏野美术大学的校长米泽嘉圃先生又对我说，学校里收藏着父亲早年的一批作品，还有父亲的论著及书篆。而这些，都是金原省吾先生过世的时候捐赠给学校，而学校对这批收藏极为珍视。谈到这里，我心头的乌云完全消散了，这50年，非但未遭荡焉泯焉之运，反而成了弥合这50年沟缝的香花美草一般的存在，真使我大吃一惊。再一细阅，方知金原先生生前对父亲留下的一切爱如家宝，一直放在身边，后来战争越来越烈，东京危险起来，他就将这批东西都转移到长野县他的老家，得免战难。战后又取回来，直到去世前夕，遗言全部赠与学校收藏。我刚入学，NHK到学校来，摄制题为"在父亲的母校学习"的一个专题节目，介绍了我继父亲再来留学及父亲所留下的部分作品。不久以后，学校又举办了父亲书画篆刻展览，特邀中国大使来参观，校长兴奋地说："抱石先生的这批作品与他离开日本回国以后的风格迥异，这一点是我们最感兴趣的，我们想通过这方面的研究来探讨抱石先生艺术发展变化的过程，并在其中找出日本留学时代对他的影响。"确实，父亲留在日本的这批早年作品完全不同于我心目中的父亲的特点，花卉、禽兽多于山水，而山水也以披麻皴、雨点皴为多，现在被称为抱石皴的那种父亲特有的散锋长拉的笔法，在那时还没有出现。父亲晚年花鸟虫草基本上很少画，所以当我看到父亲用大笔画的马、鹅及鸡群水鸟，真有说不出的新鲜。其中有一幅《笼鸡图》，郭沫若题简于上，一切都像是刚刚完成的。透过这一幅画，好像看到了父亲当年在这里的生活。父亲与郭沫若的交往始于此时，我好像看到他们在那复杂困难的时代所追求的冲澹、孤高与耿直的精神境界。从展览会走出来，慢慢地悟到，金原先生对父亲所做的一切，绝不是普通学生拜托先生的结果，这里面有着人对人的信赖，人对人的爱。我急切地想拜访金原先生的家，想见他的亲人，想更多地知道他的心目中的父亲。

我第一次来到金原先生的家时，就尝到了一种归省的滋味。房子已经再建造了，但是里面各处都有父亲的气息。当时金原夫人还健在，已经90高龄，但却神清气爽，耳聪目明，她像祖母一般地迎接了我，拉着我的手，热泪直流，不断地说："抱石的女儿，你就是抱石的女儿？见到你，我真太幸福了。"这时，我才真正地晓得，抱石在这里，就像出远门的长子一样，这个家庭从没有淡忘过他。金原夫人拉着我走到她的房间，洁净清雅的屋内，在"床间"（日本式房屋中专用来挂画插花的特定的地方）挂着一幅不大的水墨山水，既无题款，亦无印章，却装裱得十分讲究，一看，就能明白，这是父亲早年的手笔。金原夫人告诉我说，父亲仓促回国时，将所有完成、未完的书画都存放在他们家里，他们一直非常宝贝地收藏着，等待父亲再来。直到最后，交送学校保存的时候，她留下了这幅未完的作品，一直挂在床间，早晚与自己相伴。金原先生的小公子卓郎先生又拿出来几枚图章和一个铜徽，图章是父亲刻的，而铜徽则是毕业纪念的徽章，毕业典礼时，父亲已经回国，于是金原先生便先保存在自己的身边，待有朝一日，亲手交给父亲。这一切，都是经过了风风雨雨的半个世纪的活生生的感情，我激动得说不出话来，那不幸的时代没有减损一分对父亲的好感与亲情，在这个家庭里却没有丝毫蔑视中国人、摒弃中国文化的殖民意识，也正是这样清纯的、善良的人的爱，才能使悲惨残酷的时代，在历史的这棵大树上，像枯枝一样凋零净尽。

过了不很久，卓郎先生打电话来告诉我说他们打开了他父亲留下来的一个书箧，这是他父亲私用的，从来没有人碰过，在这书箧里找到了我父亲给金原先生的好几封信和金原先生战争前后的日记，日记里有很多地方都记着抱石君的事情。我与妹妹闻讯飞奔而去。父亲的信有在日本时写的，也有从中国寄去的，言辞恳切直率，喜忧皆使之自然，就像对待父亲那样。而金原先生日记字迹麻密，更经日月，略略漫漶，且用古文法多，原稿很难阅读。于是卓郎先生允以誊清。经过半个年头，终有拜读的机会。

金原省吾先生与父亲见面的时候已46岁，年纪虽然不大，但已是一位名播四方、著作等身的大学者。他直到现在仍然是东方美术理论上的祖师爷，我遇到的许多著名学者，如吉村贞司等都是他的弟子，受了他的影响而投身于东方艺术的研究的。他是日本帝国美术学校的创办人之一，当时任教务长。说实话，父亲当时仅是一介飘零的穷学生，而那个时候又是日本把中国当成侵略对象的战争前夕，我简直不能相信父亲只身来到日本，能得这样的学者的垂顾。但是金原先生的日记里的绵密记载，把我的推想都打破了，我看见了一颗绝不虚妄的、善良美好得近乎本真的灵魂。昭和九年，也就是1934年的3月26日，金原先生第一次在日记里记下了傅抱石这位中国的留学生："……他想从中川纪元先生学油画，从我学画论。留学期限为两年……虽不会讲日本话，但是这里文章能阅读。他说他爱读我的文章，为了这个而到本校来的。"这时金原先生还没有见到父亲，仅是得到父亲申请入学的信。从父亲的信里金原先生大约就已经感觉到这位未来弟子的性灵与己相投了。3月30日，先生写道"傅抱石君来了。他申请入研究科。他带来了《中国绘画变迁史纲》及《傅抱石所造印稿》，他写道：'前在敝国对先生极尽敬仰'……他的目的有二，一是研究画论，一是搞雕塑……"写到这里先生忽然感叹起来，说道："我的第一位弟子竟是个中国人，真是奇妙的缘分，这样能够与中国交流思想，也是大好事。他刻的印很有趣味，是否请他为我刻一方呢？"父亲在《唐宋绘画》中译本的介绍上也说到这一天的会面："……谒先生于帝国美术学校，呈拙著数种，藉以晋见，先生欣然而曰：'吾校未曾有中华士子，且研究生必须本校卒业，以君为第一人可也。'"旋荷题赠著述多种。先生与父亲对这第一次见面，都是如此铭刻于心，两人在精神领域上的相接近使他们开始了诚挚的友谊。父亲与先生之间差不多都是笔谈。金原太太告诉我：抱石君日本话讲得不流利，日常的话虽然没问题，但与先生讨论起学问来一直是笔谈。他们经常在一起很久，一点儿声音都没有，可是，会突然传出来一阵一阵大笑。先生日记也记下了这样的场面……4月13日："傅抱石君来，商量学习之事……傅君写道'先生所藏中国名画多否？'我回写道：'皆无'，傅君读后大笑起来。"二人虽相识尚不逮月，却已谈笑无间了，父亲也许以为先生这样的大学者，定然富收藏、精鉴赏，未想到先生也是与清贫缘深，是先生的率直超脱的气质使父亲更加倾倒，于是父亲吐出自己肺腑间的痛苦，他向先生写道："中国之画坛衰颓极矣"，先生把父亲的这句话记在自己的日记里，他对学生的内心呼声太理解了。自此后，每隔三五日，先生的日记里总有父亲的踪迹，而且多是父亲研究生活与论文的进展。比如5月14日，先生记道："傅君来了，我的《唐代之绘画》《宋代之绘画》两书已经译出……《支那上代画论研究》中，傅君将他不明白的地方问我，我也将我不懂的地方问他，有一、二处请教了傅君，还请他谈了皴法上的问题。然后再领他去雕塑系，介绍给了大家……"这是多么温馨的场面。5月22日："……傅君来了，今天终得推心置腹地倾谈，因而我与傅君之间更增加了一层亲密。傅君对我说：'学生无父，家贫，又无兄弟，家庭负担极重，四五年前，即有志来日本就教先生，但经济毫无，不能实现；去年夏曾走遍支那南北，求大人先生资助，又无结果；后江西省政府以1500元资送来日，故当生引为幸之事，亦亦乎最可记念之事也。明年四五月归国一次，以经济有无再定来否，因学生尚有母、妻、子一、女一之负担，学生在此读书，家中即借债度日，若无钱来日本，则就职南京中央大学艺术科，去年曾聘学生为讲师，因欲来日本，故辞去。'……"先生将父亲的点点滴滴都这样详密地记下来，足可以看出先生对父亲之亲切体贴。父亲虽处在一个混乱动荡的多灾多难的时代，虽然一贫如洗，但是他从没有彷徨失落过，从来没有迷失过自己，是父亲的进取而积极的坚强性格吸引了老师，而学生也敬慕先生的人格品德。6月23日，先生在日记里摘录下父亲所写的初访金原宅的情景："关于寻找我的住处，傅君写道：'先生性和蔼，当冒昧往先生之寄居时，虽外出未获瞻仰，而徊徘门外，不能自已，以为此果先生之居乎？则木构一椽，备极朴陋。'……'先生极虑专精，校务之外，执笔未遑，室中满地皆书，促座其中，挥毫微笑，其沉潜之精神，足使吾辈浅尝者滋愧'。"8月25日："抱石君读我信后覆我曰，他每日都对友人们谈起我学问的伟大和精神的可亲，数年前就听到我的名字，而现在受教于我，乃其此生最大的幸福。"12月17日，"夜，抱石君来，《中国绘画理论》已于商务印书馆决定出版，这是四五年前就交涉过的，但是那时没有得到允诺，这一次，因为有我的校阅，并有我写的序文，所以获得了同意。（傅君说）日本大多数支那文化研究者，特别是对待儿童读物，所言都极为轻蔑而不真实。这伤害了中国，这种行为不是学者的态度，而我的态度却一直是'宽持老子大'的，如果我要骂什么的话，那是我发现了什么非骂不可的东西，这才是真正的学者的态度。"先生的日记又记了父亲问他："先生每日书写多数之文字，精神上损失乎？"先生回答说："我生来爱独居，只对读书执笔感兴趣，绝无什么损失不损失，我除此以外别无兴趣。"读着这一切，不禁使我想起父亲与金原先生的笔谈一定十分有趣，现在能窥其一斑的就只有一个信封的反面了。这是父亲在下雪天给先生寄去的信，当父亲去拜访时，也许先生桌上正放着这封信，父亲就随手反转过来，当成笔谈用笺。上面写着"郭沫若，四十五六，四川人，千叶县市川真间"等，大约是在向先生介绍郭先生。而下面一角写着"田中前太郎，友人，三井顾问，人乃势利之徒"等，可见他们之间，不论艺术还是思想，可谓无所不谈，既然人物臧否也不隐讳，也足见其知己了。读着这一切，不禁使我想起歌德曾这样说过："思想永远正确的人，永远完美而伟大。"先生和父亲之间精神上的亲近和感情上的融洽，真正的基础在于他们都是力求思想永远正确的人，他们相信，艺术乃是人类步向了解自己的崎岖道路上的向导，因此他们才可能有这种超越师生界限真诚的友谊，才会在风云异变的岁月里，孜孜不倦地潜心于学术的研究。1935年1月11日的日记里，先生这样写道："抱石君所提出疑问的'线之研究'中几处，我已重新查证过。抱石君真是非常认真而绵密地读了这文章，我有一些错误存在，要再好好地把'线之研究'重写一遍才行。"只有金原先生这样追求正确追求真理的人，才会对晚辈、对弟子这样谦虚。

金原先生的日记里几乎有1/3的内容提到父亲的展览会，从父亲给金原先生的信来看，当时一个中国画家，欲在银座、在松坂屋这样第一流的地方办展览会不知有多么艰难，父亲的信中充满了这样的语言："场地最困难，生以为中国人或难成功"，"仍乞先生托人接洽，因生系中国人，自与之接洽，必无结果，可断言也"，"生甚颇痛苦，过去数个月所费先生及冈登先生之时间实不可计"云云。在父亲痛苦的同时，金原先生更是费尽心力为父亲争取交涉，1934年4月16日的日记里这样写道："……（抱石君）决定在高岛屋开展览会，推荐文由我来写。待展览会结束，就要出讲义，我也要在教傅君的同时，更加学习，以加强画论的研究。"不知为什么，高岛屋的展览没有能成功，4月28日的日记中记道："从学校回来，傅抱石君已回来了，说是在高岛屋展览，看来进行得不顺利。如果办不成的话，我答应为他再与其他百货店商议。"5月18日记道："拜托冈登先生为傅君在松坂屋开展览去交涉，为此先引见傅君，然后约好明日9时一起去松坂屋。"5月19日记道："晨9时要到松坂屋，所以很早就出门了。傅君的展览之事谈了之后，上野的松坂屋认为太素，不很积极，然后介绍了银座松坂屋，这由冈登去谈。"5月22日，"傅君来了……拿来为开展览会准备的画和印"。同一天金原夫人写道："抱石君来了……不知为什么要谈的话那么多，直到午后两点左右才回去。"而这一天正是父亲对先生倾吐肺腑，诉说了自己的家境与志愿，先生感到师生之谊大大加深了的那一天。6月19日，又提道："傅君如果在日本举办了展览会的话，将来更有理由向政府申请资助，我更想将它们登到美术杂志上去，（抱石说）开展览会的目的一是为了可求批评，二是可决作风之途径，希望能在秋天办成。如松坂屋不行，那就到资生堂……最后抱石写道：'先生如是提携褒赏，其盛之情，永远铭心'然后回去了。"就这样，从春天一直交涉到冬天，都还没有准信，12月6日的日记还在写商谈展览会的事，12月24日先生写道："傅君的展览会有望，谢天谢地。"即使这样，到1月23日却又写道："松坂屋还没有回音，颇担心。"终于，在3月23日的日记里先生写道："冈登氏来通知，告我抱石君的展览决定在5月10日到5月14日在松坂屋举行"，这简洁的一行流露出先生那多少快乐与安慰。3月25日："抱石君因为会场决定下来了，高兴极了。"这大概是接到父亲报告的明信片，明信片现已不存。4月6日，先生记道："抱石君来信邀请参加4月9日的晚餐。我不打算去。"但4月9日又写道："昨夜傅君来了，请我无论如何要出席明日的招待会，我说我不想去，但抱石说我是主人，所以我决定去了。我到场稍稍迟了，因为在早稻田走错了路，因为我们只晓得恩赐馆。我去时，大家都聚齐了，郭沫若氏也到了。郭氏真是一位风度很足的学者，但是一点没有架子，对上对下都很诚恳，给我的感觉很好。招待会在东瀛阁，我回来得很晚。"从这篇长日记里，金原先生难得的人品可见看得再清楚不过了。为了父亲的展览会比谁都更费力，更关心，但办成了却又飘逸得像局外人。他很少出门交际，在金原夫人的日记里还留着这样一个笑话，她说："主人去参加抱石的展览会了，我父亲来，还以为是去参加满洲皇帝的招待会呢。"那天，金原先生晚上12点才回家。可见金原先生是从心里为父亲高兴、为父亲庆祝的。5月10日这天，金原先生写道："今天在银座松坂屋参加了傅抱石君的个展，大观氏（横山大观）佐藤春夫当时最著名的文学家，神北氏等等都来看并买了展品。今天一天就卖了三百円左右（当时的大学毕业工资只有六十円）抱石君高兴得不得了。我们二人一起照了相。这个期待了这么久的展览会终于成功了，真太好了，中间夹着周末和周日，主任说成绩一定会非常好的。"金原夫人在这一天也写道："今天起是抱石的展览会，丈夫近10时才回家，展览会十分热闹，横山大观先生在展览场看了近3个小时，又买了画，佐藤春夫先生买了印章，松坂屋也说连想也没想到会办这样热闹，他们非常高兴，说一天就卖了三百多円。"我小时候就听到父亲的朋友朱洁夫先生说起过，他当时在场，他说横山大观先生极为赞赏父亲，说中国的篆刻大师压倒了日本的粒米能手（在一粒米上用针刻出一道俳语——17个假名）。父亲在记者招待会上作了篆刻表演，用黑布罩在台灯上，剪个小洞，只漏出一束光线落在图章上，父亲就用很大的印刀在印石上刻极细微的字，记者吃惊地问父亲用的是什么刀，父亲说用的是精神（Inspiration）。第二天《读卖新闻》登了很大篇幅的介绍，结果很多读者竟写信来问（Inspiration）这种牌子的印刀在哪里买？这些逸事在我的心目中一直像传说一样存在着，今天读了金原夫妇这一天的日记，那时的场面就一下子活生生地展现在眼前了。无人知晓的傅抱石，一时间成了名人，在那中国衰弱得几被鱼肉的时代，父亲做得出色，而这里面也包含着多少先生高尚无私的真意。

父亲在开完展览会就打点回家，原来还准备再来读两年。6月14日，金原先生记道："傅抱石君来了，他打算月末回国。他说南京美术馆正在筹备中，而我已经成为其顾问了，他回国后还计划办新杂志，这个傅抱石真是个有本事的人。11月将在名古屋的松坂屋举办傅君的展览。"这个预定的展览，因为父亲再未回日本，而永远未能办成了。6月20日，金原先生写道："抱石君来告诉我，他母堂大人病笃，他说他决定了24日启程，说可能赶不上见面了。我说：我为您祈祷您一路平安。他将他的画呀、纸呀，以及一些别的拿到我处，说要我帮他保存，他打算9月下旬再来。"7月17日，金原先生接到父亲的信后写道："抱石君母堂大人在他回国之前就过世了，真是令人同情。"此后金原先生日记里出现的就只有父亲来信的内容了，如9月20日"抱石君给我寄来我的《东洋美论》第一章译文在《文化建设》上刊载《唐宋之绘画》再版的通知"。10月5日"写信给傅抱石君，写起来就写得十分多了。傅君是能再来日本，还是不能来了，还不知道"。10月25日，先生写道："抱石君从南京寄了信来，到现在还决定不了什么时候来东京，已拜托了文化事业方面的人，但经济上很困难。《中国美术年表》完成了，上海《东方杂志》于10月1日登载了山水画史论，北方有力的报纸《大公报》上有对《唐宋之绘画》的批评，剪下来寄给了我，并说'如果有意见反驳的话，请写给我，我将汉译后登载。'在信的结束，傅君写道：'先生之大名，今天在中国艺术界可谓人人皆知。晚不胜光荣也，晚现在远坐海天，何胜伤感，诚不知何日再与先生共商艺术也。'"自此后一段时间里先生弟子雁鱼往返，先生给父亲寄去了毕业证书，父亲来信说"今阳春三月，江南草长，回首东方，万感交集，上野樱，想将散矣"。先生将父亲的信录到此，不禁写道："我对抱石君也无时不牵挂呀。"先生给父亲寄去长信，告知近况，又寄去书册，父亲又给先生寄来长信，1936年6月29日先生在日记里记下父亲来信中的要点后，写道："抱石君的夫人、公子、小姐都向我问好。与抱石相别已整整一年了。"直到9月末先生的日记里还详细地记着父亲长信里的内容。父亲的苦恼、打算，还是频频不断地向这位父亲般的恩师倾诉。父亲说："可恨环境不允，如不然，我则仍在先生左右。今秋高气爽，遥想江户川畔，又该红枫满目，石之心境，仍然在先生所居之西林与荻洼之间徘徊。"这大约就是父亲给先生的最后一封信了。从时间上来看，也正是中日战争爆发的危机时刻。1944年，日本战败的前一年，先生在日记上惨然地写道："吃下了傅抱石君给我的万金油，这已是九年前的东西了。抱石君，你现怎么样啦？"这一句叹息使我黯然心伤了很久很久，这种别离给我心灵的震动，远远超过无数言情小说中的别离。父亲是金原先生在精神上携手云游天地古今的真正的挚友，是在人生的体悟中最能共鸣的理想的师弟。父亲没有看到这些日记，但是父亲早在先生的心灵上渗透了，我相信父亲的血液里，一直都蕴蓄着先生的温情。我和妹妹都见到了金原夫人，这是我们最值得庆幸的事。金原夫人到银座来看我的画展的时候，不断地说："抱石见到这一切会多么高兴呀！"我怎样做才能回答夫人对父亲的记忆及对我们的期待呢？我和妹妹去参拜金原先生的墓地，访问他的故里，阅读他的著作，但是要做一个像父亲那样他们所期待的艺术家，却不是凭着愿望就能达到的，不过我们已经切身感觉到了这份期待，这份温情。也许，这份温情，这份期待最能帮助我们踏着父亲的足迹前进。

忆父亲生活点滴

傅益玉[*]

在战火炽热的"渡江"之前，父母离开南京，避往老家南昌。我就在南昌出生，并被留在外婆处，长到五岁，才又被接回到南京父母身边。我发现，家中已有五个哥哥、姐姐，不少呢。初见父亲时，他已是年过半百的人，我们在一起的时间不长，总共才有十年左右。这期间，父亲常外出开会、旅行，平素又是深夜工作到天亮，难得有机会和他亲近，偶尔在一起时，自己好不自在，还有点"认生"呢！

回想起来，父亲似乎并不希望儿女都走他那条辛苦的路。我也从未有"继承父业"的想法，关于他的"绘画艺术"，是后来我不由自主地学画之后，才逐步加深理解，并且愈来愈喜欢其风格特色的。

要说留给我印象最深的，还是父亲的威严形象，特别是那双洞察秋毫、敏锐锋利的大眼睛，任何小聪明都会被他"识破"。比方说，当他问你"为什么今天放学回来晚了"，我回答是"学校开会"之类的理由时，他总是先笑一下然后说："这一套我小时早就同我妈妈玩过了。"令我有口难辩。又

---

* 傅益玉，画家，傅抱石四女。

213

记得有一次饭后散步，我们一同走到鼓楼百货店大门时，正好要"打烊"的铃声刚起，父亲忙把一只脚踩住门槛，朝着正要放下大铁门的工作人员说："铃声还没响完，你就这么急着关门！因为这是下班。要是上班的铃声，你决不会动作这么快了。"那人连道"对不起"，等父亲一转身去，他忙问我："这位老先生是人大代表吧？"我吓得赶快跑开了。此类事还不止这一次呢。还有，同父亲一起坐三轮车外出，路上一见有车过来，他就喊车夫"慢点""靠边"，逢过马路时，他便指挥"停车""向右"，比交通警还要忙。使我在车上如坐针毡，常常为此决意以后再不同父亲同车。

平日父亲除了忙于作画，热情待客，就是独自抽烟、思考着，几乎不大过问我们的一切。有趣的是，父亲并不通医术，却常常在晚饭后叫我们小孩轮流把舌头和手都伸出来，他一一看过舌苔、摸过手温，而后才显出放心的样子开始聊天，这是我觉得父亲最慈爱的时刻。

父亲不停地作画，后来又经常画丈二匹那样的大画，墨用得很快。我最怕被父亲看见我在闲荡着，会"抓差"让我磨墨，砚盘又深又大的，边缘不许沾上水，墨必须笔直地、慢慢地转，我经常耐不住，不时求助地问道："爸爸，已经黑了吧？"而回答老是"还差得远"。好不容易挨到"差不多"的时候，真犹如"夺门而出"的笼中之鸟，拔腿就跑。至于这墨对父亲有多么重要，我并不知道，只希望能多用些时候才好呢。

父亲一直强调对我是"严格要求"的，先是要我学孔融，"融四岁，能让梨"。后又叫我学做爱劳动的"好孩子"，挺不容易做到呢。父亲让我不要同别人比看，不要学坏，但我常常禁不住会用羡慕的眼光去看别人，尤其是几位姐姐，她们不用"让梨"，也不必做"好孩子"，既轻松又快活，因为他们是孔融的姐姐呀。如今想来，我确实得到了教益，这一切对我性格、品质和习惯的形成，极具影响。联系到父亲一贯主张的，做一个画家除了要有绘画技巧、文学修养等之外，最重要的是人品，仔细琢磨，父亲对于我可算是用心良苦。

1993年7月2日于日本东京立川

百年中國記憶
BAINIAN ZHONGGUO JIYI

第四辑

抱石之作：思想变了，笔墨就不能不变

傅抱石先生的篆刻艺术

叶宗镐*

幼年的抱石先生就显示出很高的艺术禀赋，加上环境的影响——许多文章都提到，他的家临近裱画店和刻字摊，不远的磨子巷和戊子牌楼又是旧书店和古玩店集中的地方，耳濡目染，先生从小就迷上了书画篆刻。不要小看那些店铺摊档，虽算不上什么艺术殿堂，须知当时是清末民初，那些店铺加在一起，简直就是一所展览书画篆刻的美术博物馆。先生就是在那里最早接触到石涛、八大山人、赵之谦、吴昌硕等人的作品的，他的艺术道路就是从此处开始起步的。

江西出瓷器，起初先生经常临画瓷器上的彩绘，专心致志，兴趣越来越浓。读书识字后特别喜爱印章，常省下"饼饵之费"请刻字摊为自己刻木质名章，大小方圆，各种样式，竟至"累累然盈篚"，而且每得一印必钤拓数十张赠人，以此为乐。无钱买纸，就在胳臂、大腿、衣服上"排列印之"，常常搞得身上墨渖淋漓，虽遭训斥，第二天复如故。我想，这只能说是天性如此了。

* 叶宗镐，雕塑家，曾任江苏油画雕塑院院长，傅抱石女婿。

八九岁时，先生已开始自己"握刀锥取破砚碎石之属，就膝攻之，砚坚滑，皮破血流，不以为苦"。这时候的习作，多印在教科书笔记本上，早已无存。14岁至19岁，五年之间的篆刻作品又积累拓下了五大册，成绩相当可观。这些作品当然也已散失，但先生之勤奋刻苦，实令人惊佩。

19岁（1923年）至东渡日本（1933年）前，先生治印最勤，他自己说："综历来所刊，不下千余。"乃精选辑成《傅抱石所造印稿》上下两册，收入作品计120余方。当时先生在南昌已是名气颇大的青年篆刻家了。

先生自称印痴，早年自刻"印痴"一印，极为宝爱，保存钤用了一生，至今尚存。综观先生于印，可谓一片痴心，一片深情。他刻印、藏印、研究印，朝斯夕斯，自幼年始至晚年不辍，刻印近两千方。他的篆刻著作，连篇累牍，达十数万言。其癖好之深，用情之专，使我感到似乎是三生石上另有因果，真是一言难尽！

先生学习治印，由八九岁时得到一部《康熙字典》而入门，"始能刻白文篆书"后来见到《三十五举》《篆刻针度》等书，又临抚《小石山房》《陶斋藏印》等许多印谱，逐渐体会到印中真意，"至足揣味"，心中豁然贯通，于是技艺大进。17岁（1921年）时由于父亲去世，生活艰难，又要维持学业，先生不得不请人定出润例而开始了业余鬻印生涯。大家知道的为二道贩子伪造赵之谦、陈鸿寿作品，以至可以乱真，就在这个时候。

先生所著《篆刻史》告诉我们，明王冕以前，篆刻所用都是金属、玉、犀、象牙等硬质材料，不易奏刀，只能请工人去雕凿。王冕开始以石作印，至明末文彭发现"灯光冻"石料。从此和雕刻工人彻底分了家。石印既出，因易于掌握操纵自如，再也没有几个文人愿意花力气摆弄硬质材料了。唯有傅抱石"生乎今之世，而与古为徒"，他沉浸于古玺汉印中，不仅学古印的篆法构图风格神韵，更研究式样材质铸凿方法，身体力行，发起攻坚战，直接操刀杀向了硬质材料，只这种胆略勇气已十足惊人，而他终于在实践中掌握了各种特殊技巧，取得堪称独步的成就，为我们留下了许多铜、玉、晶、翠、象牙以及竹根、黄杨印章的拓本。

家岳母时慧老人忆及先生昔日雕凿铜印，情景感人，如在目前：当时家里条件很差，铜胚用印床夹紧（石印则不必），因陋就简，就放在饭桌一角，因为桌角有凸起的边，可防滑脱。先生一手握凿一手执锤，频频敲击，炎夏汗流如注，湿毛巾围颈项，直至夜深人静，油灯一盏，而锤凿声屡然不停……

先生所作铜印等硬质印章，多用大篆金文，部分学汉魏官私印。如先生为郭沫若所制铜印"沫若著述"，一派前汉气象，严谨舒畅，无懈可击；铜印"锡鹿藏书"则满是古玺面目，典雅高朴，古趣盎然。"天翼""康乐万年"取先秦朱文小玺意；"庆武""其万寿"用白文小玺法。"抱石藏印"用黄杨木刻，却铿锵作金石响；"盘根错节"以竹根雕，把印文与材质、内容与形式结合于一体，妙不可言。这些印都各具特色，精彩纷呈。

先生早年习印，经过几个阶段的变化：初学陈曼生，得神似；继学赵之谦，又酷肖。先生论及陈曼生，说他"诗文书画皆以姿胜，篆刻追秦汉"，"更参以钟鼎碑版，浙派到了他，已表现了无以复加的最高境界"。讲到赵之谦评价更高："书画秀逸天成，刻印能夺完白之席"，"掌握皖浙，力能驱六朝碑版入印"，"书画篆刻，都有如天马行空，不可方物的美妙"，"独擎一帜，真千古能手也。"——先生对这两位艺术家是如此的钦慕重视，因而对他们的印和印谱都做过深入的研究。《种榆仙馆印谱》先生可以背拟，《二金蝶堂印存》更是烂熟于胸。后又得到宝贵的《赵之谦自存印谱》残稿，先生花了更大的精力去钻研。所以，他能仿造两家作假印，毫不奇怪。

先生以后又对黄牧父倾注了极大的热情，认为黄印"朱文有奇气，得意之作，之谦亦不多让"。为了看看黄的印谱，他曾忍受冷眼慢待，而几经周折得到黄的印谱，又激动得几天彻夜不眠，把黄的4000余印——作了细致的考订整理，并给予确当的评价。

先生对名家篆刻心摹手追，乃至可以使人真假难分，但他并未以此为满足，他从来都是以一种批判的眼光来看待前人的。他见多识广，目光犀利，通过对各家临摹体味研究，对各家的长短优劣了然于胸，然后再确定去从。前面讲了先生对赵、陈、黄诸人的高度赞美，同时也正确地指出他们的不足，先生说：赵之谦的白文印境界最高，但还未能力追秦汉；朱文印面目颇多，还不够统一，"惜其好奇，学力不副"。陈曼生则"意多于法"，以致影响到以后"缅越规瞻，并自郐耳"。批评黄土陵"刚而有余，但变化不足以副之"，白文不如朱文，大印不如小印，"盘根错节，卒媲禀赋"。因此，先生面对前贤，冷静清醒，即使是临摹仿制，他也不是亦步亦趋，而是有选择有取舍有提高地进行。比如"寿如金石佳且好兮"一印，原为之谦所作，汲取汉长宜子孙铜镜铭文入印，别具一格。赵在边款中指出：此印"游戏三昧，自具面目，非丁蒋以下所能，不善学之，便堕恶趣"。此印颇为印人所重，黄牧父摹刻过三次，抱石先生也曾仿作，但对比之下，泾渭立见。黄刻一方稍有变动，二方大同小异，总的看比较刻板，而先生所刻，篆法、章法、刀法，俱皆不同，看得出是撷取了两家之长，但却又有自家特色，别具神韵。这也就是先生一贯主张的"非临古无以娴技法"，但"画可搬而印不可搬，画可不断临摹，而印必须独创"的道理的体现。

先生还学过邓石如、吴让之、徐三庚等人，但经过了一段艰苦的历程之后，最后毅然抛弃了以上各家，开始走上了自己的道路。先生刻了一颗圆印"我用我法"，这似乎就是他变革的宣言，又刻"百折不回"表示了"勇猛精进"的决心。他溯本求源，出入秦汉，集浙皖之长，发挥自己的才智和创造，终于以崭新的面貌自成一家而登上了篆刻艺术的高峰。

先生的绘画形成个人的风格，大致在40年代初。1942年重庆"壬午画展"集中展示了他的成就，霹雳一声，震动山城。而先生的篆刻则成熟较早，应是20年代中。那本《傅抱石所造印稿》是他20年的心血结晶，1934年在日本"东京个展"中与书画印章一起展出，也同样引起了轰动。简言之可以说：先生的绘画成功于重庆时期，篆刻则成熟于南昌时代。此后的发展当然更是高潮迭起，尤其在1949年以后，先生的画名固已响彻世界，其篆刻亦臻化境。只是印谱未再刊印，大家知道的不多而已。

刊行于1933年的《傅抱石所造印稿》，为先生所手订。此书吴瞿安题签，黄侃署扉页，王易序、詹松涛跋。这些人都是南昌一时俊彦及学问前辈。抱石先生亦手书"自序"一篇，详述了自己学习篆刻的甘苦经过。此书如今已很罕见，过去先生家中保留数册，"文革"中已经散失，仅存部分残稿。先生留学日本时，曾赠给老师、美术史论家金原省吾先生一部，金原先生死前将自己的藏书，包括这部印谱全部捐献给他服务终身并且也是抱石先生母校的武藏野美术大学（原帝国美术学校），此书就成为大学图书馆"金原文库"的藏书之一了。

1989年我曾有日本之行，两次往访武藏野美术大学，有幸在图书馆读到这部印谱。虽然自己于篆刻是个完全的外行，而面对印谱，只觉得金光四射，神气逼人！真正的艺术品，自有它特别的艺术魅力，不管你是否理解，它总会使人受到感染和震撼。可惜由于时间仓促，我未能将全谱复印，仅摄得几张照片。要全面地评价这部作品，有待将来，根据记忆和家中残留的印拓散页，我只能作简单的介绍。

记得翻开印谱第一印为"一塌糊涂"，另还有"不值一笑""不堪持赠""未能免俗"等印，皆自谦之词也。先生自称"无名小卒"，在自序中说：摹印之学，"古人穷毕生之力或仍不免瑜中见瑕，则兹谱所陈，直如草芥"。先生对自己的要求是严格的，对自己的作品还未尽满意。印谱中，首先表露了先生谦逊好学的精神。先生是个典型的文人，他"乐夫天命"，

"于人无求"，"淡泊以明志，宁静以致远"，"终身不拟做忙人"，这些印表达了他淡泊自甘、不慕富贵浮名的心胸志向。先生自日本学成归国，当时的江西省主席熊式辉曾拟任命先生做某县县长。先生作"无官一身轻""富贵于我如浮云"二印，委婉拒绝。他情愿应徐悲鸿先生之邀到中央大学做穷讲师，情愿"寄乐于画"，"闲来写得青山卖"，"不使人间造孽钱"，真是"一肚皮不合时宜"！而正是熊式辉批准抱石先生官费赴日本留学的，对先生算是有过恩宠和帮助，先生受人之惠，涓滴必报，多次为熊氏刻制名章，有鸡血石"熊式辉"，大铜印"熊式辉印"，鸡血石"天翼"，铜印"天翼"等共五六方。又以"不求闻达"一印表明心迹，赠送熊氏作答谢。此印为先生精心之作，长3.1厘米，宽2.8厘米，高6.1厘米。令人惊叹的是印侧一面刻诸葛亮《前出师表》全文，共634字。另一侧题款："此武侯出师表印，癸酉冬旅日时所作。乙亥五月曾展观于东京，为感主席欣值之德谨献是石。小技恶劣，不足报万一也……"此印现藏南昌江西省博物馆，是一件宝贵的说明先生为人和篆刻水平的实物。

在《所造印稿》及先生留下的印拓残页中，大部分是人名印，这大概与他曾业余鬻印有关。当年先生卖印曾以"每字一元、奉送铜印"为号召，求刻者络绎不绝。这种印是很难刻好的，因为人家按润例付钱，必须满足顾客要求，艺术创作是不自由的。但这些印竟也都刻得精彩动人，这一方面说明先生的才能，另一方面，既是先生选留下来的，当是先生比较满意的，没有留下拓本的正不知数量更有多少。不过，为一些名人所制之印，应另当别论，那都是先生苦心经营的佳构。这里有为著名文学艺术家们所刻，如"郭沫若"铜印、"汪辟疆印"铜印、"徐悲鸿"铜印、"悲鸿"水晶印、"徐悲鸿"石印、"黄侃印"石印、"瞿安"石印等，各体兼备，流光溢彩，美妙无比。

不必讳言，先生也为当时的军政要员刻过印，除熊式辉外，如"陈立夫""陈果夫""段锡朋""周浑元印""刘峙之印"等等。其中白文"刘峙之印"刻得最佳，威严而又灵动，很有气概。只是刘峙不过是个草包将军，与其人颇不相称。先生为此等人刻印，多为友人间接相托，其中也有人一向自命风雅，有意结交文士，并非先生趋炎附势。齐白石也曾为蒋介石刻过"蒋中正印"，据说"刻得好极了"，先生说过："艺术就是艺术么！蒋介石由历史去评价。而齐老刻的那方印章的确是艺术精品啊！"先生狷介如此，其对艺术之执着也可想而知。

先生还为日本友人刻过不少印，这要从1934年东京那次"傅抱石个展"说起，"个展"中展出了书画印章和印谱共175件，展出非常成功，沫若先生在《竹荫读画》一文中曾描述过那次展览的情况："……抱石在东京时曾举行过一次展览会，是在银座的松坂屋，开了五天，把东京的名人流辈差不多都动员了。有名的篆刻家河井仙郎、画家横山大观、书家中村不折、帝国美术院院长正木直彦、文士佐藤春夫等，都到了场，有的买了他的图章，有的买了他的字，有的买了他的画。虽然收入并不怎么可观，但替中国人确实是吐了一口气。"郭先生在《题画记》一文中也提道："抱石长于书画，并善篆刻，七年前在日本东京曾开过一次个人展览会。日本人对于他的篆刻极其倾倒……"

是的，先生的篆刻在日本深受欢迎，确实使日本人"极其倾倒"甚至是震惊。前述"不求闻达"印，是"个展"展品之一，《前出师表》634字的边款已够惊人，而另一方鸡血石白文印"采芳洲兮杜若"更使人不可思议，印面刻得诗情画意精美绝伦先不去谈它，印侧每面不超过3×4厘米，先生竟能在印侧三面刻屈原《离骚》全文，加前言后语字数达2765字！这恐怕应该载入《吉尼斯世界之最大全》了。

此外，展品中芙蓉石白文印"清斯濯缨，浊斯濯足"边款刻屈原《渔文》全文210字；青田石白文印"阳春白雪"边款刻楚辞《宋玉对楚王问》

全文246字；田白石朱文印"乐夫天命"边款刻陶渊明《归去来辞》全文338字；老寿山冻白文印"造化小儿多事"，边款刻曹子建《洛神赋》并序，全文883字！这里都还没把刊刻的时间、地点、署名等计算在内。这种边款细字，凭肉眼根本无法辨识，只有在高倍放大镜下，才能使奇迹再现。放大之后犹如汉魏巨砖，又像隋唐碑刻。一行行行楷，排列有序，神完气足，一气呵成。且字字雄健，笔笔坚挺，结构严密清晰，点画流畅自然，既有金石韵味，又具书法之美。如此神技，怎不令日人瞠目结舌！

这种边款的刻法是前无古人的，是先生的一大创造。他不像有些人刻小字用钢针，他仍然用的是篆刻刀。不过他不是凭眼睛，而是靠超人的毅力和娴熟的技巧，凭感觉把握篆刻刀，依约摩挲而成。日人大为惊叹，推崇抱石先生为"支那篆刻神手"，称这种篆刻为"精神雕刻"（Inspiration），意思是说那并非一般技术而要靠精神力量才能解决那无法想象的困难工艺。

先生的篆刻，受到日本文艺界的极大重视，参观展览的横山大观、正木直彦、佐藤春夫、土屋文明等人，都亲自署文称扬；《朝日新闻》《读卖新闻》都发表了报道文章，当时上海的《良友》画报作过转载。

先生的篆刻在东京引起了轰动，于是求印者接踵而至，这就是先生为许多日本友人刻印的由来。

河井仙郎氏又名荃庐，是一位考藏中国金石的专家，尤精摹刻。他曾到我国在上海杭州与吴昌硕相切磋，是西泠印社早期社员，在日本被推为篆刻巨擘。雄踞艺坛既久，自视甚高，绝不轻易许人，而独对抱石先生心折。他特请先生为自己刻下了"河井荃庐"名章，后又嘱先生为刻"铁心肝""头寒足热"两方石印，"苍茫处"一方铜印。

文坛盟主佐藤春夫得先生四印，帝国美术院院长正木直彦得先生三印。其他如作家土屋文明、高岛米峰，画家山口蓬春、小林巢居等都请先生刻印，俱皆欢喜赞叹。

他还为日中友好的先驱增田涉先生刻过名章，为田中庆太郎先生刻过"虎斋藏书"。

得印最多者为金原省吾，金原先生是日本著名美术史论家，东方画论权威，抱石先生的恩师，师生性情相投感情深厚。抱石先生曾译金原省吾所著《唐宋之绘画》《线的研究》等书，金原先生以手稿相赠，并为译书作序，序中盛赞抱石先生"丰于艺术之才能，绘画雕刻篆刻俱秀，尤以篆刻为君之特技"。抱石先生为金原省吾老师治五印，有铜有石，有方有圆，印印精绝。更可贵的是这些印及前述抱石印稿两册，还有抱石先生1935年前的书画作品40余件，由于金原先生的精心爱护，后又捐献给武藏野美术大学，这些珍贵的资料得以至今完好地保存着。1985年纪念抱石先生逝世20周年的时候，金原省吾的幼子金原卓郎先生专程来宁与会，特携来抱石所作"金原"铜印一颗赠给了南京傅抱石纪念馆，这一贵重礼物，凝结了中日两代人民的深情厚谊，使我们由此得见半个多世纪之前抱石先生遗物，实使人心情激荡！中日友好源远流长，先辈种下的因缘，又延续到儿女一代，亦算得一段佳话。

先生于1935年7月离开了日本。回国后，长期在中央大学艺术系执教，教授中国美术史和书法篆刻。1940年前，他追随郭沫若先生在政治部三厅任秘书，繁重的抗战宣传工作使他常常在武汉、长沙、株洲、衡阳、桂林等各地奔波。这一阶段比较而言，刻印减少了，并且由于战火纷飞，居无定所，印谱留下的也不多。但他并没有停手，据阳翰笙先生回忆录，当时抱石先生的办公桌抽屉里，放满了印石，除经常为同事友人治印外，他把篆刻当成战斗的武器，时时借以抒发胸中块垒和意气豪情，他刻了"茫茫烟草中原土""无限江山"，寄托了对灾难深重的祖国的诚挚热爱；他刻"古道照颜色"，边款刻文天祥《正气歌》诗，热情讴歌坚贞的民族节操，崇高的浩然正气；他刻"空悲切"边款刻岳武穆《满江红》词，把忧国忧民的情感，汹涌澎湃的心情尽情倾泻，表达了对无能政府的失望，对敌人的无比愤怒和仇恨，对还我河山重整乾坤抗战必胜充满坚定信念。最令人振奋的是他还刻了"上马杀贼"一印，抒发自己渴望请缨杀敌奔赴沙场的豪情壮志。他为抗战而呐喊，激昂慷慨，壮怀激烈，如闻其声，如见其人！

1940年后，先生主要精力转入绘画和教学，但由于战时困难，收入微薄，仍操旧业，为人治印。先生曾刊登广告，一时全国各地多有寄印石以求刊刻者，而当时交通不便邮政落后，印石往往被窃遗失，先生反而做了赔本生意。这一时期先生刻得最为精彩、影响最大的是他的自用印。

先生的绘画，无论山水人物，都很注重题款和用印，他的作品是书、画、印、跋四绝的交响和高度的统一。因此他的自用印都刻得非同凡响。他的自用印很多，不同时期，不同面貌，直至新中国成立之后，不断增加，佳作迭出。先生的自用印，我看大致可以分为姓名印、地名斋名印、纪年印及押角闲章四大类。

姓名印中有一字姓氏印"傅"，二字印"抱石""老抱"，三字印"傅抱石""抱石父"，四字印"傅抱石印""抱石之印""抱石私印"。另外"抱石之作""抱石画记""抱石画课""抱石长年""抱石大利""抱石亲手"等亦应包含在内，因为这些印一般都钤于题款签名之下。其中"老抱""抱石画课""抱石亲手"三印只见于早期绘画作品中，"抱石父""抱石长年"钤用较少。"抱石私印"是优美的汉印型制，稳健凝重，醇厚渊深，可能是先生比较喜爱的一方，出门写生常带在身边，并且一直使用到晚年。"抱石""傅抱石""抱石之印""傅抱石印"曾多次刊刻，大大小小，朱文白文都有。最大的"傅抱石印"用狮纽老寿山石刻成，5.5×5.5厘米，白文，左旋回文，大约只用过一次，就是钤盖在北京人民大会堂那幅巨作《江山如此多娇》上。最小的仅0.8×0.8厘米（可能还有更小的），多用于扇面或小册页中。这些印都强烈地表现了作者的个性，具有先生的典型风格，大多带着浓重的汉印气息，但又不能仅仅用汉印模式来范围。它更简练、更挺拔、更富变化、更精、更美，可以说是源于汉印、高于汉印。那方白文大印"傅抱石印"是最能代表傅抱石篆刻风格的典范之作，也是先生篆刻中最优秀的作品之一。先生的才智功力，在这方印中表露无遗。此时先生已进入出神入化、炉火纯青的篆刻自由王国，刀法之纯熟、篆法之精到、章法布局之巧妙，已臻尽善尽美，一笔一画都是不易之刊。四字安排，彼此顾盼，每一字的结构又有紧有松，笔画有方有圆。"傅"字的人旁方，"抱"字的一半"包"字圆；"石"字的一横稍向下倾，"印"字的一撇向上微斜。美轮美奂，多彩多姿，变化莫测，趣味无穷；整体看却又雅正沉雄，气宇轩昂，洋溢着一幅大家的气概。此印作于1959年，先生正精力充沛，心情舒畅，"百花齐放，百家争鸣"方针，使先生感到创作环境"悠悠天地宽"，因而不仅是篆刻，大批的绘画佳作也在此时不断地呈现在人们面前。

我最爱先生的一字圆印"傅"，曾见不同大小的五颗，直径分别为1.1、1.4、1.5、1.6、2.5厘米。稍小的两颗有秦印遗意，特别是白文白边的那颗，朴茂古雅，可入逸品。直径1.6厘米的一颗，朱文，作于1962年2月，线如屈铁，劲健而又妍秀动人，是先生最常用的；最大的一颗，也是朱文，作于1965年2月3日，线条方直，醇正精练，是先生晚年精品之一。此印与作于1965年2月4日的"乙巳"，作于3月18日的"一九六五"，是先生为自己所刻的最后三方印。半年多之后先生就离开人间了。

小小圆印，仅刻一字，看似简单，实不简单。我曾见小石、益瑶诸兄妹请当今高手所刻，不怕不识货，无一人能与先生相比！先生所作圆印与众不同，也有异于古印。一般作圆印都故意加长或缩短笔画把印文做成"适合图形"，笔画与圆边相接，致使因形害字，并嫌臃塞板滞。先生圆印中"傅"字绝不受圆形羁绊，印文既适应圆形，又保持传统的方块字型，留有许多空间，使得印章疏朗灵动，游刃有余（其他多字圆印，原则上亦同此处理）。先生说："一字印，只须注意文字本身。"简单明了，一语中的，确是经验之谈。

一印之或方或圆，印文之或朱或白，印文之顺序排列，印边之宽窄有无，都有一定的规范，也就是说必须注意"印式"。先生说："刻印之法，固无定程，而印式渊源不可不知，择途既正，用不伤雅；偶凭臆造，贻笑方家矣！"先生于印式颇为研究，如姓名印必为方形，据说取古"君子端方"之义。姓氏、名号则方圆皆可，有"智欲圆而行欲方"之说。姓氏多朱文，"之印""私印"则多白文，斋居雅号朱白皆可，而以朱为多……试看先生之作，奥妙尽在其中。

先生的地名及斋馆名号印不多，有"新谕""新谕傅氏""抱石斋""抱石山斋""南石斋"等几方。先生原籍江西新余，在画上常钤"新谕""新谕傅氏"印，是不忘故土不忘出身之意，也充满着对家乡的自豪感。今新余原称新喻，新喻作"新谕"是因谕为喻本字，而《说文》无喻字，谕喻通用。"新谕"为椭圆形朱文印，刻于40年代，是一直使用到晚年的印章之一。椭圆形印的章法构图颇难处理，先生于30年代刻过几颗椭圆闲章，60年代刻过几颗椭圆纪年印。一般椭圆印都刻朱文，先生之作也鲜有刻白文的。先生总结这种印的刻法："若刻椭圆，绝不宜间隔。字与边，接则紧接，离则远离。至少二字，一字不成印，至多三行，逾此便伤雅，视圆形固较难也。""新谕"及其他椭圆印，正是这种刻法的成功范本。

"新谕傅氏"印，白文，这是先生另一种面貌的白文印。用薄刀冲刻，笔画很细，一笔一刀，绝不重复。其用刀轻重、笔画起止，锋颖分明，刀味十足。印文险劲峭拔，神清骨秀。这种刻法，既须功力又要腕力，非刀法精熟，斫轮老手而不办。先生早年为人治印，刻名章屡用此法，因为较为快捷。其渊源似乎是从汉魏都尉印将军印演变发展而来。

230

在一张从香港报刊上翻拍来的先生山水画照片上，我发现先生还有一方"新喻县人"或"新喻画人"的印章，此印很少见，由于模糊不清，很难置评。但那幅画倒的确是先生的真迹，说明此印也确实存在。

先生的斋名印，我仅见四方，"抱石斋"两方，"抱石山斋""南石斋"各一方。四印皆朱文，可看作先生不同时期朱文印的代表作。

先生于18岁时开始自署"抱石斋主人"。作于30年代初的"抱石斋"，作风荒率粗放，强调方圆变化及线条穿插，笔势浩荡，极富动感。可看出青年人的好奇和热情。印侧款识六格三行阳刻魏书"抱石主人之印"仿赵之谦法，取龙门石窟北魏始平公造像记形式入印，使篆刻艺术更加丰富多姿。此印的制作体现了先生青年时代广收博采上下求索的创造精神。

刻于40年代初的"抱石斋"，严谨方整，多用坚韧劲直的线条，很注意构图章法，由于是三字，为使左右均衡，并可打破斋字五条平行竖线，斋字有增笔，从左下斜出三画，出人意料。石字作"厴"，三个口字都刻成倒三角，是为了和斋字的三个菱形相呼应。仔细欣赏此印，颇觉先生用心良苦。

"抱石山斋"，亦刻于40年代。抗战期间先生全家卜居重庆西郊歌乐山金刚坡下，郊区山下，茅屋数间，故称山斋。但这段时间先生的画上，从未见过此印。估计此印刻于1946年上半年，此后先生不久就离开了山居，迁回南京了。此印四字写法颇与其他印不同，一般地说，先生朱文印印文方直的居多，转折处见棱见角，此印圆转，多用曲线，转折处为圆笔，字型稍扁，给人以沉稳恬淡、圆润温馨的感觉。山字参用克鼎、召叔山父簠金文篆法，中间一竖，与横相连处加粗成弧，抹掉了直角。黄牧父有近似的刻法，将山字中间一竖加宽，虽在求变，颇显突兀，而先生却处理得当，自然优美。

"南石斋"作于50年代末的1959年，此印与另一方晚几年所刻的"抱石之印"是先生篆刻艺术进入化境的杰作。这两方印，运刀极其轻松自由，左右开弓；线条长短粗细随意，不求一致。印文疏密，点画曲直，似在有意无意之间而顺理成章；斩钉截铁，干脆利落，随意兴之所至而水到渠成。简洁精粹，平淡天真，古人所谓"既能险绝，复归平正"大约就是这种意境。郭沫若先生曾说："韩退之于其为文，以'沉浸浓郁，含英咀华'自标举，我觉得这八个字是可以移来评抱石其人及其画的。"我看移来评先生篆刻，则更恰如其分。

"南石斋"一印刻于北京。钤盖此印的画仅见过一幅，也是在北京所画。就是说此印带回南京之后即束之高阁不再使用了。我们知道，郭沫若先生曾为《傅抱石画集》作序，序中说"我国画界南北有二石，北石即齐白石，南石则抱石"，郭老还手书"南石斋"三字赠抱石先生（现存南京傅抱石纪念馆），这样才产生了"南石斋"的斋名。第一方"南石斋"印，是齐燕铭先生所刻赠，抱石先生自刊，则属一时兴起之所为。先生为人谦虚谨慎，奉白石老人为前辈，自己岂敢与之相提并论，因此在《画集》后记中一再解释，表白自己无限惶恐之心，而"南石斋"一印也就从此打入了冷宫。

纪年印之制，是先生对篆刻艺术发展的一大贡献。前人或有所作，亦属偶一为之，多刻某某年生，某年中科做官之类，没有谁特别重视。先生的制作，形成了一个长期的作品系列，共刻了十几颗，60年代更是每年都有新作，它开拓了篆刻题材，形成了一个饶有趣味的新领域。由于此种印钤于自己的画上，创作年代一目了然，学步者不少，但大多只刻"七十年代""八十年代"，一用就是十年，要年年都出新招就不是那么容易了，至今未看到能够这样做的第二人。

根据见到的资料，先生的纪年印始刻于1944年，第一颗为"甲申"，以后又有"乙酉""丁亥"，"丁亥"有大小两方，而1946年丙戌、1948年戊子，均付阙如，大约与生活是否安定有关。1949年后先生的纪年印与我们暌违五年，先生的思想颇费踌躇，因为新社会可能有人认为用干支纪年封建落后，一时未便奏刀，直至1954年，先生找到了解决办法，忽以公历、以数字直接作印，于是"一九五四"赫然出现在我们面前。这又是篆刻史上一项创举，此后先生陆续刻了"一九六〇""一九六一""一九六二"（两方）"一九六四""一九六五"，可能思想包袱也已扔掉，兼刻了"壬寅""癸卯"（两颗，一椭圆一方）"甲辰所作""乙巳"等印，为我们展现了先生篆刻艺术别开生面的另外一页。

先生这批"系列作品"，形式多样，生动活泼，具有很强的装饰之美。"甲申"为圆形印，"壬寅""癸卯"为椭圆形，"一九五四"为窄长方形，一行印文；"甲辰所作"为宽长方形，印文两行。"一九六四"为自然形，"一九六五"为鸭蛋形，其他方形亦有大小及宽边窄边的不同，争奇斗妍，美不胜收。

甲申、壬寅、癸卯等字篆书都是左右对称，先生在印上作上下排列，极富装饰趣味，但为避免呆板，又不刻意求工，自然跌宕，妙趣天成。"一九五四"印文一行排列，有意强调了数条平行的横线，"四"字作四横，加强了节奏和韵律感。为求空灵，"九"字下留有空白，"五"字中间有斜十字嵌入，横线斜线参差有致，气氛活跃——此印有音乐感。"甲辰所作"篆法最精，先生使铁笔如毛笔，每字的起伏转折，抑扬顿挫，锋藏锷敛，粗细错落，体势笔致，颇耐人寻味，是先生晚年精品之一，此印具书法美。"乙巳"是蛇年征象，印文疏朗，空间阔大，如青天白云；二字象形，活脱脱如两蛇腾空，上下飞动，摇头摆尾，活泼生动，婉美瑰奇，——此印富绘画性。最有意思的是"一九六〇"，我说这是篆刻史上"零"的突破，试想有谁曾以阿拉伯数字"〇"入印，以阿拉伯数字入印而又能使人觉得协调得体，毫不勉强，也只有先生才能做到。先生又一次作了开创性的大胆尝试，获得了成功。

先生这种大胆的创新精神，是贯穿于一生的整个艺术活动中的，先生最为服膺齐白石老人"胆敢独造"一语，在论述白石老人篆刻艺术时对此曾作详细的阐述。先生反对因循守旧、故步自封，反对标榜秦汉，哗众取宠，反对自树樊篱，壁垒森严，也反对"抱着一部《说文解字》刻一辈子"或"光从害人不浅的《六书通》《六书分类》讨生活……"先生自己在俯仰秦汉吞吐皖浙之后，年轻时代就喊出了"今人摹古，古人摹谁"（朱文青田石印）的疑问，于是在绘画上提出"造化吾师"（白文石印）"道法自然"（朱文铜印），书法上提出"我书意造本无法"（朱文石印）；篆刻上提出"不知有汉"（朱文寿山石印）的见解而发出了"恨古人不见我"（白文青田石印）的感叹。

如此看来，先生篆刻作品的最大特点，无疑首先是他的独创性。先生之作无须看边款，一眼就能认出，它与众不同，有它自己特殊的面貌和气质。他说"博采众途，方能自树"，辩证地解决了继承传统和发展创新的关系。所以先生的作品既有传统的深厚根基又能博采众家，去短集长，时时给作品注入新的血液，使作品的形式内容都饶有新意，并充满时代气息。

先生治印，立足于雅正。他说"摹印之学，首在雅正"，又说"取法雅正，终有所归"。这雅正两字正是先生篆刻艺术的风格本色。先生之作古雅方正，渊源有自，合乎法度，有浓重的金石书卷气，毫无媚骨俗态，更无霸悍之气，也绝不故弄玄虚，矫揉造作。先生讲究"既严肃认真，有典有则，而又奇兵突出，妙着频生"。他的作品雅正中又见奇崛，刚劲中透着灵秀，刚柔相济，潇丽自在。这是先生作品的又一特点。

先生的许多白文印，完全用的是一种写意的手法，印风如画风，像先生的泼墨山水画一样，莽莽苍苍，虚虚实实，"元气淋漓，真宰上诉"，用刀如用笔，痛快凌厉，豪放恣肆。这类作品是先生篆刻艺术的最高境界。从早年所作"胸中丘壑""刘峙之印"，后来所作"换了人间"（两方）"抱石所得印象"（两方）等印，我们可以领略到这种最佳制作的风貌。特别是晚年为郭沫若先生及夫人所作"郭沫若""沫若之印""于立群""立群之印"四印更为突出，精彩得无以复加。先生用刀，轻松自如，任意挥洒；印边、印文均不假修饰，顺其自然。有的是意到刀未到，有的是无分朱白无分点画，浑然一体，妙在似与不似之间，意象朦胧，给人以无限的美感享受。这类作品的风格特点，是古人所无今人无法企及也是难以模仿的。

另外，先生的篆刻作品大多完整清新、简明光洁，他不喜欢支离破碎、断损缺角，故意做旧仿古。他教学生时曾指出："古印的某处断损，是运刀时气韵所致，有的则是年代久远自然形成，哪有新衣服就戳个洞的呢？"同样，先生作画也不喜欢画死树枯枝，有人称先生为"性情中人"，他热爱生活，热爱生活中奋发向上的蓬勃生机，不喜欢残破败落的凄凉景象。

先生很注意章法，分朱布白，颇费思索。方寸之间，牝牡相衔，参伍错综，印文疏密相间，笔画腾挪揖让，使人觉得天地宽阔，驰骋自由。先生作印，态度严肃认真，往往为一字的安排，一笔的穿插，沉吟良久，数易其稿。直至完全满意，再用笔直接在印石上反写篆字，然后刊刻。但有时友人索印甚急，先生胸有成竹，身边无工具，竟能随手以剪刀冲切，片刻立就。先生打趣说是学汉将军印急就章之法，不过那种做法还是比较少的。正常情况，先生一旦定稿，刻制时同样是迅疾异常，如秋风扫落叶，一挥而就。先生刀法纯熟，多用冲刀之法，兼施以切刀，一切视具体情况，灵活便宜行事，矛头所指，都能迎刃而解。

章法靠聪明才智，刀法靠勤学苦练，而篆法是篆刻的根本，必须靠博览群书苦学钻研才能掌握。

先生说"篆刻就是篆与刻的艺术"，所以"摹印之道，首在明篆"，不明篆法就无法篆刻。先生精通篆法（包括书法与字法），他的篆刻作品，篆书"以小篆为根本"，尤重摹印之汉缪篆，并化入两周金文。字不妄作，用字本《说文》，《说文》所无之字，主张用秦汉碑版文字以至汉隶变通仿用，并把"甲骨金石陶泥之属"都作为"治印之绝好参考"，而不死守《说文》。先生说："许氏《说文》止能资以探文字之结构，供临摹之准则，基础既固，则广多之材料，咸为我用。不尔六书未明，正体不辨，以言省变，必陷杜撰。是以刻印虽小技，亦非静坐读书不为功。"

先生好学不倦，他有一方印章"容我读书方是福"，青少年时代"静坐读书"是下过苦功的。他在《摹印学》中仅讲述篆法一章就开列了一个长达160多部的书目，那还只是供初学者学习的。先生本人于甲骨钟鼎、石鼓、诏版、权量、货、泉、碑刻、墓志、瓦当、封泥……可说是无所不窥，无所不通。先生是知识渊博的金石学家。

先生涉猎广泛，其他方面也有很深的修养，先生于文学、史学、音乐、戏剧等方面，都有很高的造诣。画史画论著作，大家都很了解，很少有人知道先生还出版过《张江陵年谱》《文文山年谱》。先生还会京剧，能操琴、尤擅吹笙……

知道了这些，我们才能明白先生的篆刻艺术所以有如此的成就，绝非幸致。他的篆刻作品既是书法、篆法、章法、刀法的结晶，又是先生才力、学力、功力和魄力的集中体现。

先生是美术理论家，先生的文学著述逾两百万字。在那些文章中，先生发表了许多精彩议论和独到见解。但最简单明了、开门见山表明自己的艺术主张的，却是那些经常钤盖在先生书画作品上的已为大家所熟悉的押角闲章。闲章不闲，全都寓有深刻的内涵。

先生为拯救已陷入僵化衰老、陈陈相因的中国画，大声疾呼倡导变法革新。"其命维新"一印，集中体现了先生的观点。"苟日新，日日新、又日新"，"周虽旧邦，其命维新"。先生心中对民族艺术充满忧患意识，先生是把改革国画、振兴国画当作历史使命，以创新为己任的。

如何创新，先生指出要使中国画变，使中国画动起来。他认为"一种艺术的真正要素在于有生命"，因此必须注入温暖，注入新的活力。一条路，只有面向真山真水而"踪迹大化"，也就是现在常说的面向自然深入生活。

"踪迹大化"一印，使用最多，与"道法自然""造化吾师"，意思一样，都反映了先生的艺术观点，说明了先生所走的艺术道路。

面向大自然、深入大自然，还要热爱大自然，从而使"山川脱胎于予也，予脱胎于山川也。搜尽奇峰打草稿也。山川与予神遇而迹化也"，达到物我交融天人合一，以至像知心朋友似的成为山川的代言人。这就是先生摘取石涛上人名句而治"代山川而言也"一印的真谛。

新中国成立后，先生为中国翻天覆地的变化而"感念万千"。为描绘祖国山河新貌，几次赴全国各地旅行写生，产生了一批无论在思想内容和笔墨技巧方面都发展到崭新阶段的佳作。在这些画上他钤上了精心刻制的"换了人间"（大小两方）、"当惊世界殊""陕北风光""江山如此多娇""待细把江山图画"等印，表达了他热爱祖国、热爱新社会的爱国主义情操。这些篆刻作品的艺术成就绝不在绘画之下，印与画相得益彰、交相辉映，形成完美的艺术统一体。

先生喜读诗词，过去画了许多古人诗意画，新中国成立后对毛泽东诗词"气魄的雄浑、格调的豪迈，意境的高超，想象力的丰富"极为钦佩，"受到强烈的感染"。因而曾投入很大的精力不断地以毛泽东诗词意境为题材，构思作画。他自己说："几十年来，不知画过多少次，却没有一幅满意的"，所以在这些画上他总是钤盖"不及万一"一印。当然这只是说明先生的谦虚作风，那些画的成就早有定论。值得注意的是"不及万一"的"万"字，还有"集体创作"印中的"体"字，"埋头苦干"印中的"干"字都是以简化字入印的。（"不及万一"印有两方，另一方为繁体）简字能否入印，印坛屡起争端，先生却不顾毁誉，径自实践运用而又先人一着。

先生最为大家所津津乐道的闲章是"往往醉后"，但对此印的理解颇有异词，为此我曾写过《醉翁之意不在酒》短文一篇，为省得再费脑筋，兹稍作增删而录之如次：

著名国画家、艺术大师傅抱石先生嗜酒善饮，一杯在手，怡然自乐。尝笑谓：古诗"寒夜客来茶当酒"我却是"闲来无事酒当茶"。抗战期间，傅先生举家入川，寓居重庆西郊歌乐山金刚坡下，当时国家多难，民族危殆，抱石先生忧国忧民，壮志难酬，空自慨叹而已，"何以解忧，唯有杜康"！于是酒量日大，酒兴日浓，终于与酒结下不解之缘。抱石先生在给友人的一封信中讲得清楚："……抗战期间，由于种种烦闷，遂日以杯中物自遣。有时从醒眼（早起）到闭眼（上床），不入其他一滴，而只有大曲，于是习以为常，非此不办矣。""李白斗酒诗百篇"，唐寅"百杯复千首"，自古许多诗人画家，多于酒后更能使才智发挥得淋漓尽致。抱石先生亦复如此，他说："大约20年来，此病渐深，每当忙乱、兴奋、紧张……都非此不可。特别执笔在手，左手握玻璃杯，右手才能落纸……"抱石先生性情豪放不羁，胸怀坦荡壮阔，而于酒醉微醺之际，更是激昂慷慨，豪情满怀。此时握笔作画，真是落笔惊风雨，画成泣鬼神，有纵横驰骋席卷千军之势。是故，抱石先生常于得意之作上，钤自制"往往醉后"一印押角。

然抱石先生的优秀作品并非全在酒醉之后产生，"往往醉后"的"醉"字，含意深广，是"陶醉""沉醉""醉心"之醉，是对大自然的诚挚热爱，是对祖国美好河山的深厚感情，是创作激情的触发，是艺术灵感的推荡，是达到了一种物我相忘的艺术境界的升华。王维诗"襄阳好风日，留醉与山翁"，欧阳修文"醉翁之意不在酒，在乎山水之间也"正好为"往往醉后"作注脚。

抱石先生作画主张面向自然"踪迹大化"。他所作山水绝非醉后信笔乱涂，而是对一山一石、一草一木都经过深入观察，细心体味，并寄以一种如"醉"如痴的情思，在"精神醇醉"之后，才胸有成竹地落笔完成的，抱石先生自己解释说："往往醉后见天真"那才是"往往醉后"一印的真正含意。

"往往醉后"印，先生特别喜爱，先后曾有三颗，刻过四次。1940年2月，首先作较小的一方，2厘米见方；1945年春作稍大的一方，2厘米半见方，与"抱石之印"是一对。最常用的一方为1.9×2.65厘米，长方形，此印始刻于1941年，1947年3月又磨去重刻，一直使用到晚年。两者大同而小异，明眼人自能鉴别。

"往往醉后见天真"一语，脱胎于石涛上人的诗句"每于醉后见天真"，石涛有《与友人夜饮诗》：

......

携手大笑菊花丛，纵观书画江海空。

灯光晃夜如白昼，酒气直透兜率宫。

主人本是再来人，每于醉后见天真。

客亦三千堂上客，英风竦飒多精神。

拈秃笔，向君笑，忽起舞，发大叫。

大叫一声天宇宽，团团明月空中小。

"每于醉后见天真"！赏菊观画，英风竦飒，长啸起舞，气贯斗牛。这也正是抱石先生"往往醉后"解衣磅礴挥毫作画的写照。

综上所述，抱石先生对篆刻艺术的贡献是多方面的，在篆刻艺术上的成就是巨大的。40年代郭沫若、沈尹默、汪旭初、徐悲鸿等先生对抱石先生的篆刻艺术非常称赏，其他如潘伯鹰、常任侠教授亦曾为文介绍。常任侠文中写道："其治印也，亦劲直方正，无媚世之姿。根于性而发于艺，力振古法，追迹昔贤，固非流俗所能知也。"而后，由于先生画名响天下，其篆刻艺术成就一直掩而不彰。其实近百年来，在篆刻方面能够继承某家某派，甚或有突出成绩并有所发扬者颇不乏人，而能够集两周秦汉魏晋于一体，熔文何皖浙完曼于一炉，去芜存菁，总其大成，另辟蹊径，独树一帜者，唯抱石先生一人而已。且先生不仅有刊刻近两千方印的艺术实践记录，而又有摹印学、篆刻史等一系列理论著述，更使一般印人难以望其项背。抱石先生于1960年当选为省书法印章研究会副会长，1964年当选为西泠印社副社长，先生在篆刻方面的艺术成就，终于开始得到承认。毫无疑问，抱石先生是现代篆刻史上的一位巨匠，是我国最杰出的篆刻艺术家之一。

傅抱石先生画展

徐悲鸿

山水于画为晚出，在民国至7世纪之盛唐王维，方确定建立此易人之馈艺；在欧洲必至300年前，17世纪之荷兰人雷斯达尔·霍贝玛，同时若意大利之丁托列托，及较晚辈之关尔弟，则专写建筑物市街，前者尤精绝。而法之罗朗，尤以擅写海天残照，为19世纪世界最大风景画家英人透纳所祖述者也。首创欧洲风景画，诸人中对此颇奇，因雷斯达尔从不写人物房舍，其最擅胜场者，为激湍之奔泉，为清泓之树影，纯然会心于绝无点缀之造化。而造诣特深，与绝对不离开几何线之丁托列托，大异其趣，此为从未写草树之风景画家，亦全世古今所无之怪物。虽吾国之赵千里，亦未尝如此其刻板也。王维信美矣，惜无作品遗至今日（附其名者俱非真迹）。吾所最尊之山水画凡两幅：一为故宫藏范中立之《溪山行旅》，一为周东邨之《北溟图》，真是质诸鬼神而无疑，百世以竢圣人而不惑之奇绩也。若董源、巨然、米芾、郭熙传世均有杰作，而米芾尤为中国首创印象主义大家，纯以墨气分光彩。后之笨汉，漫以横点拟之者，中国大达主义之玩笑正式成立，应为董其昌，至彼乃水失其平，树干变方，人翻筋斗，舟行陆上。总而言之，病者说好，大为不妙。从此画不重形，骨干全失，虽芥子园之流毒，使人不

241

用观看，而以声势凌人。导人惟以位望，则董其昌真罪魁祸首也。夫以衡使轻者重而重者轻，是即所谓韵，变易形象之常态，则兴趣倍增，若遂□遗弃迹象。诚笨侯也。而半解之夫好之，因制成三百年之衰微。

四王并非无才，惜收藏家醉心古人太过，全神尽为古人所摄。致目不旁视，行必坦途，天地至大，必欲坐井观之。前有园，涉深便不敢往，揖让周旋之术工。而乡愿之道备，石谷子能成此时中国画圣，亦理之奇也。其光洁整齐，大拟伦敦裁缝所制之西装，在清朝统治下盛行八股之际，尤称适合时宜。于是嵚崎没落高逸不羁之要人，独游行于大自然中，高尚其事，若石谿、石涛，其著者也。

文艺所凭借之内在力量有二：曰笃信，曰自由。前者基于心悦诚服之理智，后者则其独往独来之情感，苟跻其极，并能不朽。但不能离乎自然，苟摒弃自然，则沟通人我之主点情意全失，艺将不成其为艺，而怪喜狂叫，亦必不成为一种语言令人了解也。但自然中，固有惊雷闪电，得其真趣，人亦共喻，此中真伪之理法，乡愿与狂猖之辨，不可不察也。夫充实之谓美，充实而有光辉之谓大，大而化之之谓圣。虽孟子之名言，实天经地义，今者仅因补品而得健康，其悖于养生也明矣。此不佞20年来力倡写实主义之原意，而因抗战剧变，得到成功者也。抱石先生，潜心于艺，尤通于金石之学，于绘事在轻重之际（古人气韵之气）有微解，故能豪放不羁。石涛既启示画家之独创精神，抱石更能以近代画上应用大块体积分配画面。于是三百年来谨小慎微之山水，突现其侏儒之态，而不敢再僭位于庙堂，此诚金圣叹所举"不亦快哉"之一也。抱石年富力强，倘更致力于人物、鸟兽、花卉，备尽造化之奇。充其极，未可量也。大千、君璧之外，又现一巨星，非盛世将至之征乎？

傅抱石先生的画

老 舍

　　傅先生的画是属于哪一派系，我对国画比对书法更外行。可是，我真爱傅先生的画！他的画硬得出奇……昔在伦敦，我看见过顾恺之的《列女图》。这一套举世钦崇的杰作的好处，据我这外行人看就是画得硬。他的每一笔都像刀刻的。从中国画与中国字是同胞兄弟这一点上看，中国画理应最会用笔。失去笔力便是失去了中国画的特点。从艺术的一般的道理上说，为文为画的雕刻也永远是精胜于繁；简劲胜于浮冗。顾恺之的画也不仅是画，它也是艺术的一种根本的力量。我看傅先生所画的人物，便也有这种力量。他不仅仅要画出人物，而是要由这些人物表现出中国字与中国画的特殊的，和艺术中一般的、美的力量。他的画不是美的装饰，而是美的原动力。

　　有人也许说：傅先生的画法是墨守成规，缺乏改进与创作。我觉得这里却有个不小的问题在。我喜欢一切艺术上的改进与创作，因为保守便是停滞，而停滞便引来疾病。可是在艺术上，似乎有一样永远不能改动的东西，那便是艺术的基本的力量。假若我们因为改造而失掉这永远不当弃舍的东西，我们的改造就只虚有其表，劳而无功。让我拿几位好友的作品作例子来说明吧！我希望他们不因我的信口乱说而恼了我！赵望云先生以十数年的努力做到了把现代人物放到中国山水里面，而并不显得不调谐：这是很大的功绩！但是假若我们细看他的作品，我们便感觉到他短少着一点什么，他会着色，很会用墨，也相当会构图。可是他缺乏着一点什么。什么呢？中国画所应特具的笔力……他的笔太老实，没有像刀刻一般的力量。他会引我们到"场"上去，看到形形色色道地的中国人，但是他并没能使那些人像老松似的在地上扎进根去。我们总觉得过了晌午，那些人便都散去而场上落得一无所有！

再看丰子恺先生的作品吧！他的大幅的山水或人物简直是扩大的漫画。漫画，据我这外行人看，是题旨高于一切，抓到一个"意思"，你的幽默讽刺便立刻被人家接受，即使你的画法差一点也不太要紧，子恺先生永远会抓到很好的题旨，所以他的画永远另有风趣，不落俗套。可是，无论作大画还是小画，他一律用重墨，没有深浅。他画一个人或一座山都像写一个篆字，圆圆满满的上下一边儿粗，这是写字，不是作画，他的笔相当的有力量，但是因为不分粗细，不分浓淡，而失去了绘画的线条之美。他能够力透纸背，而不能潇洒流动。也只注意了笔，而忽略了墨。再看关山月先生的作品。在画山水的时候，关先生的用笔是非常的泼辣，可是有时候失之粗犷。他能放，而不能敛。"敛"才足以表现力量。在他画人物的时候，他能非常的工细，一笔不苟，可是他似乎是在画水彩画。他的线条仿佛是专为绘形的，而缺乏着独立的美妙。真正的好手国画是每一笔都够我们看好大半天的。谢趣先生，还有不少的致力于以西法改造中国画的先生们，也差不多犯了这个毛病。他们善用西画取景的方法设图而把真的山水人物描绘下来，可是他们的笔力很弱，所以只能叫我们看见一幅美好的景色，而不能教我们从一线一点之中找到自然之美与艺术之美的联结处，这个联结处才是使人沉醉的地方！

以上所提及的几位先生都是我所钦佩的好友。我想他们一定不会因为我的胡说而生我的气。他们的改造中国绘事的企图与努力都极值得钦佩，可是他们的缺欠似乎也不应当隐而不言。据我看，凡是有意改造中国绘画的都应当：第一，去把握到中国画的笔力，有此笔力，中国画才能永远与众不同，在全世界的绘事中保持住它特有的优越与崇高；第二，去下一番功夫学西洋画，有了中国画的笔力，和西洋画的基本技巧，我们才真能改造现时代的中国画艺。你看，林风眠先生近来因西画的器材太缺乏，而改用中国纸与颜色作画。工具虽改了，可是他的作品还是不折不扣的真正西洋画，因为他致力于西洋画者已有二三十年。我想，假若他有意调和中西画，他一定要先再下几年功夫去学习中国画。不然便会失去西洋画，而也摸不到中国画的边际，只落个劳而无功。

话往回说，我以为傅先生画人物的笔力就是每个中国画家所应有的。有此笔力，才有了美的马达，腾空潜水无往不利矣。可是，国内能有几人有此笔力呢？这就是使我们在希望他从事改造创作之中而不能不佩服他的造诣之深了。

傅先生不仅画人物，他也画山水。在山水画中，我最喜欢他的设色，他会只点一个绿点，而使我们感到那个绿点是含满了水分要往下滴出绿的露！他的"点"正如他的"线"，是中国画特有的最好的技巧，把握住这点技巧，才能画出好的中国画，能画出好的中国画，才能更进一步地改造中国画，我们不希望傅先生停留在已有的成功中，我们也不能因他还没有画时装的仕女而忽视了他已有的成功。

傅抱石教授山水画管窥

潘伯鹰[*]

曩年商务印书馆刊行论画小书，蒙尝得读之于著者傅君抱石固已心仪之矣，军兴入蜀，复于报端得见君论黄牧父治印之文，喜其同好，因得一通书札。嗣后于沈尹默、汪旭初、谢稚柳诸先生处屡闻君教授中央大学，日得数观其画。然至今未得一奉手于教授。今者教授将陈其精品于沪上，以与友邦人士共览。蒙得一抒所感，并世贤哲当不谓其阿私耳。

夫画者艺也，故非沈酣酷炼不足以尽其精工；然画者亦意也，故非文人学士不足以发其神奇。王右丞自誉前身画师，而其所自立者，乃为当世词客。持此论最坚者元明诸大家皆是也。然自"文人画"一名既立，世或病文人之画为师心自用，而未造极于工能。且所谓"文人"涵义过广。其于画或去之甚远。蒙尝读教授述画之文。其于吾国山水画史，征引浩博，期于史实之中，求一至当之论。以今语称之，乃"理论建设"是也。教授乃复出其余绪，挥洒天真，尽烟云之变，穷壑丘之奇。是得于心者应之于手，发于手者将复印于心。教授之异于众史，此其尤著者也。

---

* 潘伯鹰，书法家、诗人、小说家。

蒙尝观教授之画，其奇变荒率之境，非庸俗之所知。求之于古人，或石涛之亚乎。石涛之画，蒙所见不多。其情趣冷古，气象沉郁。遗世独立者之所为。要其境界亦多可践履。若乎叠巘危崖，奇形诡状，几于飞鸟绝踪者，则教授之画，殆有过之。是为感发于西南峰崿之森严，而非石涛一家所可限。抑山水画中以浅绛为尤宜于传淡远松秀之神。而教授乃能铸之以浑古。其重色者尤使人有神游太初之想，此其天机奔轶风发泉涌为何如耶！

更有进者：教授之画，其人物皆萧然世外，如晋宋六朝间古德，所谓着之岩壑者也。所贵于六朝人者，在能遗万世俗耳，非必土木形骸以裸裎为尚。乐令谓名教中自有乐地。其峨冠博带，杖履春容，足以使人鄙吝自消。古今之世慵儿贩妇，苟可以游于阛阓之中，明于弃取之术，皆能迅拥厚币，比于素封。士夫之逐末而变节者亦不可胜数矣。天下滔滔，吾谁与易！然则教授山水画中之人物，其亦时之石乎。

蒙所能窥见者如此。愿以质之玄鉴之士。不知教授其亦颔之否？

傅抱石国画技法之新创造

圣　时

　　同时代事实之是非往往不若历史之明确。此实古往今来诸学者艺人生时不闻而其名身后始显之主要原因。诸葛武侯生时自比管乐，非孔明之才则不能自知如是之确也。以中国图史综合论之，则只米芾元章一人之地位与傅抱石近似。虽然，此论断今日言之似嫌过早。

　　国画之内容首重笔墨，洪谷子之言曰："吴道子有笔无墨。项容有墨无笔。"而论者以荆浩之作笔笔是笔却又笔笔是墨。此可见笔墨之问题由来甚古，此问题之重要，主在山水，因人物向重勾勒，有不同之描法多种，墨之地位较为次要。然人物画较山水为古，今日唐以前之画最著者如《女史箴图》，其山、水、树、石亦作勾勒尚无皴法可言。降至唐代，山水画迹留传者仍多沿之，如李昭道《春山行旅图》、王维《雪溪图》等勾勒后加以渲染，其结果形体甚清，然笔墨无由溶洽。宋人南北派皴法互异，大体仍先皴而后渲染之，形体之界限仍甚清晰。北苑郭熙等之用笔虽已无痕，然尚见来踪去迹及其法度，至米芾出则一反成法，创米家山水，而令笔墨完全溶合为一，更不能分出何者为皴法何者为渲染。米友仁、高克恭、方方壶继之，遂发扬光大，然皆不若元章之孤高奇古。且明季以降，其道绝矣。元章对笔墨问题之解决与南北宗皆绝不相同，而其成就虽在打破笔与墨之界说，今傅抱石亦可使笔墨完全交融，但其成就却又与米芾绝异。

国画之用笔皆为形体所束缚。西欧于印象派以前亦然，独印象派出，乃打破此法则，印象派大师莫奈、毕加索之作，其画近视不辨何物，物体之间亦无清楚之界限，远观则亦颇清晰。傅氏之画亦有此妙。能用笔不受形体约束，在国画历史上只张大风尚近似，然大风之作皆系小品，清代龚贤（半千）常用渲染及密点作山水，其法先用清水将纸湿透，然后用墨点细细点之，层层加厚，由浅入深，最终乃颇似近日之风景照片。半千之作过于匠气，无大价值。傅氏之作于此可谓突出矣。

人物画之起源虽古，当不若山水画之兴盛。唐代以降，陈章侯厥为大家。按章侯之影响极大，开清代人物画之先声。任渭长、罗两峰、任颐、任薰皆受其影响。老莲用高古游丝描，铁画银勾，但其线条与色彩之间未有密切之关联，此可于老莲之版画见之，老莲木刻版画凡六种，刻工为中国单色版画之冠。其画神韵不先，任渭长亦然，比之西欧则与古典大师安格尔近似，赖纳克曾言：安氏之作如印成黑白画则较有色彩者更为动人（见《阿波罗艺术史》），人物画之线条至伯年任氏已登峰造极。老莲之线条无多粗细浓淡之变化，伯年则具之，真所谓作画如作书，然伯年之线条仍为形体所约束。吾人尚可指出何一笔是袖之褶，何一笔是带之纹，傅氏之作则否，其用线条真如天马行空，细视之不知所指，略远观之则眉目毕现，如就线条本身观，则笔笔皆有来历，有浓淡，有粗细，秀劲无伦，可与物体及色彩完全融合为一，如欲以木刻再现傅氏之画，则正如以黑白重印印象派之作，殆为不可能。

古人作画，大都先以墨而后以色，而墨是主，没骨花鸟则有纯用色者，石涛间作没骨山水，用花青赭石代墨（"平沙落雁"之作），而使色与墨完全不分。古人作山水多用原色，傅氏则原色甚少，其用色之微妙真可谓空前矣。此可于西洋之油画见之，油画之色彩，其变化万端，由红入橙，其间不同之色何止千万，国画之色调向来未见如此之精者。

　　大凡图画最初无不约束于自然，苦心孤诣，皆以形体之正确为依归。如能得心应手，则可渐渐不受自然规律之约束。人之全身比例有一定者也，然西班牙大画家哥利可（El Greco）可任意延长之，观其画更觉真实，而如过于夸张，则为漫画，失去艺术之价值。傅氏之人物在形体上多半有所变化，然表现个性极其强烈，而又未流于粗野，过火。此诚难能矣。

　　综而言之，傅氏之画乃现代人之绘画，即今日高度文化之成果所产生之绘画是也。印象派及新印象派之兴起与西欧绘画技法一大革命，以后乃有现代绘画之兴起，傅氏之画亦颇近似，与中国今后之绘画影响至大，可断言也。

附　录

中国篆刻史述略

傅抱石

绪　论

中国艺术最基本的源泉是书法，对于书法若没有相当的认识与理解，那末，和中国一切的艺术可说是绝了因缘。中国文字为"线"所组成，它的结体，无论笔画繁简，篆隶或其他书体，都可在一个方形的范围内保持非常调和而镇静的美的平衡。这是和别的民族的文字不同的地方。试参观一次中国的印刷工厂，一粒一粒大小相同的铅字，这便是中国艺术的原子，中国人在这相同大小的范围上面，凝神静观，可以透过与生俱来的欣赏力而对这不同的笔画发生无限的境界，无限的趣味，无限的新意。中国一切的艺术差不多都是沿这个方式进展。

篆刻的简单诠释，不妨说是"篆"与"刻"的艺术，即是指用金属品、玉石、兽骨及各种材料雕刻印章的艺术而言。这名词的专用于刻印，虽出于近世纪，而这艺术的历史，就遗物的流传而论，几可为绘画的二倍，和文字差不多同时。"篆"即是书法，"刻"即是雕刻，以线条为生命的中国文字，对于雕刻是非常适宜的，所以书法和雕刻的综合，在中国虽尚有其他的表现方式，然总没有比"篆刻"更纯粹、更彻底、更精彩的。它原始的发展情形，虽尚待今后的研究，而据已有的资料，它是与宗教、政治、道德诸方面紧密联系而形成艺术的。尤以自第7世纪顷和绘画艺术结了不解之缘之后，骎骎乎已是构成中国绘画相当重要的元素。随着绘画的发达并辔奔驰，造成了中国艺术史上的奇迹。

篆刻的全部历史，是"应用"和"艺术"两条线所延续，所以它的拥护者不仅是书画家而为大众。粗粗地说来，它是中国乃至日本所有知识阶层及部分非知识阶层的恩物。政府与政府、政府与人民、人民与人民，或吾人自己都是在应用上把它做法律的根据，在艺术上把它做精神的慰藉。

古代的篆刻遗物，对于中国文化历史的研究，也是一种重要的珍贵的资料。自11世纪以来的金石学家或小学家，俱曾对此拂过非常的热诚而收获佳果。这工作当然和纯艺术的观点出发者微有不同，而古代丰富的遗物，则赖此保存、传播，得以别启后代的途径。因为它的文字，保存着许多不同的书体，足以旁证书道之衍变或考订经传之伪误。它的印文——着重官印——也足以救若干史料之失。宋淳熙三年（1176年）刊行的王球《啸堂集古录》内，即开始著录了这类资料。

但在今日，欲将这中国独有的艺术作一史的观察，阐析其变迁盛衰的痕迹，实不是一件轻而易举的事。参考资料的过于艰少，遗物谱录的不易集中，这都是稍娴中国美术文化历史者周知之事实。著者兹本其残缺的参考和浅薄的见解，分立四章试行研究：一、篆刻的萌芽时期，这一章包含殷末至周初（前12世纪至前9世纪），拟根据书法铜器的艺术，探求钵印的起源；二、篆刻的古典时期，这一章包含晚周至汉代（前8世纪—219年），阐述其官印私印的发展与成熟；三、篆刻的沈滞时期，这一章包含三国至宋元（220—1367年），分别说明这长时间的衰微状况兼及诸种重要的变化；四、篆刻的昌盛时期，这一时期包含明至清末（1465—1911年），就可信的资料与遗物籀述篆刻纯艺术的发展，特别注重这时期的师承系统和盛衰影响。

一、篆刻的萌芽时期

中国的钤印，究起自何时？这问题在历代的金石家、篆刻家或美术史家从来是不十分注意的。按文献上最初的记录，恐怕要推《周礼》"货贿用玺节"的一语①，汉代的郑康成注云："玺节者，今之印章也。"又说："玺节印章，如今之斗检封矣。"这是说周代的玺节即是汉代的"印章"，也即是汉代的"斗检封"。斗检封的制度，近年才开始完全表白②。可考见公元前后的钤印的用途是怎样的一种方式。原来这时候政府的一切文书——诏、策、书、疏——还是用笔写在"版"——木板上，合起来用麻绳系好，再在绳的结上用"泥"封固，然后用"钤印"捺在泥上。这和现在的火漆封印差不多完全类似，目的在保护着文书的秘密。这是钤印的大部分用法。因此，刘熙《释名》释"玺"字，便说："玺，徙也，封物使可转徙而不可发也。"又释"检"字："检，禁也。禁闭诸文，使不得开露也。"都是根据当时的用法而下的解释。准此以言，"货贿用玺节"的周代，玺节的用法虽不必同于"检"，而必为当时一种"检奸萌，杜作伪"的信物，即所谓"凡

————————

① 见《周礼》。朱竹垞云："印信不始于秦也，周官掌节，掌守邦节，货贿用玺节。凡通货贿，司事以玺节出入之。"

② 考汉时诏策书疏，皆以墨书木版，曰木简。1902年英人斯坦因（Stein）在于阗故址掘得废墟，据所获众多之木简，始明"斗检封"之完全型式。

通货贿，司事以玺节出入之"，自无疑义。周代的社会，已是封建的社会，这时候交易的频繁，我们即看布刀、贝货的多数遗留，也可以证明。再就现存的古印研究，经清代金石家考订无讹的周物，数量上也不在少数，那末周代已有大量钤印的制作，自属明确之甚。这一说，现任中国故宫博物院院长的马衡先生是力加主张的，马先生以为："稽之载籍，征之实物，大抵皆周玺，且多为晚周之物，夏商无闻焉。"①

然而，视为中国书法基础的铜器艺术，在公元前12世纪或前11世纪顷的殷末，即有相当的精巧。据文化发展的历程，这相当精巧的铜器艺术，当然不是殷末才开始的，殷末以前必有铜器艺术的黎明时期渐进而臻于精巧的。这时期的殷人，已有相当进步的文化，文字的使用，也有摆脱"象形"的倾向，这征之若干殷代铜器的铭刻，可以获到证明。

殷器的铭刻，是殷人书契的艺术，也是书法和雕刻的综合艺术。"……后世圣人易之以书契"的话，颇使我人联想这书契和篆刻，仅是材料、形制、用途的不同，实是二而一者。在书契艺术相当发达的殷末，若凭常识的推想，钤印似有随着发生的可能。故近世若干关于篆刻的文献，对于起源问题，都含浑着说"肇自三代"（夏、商、周，前2 205—前256年）。唐杜佑《通典》亦有"三代之制，人臣皆以金玉为印、龙虎为纽，其文未考"的记载。又《拾遗记》有龟颔印②、《博物志》有"忠孝侯印"③。前者说是夏禹（前2205—前1784年）治水时代的故事，后者则以为"忠孝侯"是尧舜时（前2357—前2206年）的官名。在中国古代史及史前史议论纷纭的今日，上

---

① 见《刻印概论》马衡先生评语。

② 壬子年《拾遗记》云："禹治水，黄龙曳尾于前，元龟负青泥于后，颔下有印，文皆古文。"

③ 《博物志》："忠孝侯印，议者以为尧舜时官。"

述的记载，自不能加以相信，但篆刻的变迁和书法的变迁又几乎是二而一的关系。"仓颉造字"说，我们不妨置而不论，而安阳小屯殷墟出土的龟甲文字，若把数字以内的小块拓本浏览，真令人有面对殷周钤印同样的感觉。除了形状用途不同外，制作的历程什九相同①。制作的技术相同，换言之，即钤印的美，龟甲拓本也完全具备。殷人既能制作相当精巧的铜器，又有和篆刻制作相同的契刻龟甲兽骨，这时候可能有钤印的萌芽，或任何人都会相信罢？卫宏《汉旧仪》云："秦以前，民皆以金玉铜犀象为方寸玺，各服所好。"这"秦以前"的解释，虽大半指的是春秋战国时代，然竟上推到殷末，我以为亦富于趣味，所谓金、玉、铜、犀、象，不可看作铜器的铭刻和龟甲兽骨的书契所给予的影响吗？玉是中国古代文化上最被尊崇的一种，自然更易为篆刻家注意。

上述的推想，现在以安阳殷墟的发掘更增其意义了。殷墟的发掘出土物中，据徐中舒的《关于铜器之艺术》所记，即有钤印的发现，并著录于《邺中片羽》一书②，如果这著录的玺印将来经考定没有问题，那末，篆刻的历史，就将向前延长数百年了。可惜我尚未见到这本《邺中片羽》，不能作进一步的研究，据我的推想，是颇以为可能属于殷末的。总之篆刻的萌芽时期量迟必在殷末，是不容再事置疑的了。

---

① 董作宾《殷人之书与契》："契刻须先经书写，由契刻的技巧，亦可见书写的功力，甲骨文字中，大者如拇指，小者如蝇头，率皆一挥而就，用刀如笔，大有神工鬼斧之妙。"——见《中国艺术论丛》滕固编，1938年。

② 徐中舒《关于铜器之艺术》："服御物有镜、印钤、铜刀等。……商代印钤，亦著录于《邺中片羽》中。"（原注，卷上34页及35页）——同上。

二、篆刻的古典时期

经过周代长时期的孕育成长，玺印在西周和铜器一样的承殷之遗，没有什么大的变化。到了春秋战国，石刻、权量、货布等不同的书体一时并出。和书法二而一的玺印，当然蒙受深厚的影响。试就搜罗古印累万的《十钟山房印举》①所收入的周玺或只就《封泥考略》②，"左司马闻翌私铢""宋连私铢""粕□□□"三古玺封泥研究，就可以明白存有何种的变化。虽今日尚没有发现多数殷末及西周的遗物，无法描出晚周变化的清晰痕迹，然就下面即将述及的若干关于"秦以前"的文献，固未尝不可以当作反证来研究。

秦代（前265—前206年）自始皇帝统一天下，政治、文化都有新的面目。在中国民间的传说中，秦始皇是个暴君，但在艺术史上，他却是位不可忽视的帝王，对于建筑、雕刻、工艺，在他短短的岁月中，实有过很伟大的表现的。他兼并天下（前221年）以后的重要工作之一，便是统一文字，定"小篆"为正书。这一伟大工作的根据，大部分即导源殷周铜器的铭文③。这和篆刻的变化是有莫大的关系的。《金石索》著录的秦九字小玺及世所传"阿房宫"瓦的12字铭文，虽仅仅这两点，而我们亦不难窥察由浑朴趋于简

---

① 《十钟山房印举》，清潍县陈介祺（寿卿）辑，1923年涵芬楼景印。

② 《封泥考略》十卷，清海丰吴式芬（子苾）、潍县陈介祺（寿卿）同辑。1904年景印本。

③ 美国福开森（J.C.Ferguson）《中国铜器研究》："秦代隶书，大都导源于铜器之铭文，盖本铭文以谋文字之统一也。"见《学术》杂志陈幼璞译，1940年，上海。

劲的痕迹，更可憬悟汉印的精神，多少是以此为骨骼的。所以秦汉这两个字，直至今日，还是篆刻上最崇高的目标。

秦以前印章的使用，无论"印式""印材"都极其自由。卫宏所谓"以金玉铜犀象为方寸玺，各服所好"的话，即是指此。到了始皇帝，对于朝廷的印信，在少府设置"符节令"①的属官负责监管，对于君臣的官私印，则限制"玺"为天子专用，其余的叫作"印"。又限制天子以外，不得用"玉"质。这似乎可以想象当时玺印庞杂的状态。他这种"符节令"的设置，固为中国后世政府有监印官的滥觞；同时，后世帝王之有玉玺，亦以他的螭虎纽为嚆矢。故汉代许慎著《说文解字》释"玺"字云："玺，王者之印也。以守土，故从土。籀文从玉。"至此，玺字有从土——玺，——从玉——玺——的两种写法，所谓"籀文从玉"者，则更是根据当时或以前的玺印而言的。我们所常见古印上的玺字，多作"钵"，或作"坏"。从金从土，或与"玺"字从玉的原因一样，乃因印的"质"而不同的。又"钵"通常写作"钵"。由此以推，则"坏"可以写作"坏"，写作"坖"了。清潍县陈介祺所藏的汉"皇帝信玺"封泥②便是从土的。

始皇在限制人民不得用玺用玉以后，又制定他自用的六种玺印：（1）皇帝行玺，（2）皇帝之玺，（3）皇帝信玺，（4）天子行玺，（5）天子之玺，（6）天子信玺。这六玺的制定与流传后世，有不少的人加以怀疑过。但汉代的国玺，是完全接受秦制，上举陈氏所藏的"皇帝信玺"封泥，据《考释》云："信玺，汉帝发兵徵大臣所用也。按《续汉书·舆服志》，黄赤绶注《汉旧仪》曰：玺皆白玉螭虎纽……凡六玺：皇帝行玺，凡封；之玺，赐诸

---

① 《汉书·百官公卿表》："少府，秦官，属官有符节令丞。"

② 《封泥考略》卷一，第3页。

侯之书；信玺，发兵徵大臣；天子行玺，策拜外国，事天地鬼神。"①可见秦的六玺，决不是虚构的事实。至于明徐官《古今印史》说秦的传国玺"方凡四寸，龙鼻色黄……"②的话，则不免有些夸大，"方凡四寸"是没有的。关于秦印，据我们能看到的谱录拓本，有几点颇为显然的现象：一是玺印的大小，并不完全是"方""寸"，有极多超过一寸又二分之一，甚至将及二寸的（即以汉建初尺度之，亦然）。二是印式的富于变化，并不限定正方。马衡先生云："至于先秦之印，则有方者，有圆者；有狭长者，有曲矩形者；有上方下圆者，有内方外圆者，有合数小印而成一印者，往往匪夷所思。尤以私印为多。"③三是书体的不同。如日本藤井静堂藏品的"鄦将渠惠钵""日庚都萃车马""钟绍钵""□□之钵"④，尤以前二者，不特大小超过"方寸"多多，而文字亦非当时习用之小篆。与习见之金文，亦大异其趣。此外，秦代的小朱文私印，流传于今日的不少，有很多的文字至今还不能得着正确的诠释，但均富于变化而有非常的"强"与"锐"的力量。可知秦代的钵印，历史上虽有始皇的种种限制，似乎有统一的可能；实际上怕是大大不然的。始皇的历祚过于短促，固为原因之一，而春秋战国的书体之杂，人民服用印章之盛，大势所趋，李斯们当然没有办法统制，这实是造成印式诡奇和诸体并存的主要原因。

篆刻在秦代是伴着春秋战国不同的书体相互影响而发达的，关于这一点，我们一察当时流行的书体即可明了。秦在小篆、隶书之外，尚有六种不同的

---

① 《封泥考略》卷一，第3页。

② 徐官《古今印史》："李斯又为之刻曰：'受命于天，既寿永昌'。方凡四寸，龙鼻色黄。上大篆文，饰以虫鸟鱼龙之状。"

③ 马衡《刻印概论序》。

④ 日本《书道全集》第二十七卷《印谱篇》附图。1934年，东京平凡社版。

书体，合称"八体"。即（1）大篆，（2）小篆，（3）刻符，（4）虫书，（5）摹印，（6）署书，（7）殳书，（8）隶书。这八体中的第五种"摹印"篆，我以为与其说是专供刻印用的书体，倒不如说"摹印"篆是来自钤印的书体，还比较接近于真实。这摹印篆到汉代便称为"缪篆"，《说文》云："五曰缪篆，所以摹印也。"现在我们还可以在秦汉钤印中观摩到这"八体"之一的真面目，所谓"非隶非篆，非不隶不篆"，隶篆相融的书体，用另一种眼光看，实是篆刻对于书法文字的贡献。直到今天，有许多习见习用的字，不见于《说文》，反而多数见于古代钤印之中。

汉代（前206—219年）是中国民族艺术的发展时代，篆刻经过这约四百年的洗练，即奠定了后世篆刻家永远不能超过的崇高的殿堂。中国艺术好像被一种共同的命运所支配，凡某种艺术发展到了最高点，如殷周的铜器，唐宋的绘画，……以后只有波纹似的向下盘旋，纵有起伏，然绝不易恢复原来的高度。篆刻的最高点即在这一时期，其重要就可想了。

汉代官印的制度，初期完全模仿秦代，设置"尚符玺郎"及制定六玺。并规定中二千石以上的官吏，称"章"，千石至二百石称"印"[1]，官印以外自刻姓名称"某人私印"，老百姓等只能称"印"的。关于"章"与"印"的解释，据马衡先生的卓见，认为"盖章者，章奏也。能上章言事者，始得用之"。[2]从制度意义上看，马先生所说的自为不刊之论。不过这时"章"与"印"的限制，实际和秦代的种种统制差不多，并没有百分之百的效果。我们从大量的汉印谱录或流传实物中去研究便可证明。

---

[1] 《汉旧仪》："请侯王，黄金玺，橐驼纽。列侯三公、左右将军，黄金玺，龟纽，文曰章。中二千石，银印龟纽；千石至二百石皆铜印鼻纽，文曰印。建武诸侯王，皆金印。"《印典》引。

[2] 马衡《刻印概论序》。

秦及其以前五光十色的玺印到汉代渐渐获得新的血液而形成相当统一的现象，诡奇的印式和一寸半以上的大玺，此时大见减少，几至绝迹。这时候无论官印私印，白文最多，此外则唯小朱文印，间或可从各家谱录中读到。白文的兴盛不可不说是汉印的特色之一。其次印的大小，一般的官印也不像秦代那样相差之甚，大约都在一方寸的上下，私印更小。至于制作的方法，随着铜器艺术的高度发达而流传的铸造术，此时是大大应用在玺印上面，故官印私印，都是铸造的多而刻凿的少。铸造的印章，有翻砂拨蜡两种制作方法，翻砂的浑融圆劲，拨蜡的苍莽矫健，和刻凿的美大有不同。汉武帝太初元年（前104年）规定官印要用五字，如"丞相"应该是"丞相之印章"[①]，不足五字的，一定要加足五字。如"御史大夫"的"御史大夫章"，"卫尉"的"卫尉之印章"[②]等是。但这种规定也只有太初以后短期的效力，汉官印中，四字的仍占绝大多数。

论遗物，铜印最多，这固是"汉印多铸"的证明，然出之刻凿的也不在少数。据个人的感觉无论铸和刻凿，俱富于朴拙厚重的美感。这种朴拙厚重的美，和同时代其他艺术所表现的恰恰相同，如铜器的铭刻，书法的汉隶，雕刻的画像石等，可说都是汉民族精神的反映。钤印的范围，不过方寸，而它的世界，实不啻万里之遥，竟令人有不可或忘之点在。艺术上是学古人的朴拙比学古人的精巧还更困难的。篆刻诚士大夫所谓的"小技"，而"精之亦可进于道"的话，古人也并没有欺骗我们。以朴拙厚重为生命的汉印，无论官印私印，它的规模法度，实完成了书法、铭刻的最高境界。

---

① 均见《封泥考略》卷一。

② 均见《封泥考略》卷一。

262

三、篆刻的沈滞时期

篆刻的发展，自秦汉到达最高潮以后，前面已经说过：渐渐的向下盘旋了。历三国至隋（220—589年）社会上即没有较长期的安宁过。在这时期的前半，篆刻还保留着相当浓厚的汉印面影，所谓"间有易者，亦无大失"。不过，虽无大失，而汉印"朴拙的美"，则渐次褪落，以至于罄尽，只剩下平整的间梁，向着沈滞的道路走去。在篆刻史上这一悠长约有十个世纪的期间对于中国美术史是一个颇不调和的时代。唐、宋（618—1278年）是称作艺术上黄金时代的，为什么篆刻反在这各种艺术争奇斗艳的大时代中落了伍？这原因，据我的意见是：（一）与篆刻相生相成的"铭刻"艺术，魏晋以来突然的衰歇；（二）篆刻所赖以成立的篆隶书法，六朝以后被软化渐变为楷书、行书、草书的发展。篆刻既和铭刻书法脱了辐，丧失了有力的凭借，自然陷入沈滞的命运之中。

17世纪末叶一位明清之际的对篆刻史最有劳绩的周亮工[①]（1612—1672年）曾说："此道与声诗同。宋元无诗，至明而诗始可继唐；唐宋元无印，至明而印章始可继汉。"[②]这几句话，实具有非常精卓的见解。我们没有忽略汉印主要精神之一的"白文"，但在六朝末季却被"朱文"的崛盛而打倒了。朱文本在秦及其以前的玺印中有过灿烂的成就，并不足为沈滞的原因。不过隋唐以后

---

① 叶铭《周栎园先生小传》：君讳亮工，字元亮，号栎园，又号减斋，河南祥符人。……好古图史书画方名彝器。有《读画录》《印人传》《字触》《书影》……明万历四十年（1612年）壬子生，康熙十一年（1672年）壬子卒。年六十有一。——见《叶氏存古丛书》，1909年。

② 见周亮工《印人传》：《书黄济叔印谱前》。

的朱文印，则面目全非，是以"诎曲盘回"为主，偏重整齐和对称的。如此一来，篆刻的生命起了僵化。甘旸的《印章集说》上说："印章之变始于此"是不错的。据我接触过的拓本，唐宋以后的官印，几完全是朱文。奇怪极了，这朱文官印的影响，在今日中国及日本各级政府、机关、学校、法团都还遵行着，丝毫没有例外。日本竟也如此。大概是它的输入中国文化，正是这转变的隋唐时代（589—959年）。

这时期的私印，就遗物的寥寥而论，可想是并不如何发达，偶然可以从碑版看到的几方，也大都不足以作鉴赏的。因为这时期的周汉古物，一般人尚无法接触，不能追求汉印朴拙厚重的精神，加上印必朱文，自然地易陷入"纤弱"的黑暗中了。至在印章的文字上，这时期却有不少的变迁。私印在秦汉大体说来，只刻自己的姓名，为简牍、奏疏或缝合收藏之用。唐宋以后，源于六朝的"表字印"一时盛行①，此外，"号印"②"氏印"③及斋、堂、馆、阁④、书简⑤、收藏⑥纷纷并作，应用的范围，比较从前更加扩充，然就艺术的立场论，还是愈离愈远。这应用上的扩充，当然不完全出于好

---

① 甘旸《印章集说》："秦汉止有名印，晋至六朝间，有表字印，唐宋表字印始盛行也。非古制矣。"

② 甘旸《印章集说》："时用道号印，如某道人，或某山人、某某子之类，古无此制。唐宋近代始有之。"

③ 朱简云："氏字在宋元方有，亦非汉晋六朝法也。"

④ 甘旸《印章集说》："堂馆斋阁杂印，古制原无，始于唐宋。"

⑤ 甘旸《印章集说》："秦汉名印之外，绝无他制。后晋朝及六代间书柬奏疏上用某人启事、言事、白事、言疏等印者极富。"

⑥ 甘旸《印章集说》："上古收藏书画，原无印记，始于唐宋近代好事者耳。"

奇，乃客观的环境所使然。譬如印章用在图书的收藏，而称作"图书"的这一事，据拓本也是起于这时期的五代（907—959年）的[1]。

在唐时，艺术史上有一种新的观象，间接地促成了后世篆刻的发展。这现象就是书画鉴藏的开始，开始将关于鉴赏的一切趣味责任交给了"印章"。唐内府的法书名画，均有题跋及印识，如"贞观""开元""元和之印""集贤""秘阁""翰林之印""宏文之印"等。因此，私人的收藏也渐次抬起头来。随着这鉴藏书画的兴起，于是篆刻在过去的领域之外，别创了新的大陆。于是篆刻家和鉴赏家结了缘，而且不久，篆刻家便越过了鉴赏家而与书画家直接发生关系了。这一进展的美果，虽收获在下一章的昌盛期，若没有宋元两代（960—1367年）书画艺术的培养是决没有成熟的希望的。今日我们虽审观宋画上所钤的"宣和"朱文小印，似乎并不希奇，然较之当时的官印，是有上下床之别的，这是篆刻沈滞时期中一个极重要的契机。

蒙古人入主的元代（1277—1367年）一班外来的官吏，中国字也写不来，当然谈不到什么印章。各衙门的官印，以金、银、铜来分别等级，这无疑的是模仿中国的制度，并规定一律用蒙古字[2]。幸而91年的时间一过去，这第一次侵入篆刻的异族文字便销声匿迹，永远不存在了。元代蒙古字的官印，今日不易看到，不必作如何的批判。而这一期间的私印，盛行五面印、六面印及葫芦、钟鼎、琵琶等怪杂的式样，形式上虽极发达，但篆法呆板，几毫无趣味可言，如日本河井荃庐所藏的"志

---

① "博陵用吉图书"印。见《唐陆司谏书兰亭诗帖》。

② 《续文献通考》："一品衙门，用三台金印，二品三品用两银印，其余大小衙门，印虽大小不同，皆用铜。其印文，皆用八思麻帝师所制蒙古字书。"

道"五面印及"哈儿鲁氏"六面印①，二印的恶俗，我想这和当时的官印很接近的吧？

然元代的文化，还是汉民族的文化。当时天才的书画家赵孟頫②眼见这衰蔽的篆刻，不能不以"圆转"来救"呆板"，主张篆法须用玉筋篆，而仍以朱文为主。这种运动，我们自他钤于碑帖间的印章研究，如"松雪斋""子昂""赵子昂"乃至他夫人的"管道昇"等朱文印，"流丽圆转"是有的，若说当时的积习从此一扫，则大谬不然了。他这种朱文，后世便称为"圆朱文"③。到了至正（1341—1367年）年间又有一位吾丘衍者，从事复古的基本工作，著了一部《学古篇》，这书是中国印学史上最早的一部专门著作，他把篆刻所需要的知识，列举三十五种——即有名的《三十五举》。"十八举"以前，研究篆隶源流及必要的参考品目；"十九举"以后则论古印的体制及朱白之法。此书一出，晦暗了将近千余年的汉法，才自此露出一线的光明来。故清金石学家桂馥说："摹印变于唐，晦于宋，迨元吾丘衍作《三十五举》，始从汉法。"

赵孟頫的"圆朱文"和吾丘衍的《学古篇》，技法与理论的运动，还是移转不了弥漫当时的衰蔽。我们试观赵孟頫遗留于今的书法，真所谓：婉丽有余，古意略尽，以婉丽去迎接汉印的朴拙，失败自在意中的了。不过元代有一种比较可以点缀篆刻史的，这便是今日古印中所称的

---

① 见日本《书道全集》第二十七卷《印谱篇》附图——1934年，东京，平凡社版。

② 字子昂，号松雪道人，谥文敏，浙江吴兴人。至治二年（1322年）卒，年六十二。

③ 何震云："圆朱文始于赵松雪诸君子。"

"元押"。"花押"①在宋朝的诸帝即普遍地使用过，而元押则是指其意趣在魏晋六朝的书体之间，士大夫的私印而言。1878年钤印的杨守敬《印林》十六册中，即有两册一字真书的印章，如姓"吴"姓"王"，只用"吴""王"一字作印，间有在姓字下作一某字的符号，这种符号即是"花押"，他人是不能理解的。

四、篆刻的昌盛时期

甘旸《印章集说》云："国朝官印，文用九叠而朱，以屈曲平满为主，不类秦汉。至品级之大小，以分寸别之。"甘旸是明时人，他的话可考察明代的官印制度。嘉靖（1522—1566年）以后，铸造印记关防，专以《洪武正韵》为主，《正韵》不载，方取许氏《说文》。二书无考者，始得参考其他的文字书籍。自"宗人府""五军都督府"至各州县，都是直纽九叠篆。大小则从三寸四分至一寸九分，唯各州县用长方印，高二寸五分。关于以屈曲平满为主的九叠篆，相传是取易经上"乾元用九"的意义，即是每字的篆文，都要屈曲九叠，这种屈曲多叠的书法，必然的是唐宋所谓诎曲盘回的影响。到明代才规定要曲九画而已。如宋元祐元年（1086年）少府监铸的"蕃落第六十三指挥使朱记"及贞祐五年（1217年）十月礼部造的"行军万户适字号之印"②，尤以后者，虽非明代的"九叠"，倒是十足的"屈曲平满"。再如成化三年（1467年）九月武英殿制的牙质大玺

---

① 周密云："古人押字，谓之花押。是用名字稍花之。"

② 见日本《书道全集》第二十七卷《印谱篇》附图——1934年，东京，平凡社版。

"继志述事之宝"①也寻不出九叠的痕迹。可见明代的官印,还大部分承袭宋元屈曲平满朱文多叠的遗意,没有特殊的变化。

至于私印,因元代赵孟頫、吾丘衍的复古运动,继之以吴睿、褚奂、朱珪诸家的努力,以及秦汉古印的传播渐趋便利,渐启明中叶以后蓬勃的机遇。考察明代所以急剧发展的原因,我以为不能不归功于明初王冕(1335—1407年)的以花蕊石作印②。王冕以前,篆刻所用的材料都是硬质,金属品不必论,玉、犀、象牙,也是不易奏刀的。因此,过去的篆刻家都和雕刻工人分工合作,即篆刻家落墨以后,交给工人再去雕刻。这方法明末的文彭还在使用③。然自王冕以石作印,刀与石遇,刀就有了办法,不但不需要篆刻家与工人合作,且可驰骋自如。篆刻能向艺术的途上迈进,我以为石章的流行是一莫大关键。后来文彭得着了"灯光冻",和代他刻牙印的李文甫就停止了往来而自己捉刀了④。于是篆刻从此完全为士大夫的事业,在鉴赏上和诗书画是等量齐观的地位。

石印既出,篆刻家仿佛如释重负,愈益显得活跃。自明中叶起,前此寥寥无几的印人,数量上也慢慢地增加起来。古印的搜集与研究,也开始为篆刻家服务,提供了相当的参考。如隆庆(1567—1572年)时的

---

① 见日本《书道全集》第二十七卷《印谱篇》附图——1934年,东京,平凡社版。

② 王冕字元章,号煮石山农,浙江诸暨人,明永乐五年(1407年)卒,年七十三。日人大村西崖《东洋美术史》:"自元末王元章得浙江处州丽水县天台、宝华山所产的花乳石,一名花蕊石——宋时土人,曾经取此石制作器皿——爱它的颜色斑斓如玳瑁,用之刻为私印,于是石章就流行天下了。"

③ 周亮工《印人传》《书文国博印章后》。

④ 周亮工《印人传》《书文国博印章后》。

《印薮》①、万历三年（1575年）的《集古印谱》②、同三十五年（1607年）的《秦汉印范》③、同三十六年（1608年）的《秦汉印统》④虽多是木刻的印本，不无遗憾，然对于当时的篆刻家，影响却不在小处。所以到了明末，便像绘画的艺术一样，发展的途径不止一端。因而此后的历史，不仅可说是私印的石印的天下，而且是以印人为中心的了。

位于中国东南部江苏省的苏州，可说是近代篆刻的星宿海。这地方唐宋以来，即以"人文的渊薮"著称。中国有句俗谚："上有天堂，下有苏杭。"它在中国人的心目中，实是一个美丽的花园。嘉靖（1522—1566年）时，这花园中有一位辉煌于画史而被称为明四大家之一的文徵明（1470—1559年），兼以篆刻著名。这位文先生一门高艺，他在画史上的影响和荣誉，实超过元代的赵孟頫。他有两位儿子——文彭、文嘉；一位侄儿——文伯仁，均以画家兼擅篆刻。而文彭（1498—1573年）尤为这花园中的奇葩，所谓开朝花而启夕秀，在近世篆刻史上有承

①　日人大村西崖《东洋美术史》："隆庆时武陵顾汝珍集古印作《印薮》流行于世，颇能正印学的荒谬。"

②　容媛《金石书目录》："《集古印谱》六卷，明太原王常（延年）编，武陵顾从德（汝脩）校，明万历三年顾氏芸阁摹刻朱印本，翻刻本。"（原刻本有古玉玦印记）。

③　同上："《秦汉印范》六卷，明云间潘云杰（源常）编辑，万历三十五年钤印本。"又叶铭《再续印人传》："杨当时，字汉卿，甬东人。按潘氏《印范》成于万历丙午（1606年）共二千六百有奇。潘云杰所集、苏尔宣（苏宣）杨汉卿同摹。"

④　同上："《秦汉印统》，明鄞郡罗王常（延年）编。新都吴元维（伯张）校，万历三十六年刻本，朱印。"

先启后的功劳。其他精篆刻的吴宽、王谷祥、黄圣期、吴迥、徐霖、赵宦光、胡日从及以收藏甲东南的项元汴诸人，地域固不尽苏州，时间也有先后，他们之于文彭，则好似牡丹绿叶，又好似众星相拱，诚如周亮工所云："论印之一道，自国博开之。"[1]彭字寿承，号三桥，隆庆时，官南京国子监博士，多在南京，不久被任北京国子监博士，遂为南京国博。左目不能视，以万历元年76岁的高龄死去，世称文三桥或称文国博。他的刻印，今日没有真谱可资研究，偶然存于书画间的或若干牙章的遗物，我们未尝不可借以探索他的艺术。他以书画双精之才，复受父亲衡山先生的指教，自易对当时的印坛有所努力、有所怀抱。据我的意见，他的刻印，基本的精神，在于"秀润"和"雅正"。当宋元诎曲盘回的积习之余，他出以"秀润"，是比较刺激性轻微的。他用"秀润"作了桥梁，挽转了若干印人回到"雅正"的彼岸，这是他的成功处。不然像元代的赵孟頫、吾丘衍，时代固不可并论，而他们忽略了现状，或竟突然的矫以极端，自然无法成功的。明白了这一点，三桥的作品在后世邀致如何的批评和他在篆刻史上的地位，当然不应该同日而语！他初期刻的印都是牙章，且大半写好以后命工于雕扇子的南京人李文甫奏刀[2]，李的技术虽能做到"丝毫不爽"的精妙，而那实不是篆刻的最高境界。我们根据他这分工合作的事实，就可以证明当时代的篆刻，还没有顾虑到"刀法"的研究。后来他在南京西虹桥无意中购得四筐"灯光冻"冻石，自己可以用刀如笔，就不再作牙章了[3]，"灯光冻"的嘉名，也因此为世所知。这时候，他的作品当有特殊的变化。刀书和笔书在同一作

---

① 周亮工《印人传》：《书文国博印章后》。

② 同上："先是公所为印。皆牙章，自落墨而命金陵人李文甫镌之。"

③ 同上："自得石后，乃不复作牙章。"

者，距离本不会很远，且有许多无意的妙处，简直不是笔书所能办到的，我想他这"秀润"的作风，刻石以后，必给予当时印人以较大的冲动。总之，他在篆刻史的地位仿佛绘画史上的王右丞。

艺术的影响不是绝对的，"秀润"也不是汉印的精髓，所以"秀润"仅可做转变中的桥梁，然绝不能范围一切的作家。因此和三桥在师友之间的安徽婺源人①何震一出，当时便有"印章一道，遂属黄山②"之感。"秀润"的变了质，真如周亮工所云："虽时为之欤，亦势有不得不然者。"何震字主臣，又字长卿，亦称雪渔，他与三桥同在南京很久，常常去讨三桥的教，他的艺术，无疑的是三桥的熏染启示，然后成功③。然主臣对于三桥的"秀润"，虽不免参之以"猛利"；而浸润太久，似乎鼓不起勇气来自辟蹊径。后人把他和三桥并称"文何"，不是没有理由的。他这"猛利"的一变，就三桥言，到苏宣④而尽；就他本身的变化言，不仅是当时一位特出的作家，而且是后世"皖派"（徽派）乃至"邓派"的始祖。直接承其系统的有程原、程元素父子，梁千秋、韩约素夫妻，儿子涛，郑基相。同时，直接间接宗他一家或作品与有深厚关系的有：金光先、程邃、朱简、汪皓京、李耕隐等，以程邃最有名。邃字穆倩，号垢道人，又号江东布衣，安徽歙县人，是明末一位民族的书画家。他的画，以枯笔干皴为主，极尽苍莽荒凉，所以他的刻印也富有

---

① 婺源县原属安徽省，自约1934年改属江西省。

② 周亮工《印人传》：《书汪宗周印章前》："自何主臣兴，印章一道，遂属黄山。"

③ 同上：《书黄济叔印谱前》："世共谓三桥之启主臣，如陈涉之启汉高，其所以推许主臣至矣！"

④ 苏宣字尔宣，一字啸民、号泗水，新安人，有《苏氏印略》四卷。

这种精神，不惟与三桥的"秀润"异趣，即与主臣的略参"猛利"者亦自有别。周亮工评他："力变文何旧习"者，以此。他对于刻印是很自矜的，和亮工相交30年，而亮工得他的印尚不满30方。他的影响在康熙、雍正之间，几笼罩过多数的印人，为任何人所叹服。后来以他为嫡祖的皖派，除在乾隆期（1736—1795年）的前后略见沉寂而外，直至清末，仍占着篆刻的主流。

三桥"秀润"的另一发展，则为汪关[①]、汪泓、顾听、邱畋、钦兰、王定的一系和顾苓[②]及其徒属的一系。前者是以"和平"来接受三桥的作风，和何震、苏宣的"猛利"不同。但影响甚微，旋即告绝；至顾苓的这一系，是亦步亦趋的学三桥，且其徒属如姚鼐、沈祚昌、张屺、张锡珪、连朗等和顾苓都是苏州人，故又有"吴派"之称。但其寿命和汪、顾的"和

———————

① 周亮工《印人传》：《书汪尹子印章前》："汪尹子，关，黄山人，家娄东，时其同里人词客程孟阳，亦家嫪城，颇为尹子延誉于四方，以故其手制甚为时流所重。子宏度亦以此名。"又《书沈石民印章前》："印章汉以下推文国博为正镫矣……以和平参者汪尹子，至顾元方（听）、邱令和（畋）而和平尽矣。"

② 同上：《书顾云美印章前》："顾云美，苓，吴门人，……作印得文氏之传。余谓谷口，今日作印者，人自为帝，然求先辈典型，终当推顾苓。谷口是余言。"

平"差不多，清中叶以后，即阒然无闻。此外三桥的继武者，只有常熟人沈世和①、苏州人袁鲁②、袁雪③及以制纽负重名的常州人张日中④。

到了乾隆朝（1736—1795年）篆刻的重心又从以何主臣、程穆倩代表的黄山移动了。这时候以杭州为中心的浙西，经丁敬诸家的努力，俨然有印坛重镇的气象。这一系统，就是驰誉近世篆刻史上的"浙派"。"浙派"的精神，以朴老遒劲为主，以直追秦汉相标榜。他们拥有取之不尽的青田石，习作的机会，较之其他地方自为便利，这或是浙江篆刻发达的原因之一，丁敬即被认为"浙派"之祖。他字敬身，一字钝丁，自号龙泓山人，钱塘人。是一位金石家，曾有《武林金石录》的著作。我们读他的印谱，觉得他的朱文印，仍未敢过事参以特殊的变化；白文印，则"碎刀"的意味颇重，很露锋颖，似乎和朱简⑤不无若干的关系⑥。清末魏锡曾说他："无以自别于皖"，

---

① 周亮工《印人传》：《书沈石民印章前》："沈石民，世和，常熟人。……黄檗言：大唐国里无禅师。又曰：不是无禅，真是无师。如石民，真能自得师，其能以一镫绍国博者。"

② 同上：《书袁曾期印章前》："袁曾期，鲁，吴门人。……顾（元方）、邱（令和）归道山，继国博一镫者，舍我曾期其谁哉？"

③ 同上：《书袁卧生印章前》："袁卧生，雪，吴门人，……吾以为三桥后，当为独步。

④ 同上：《书张鹤千印章前》："张鹤千，日中，毗陵人……鹤千印篆，全抚文国博，大为三吴名彦所重。"

⑤ 朱简字修能，号畸臣，休宁人。周亮工《印人传》：《书黄济叔印谱前》："斯道之妙，原不一趣，有其全，偏者亦粹；守其正，奇者亦醇。……寥寥寰宇，罕有合作，数十年来，其朱修能乎？"

⑥ 魏锡曾《论皖浙二派》："……其后名家皆皖产，中惟修能、朱简碎刀，为钝丁滥觞。钝丁之作镕铸秦、汉、元、明，古今一人，然无意自别于皖。"

大概是指他的朱文和刀法而言的。踵丁者有蒋仁①、奚冈②、金农③、郑燮④、黄易⑤、陈鸿寿⑥，是为光绪间秦祖永所称的七家。丁、蒋、奚、黄又称西泠四家。或加陈鸿寿、陈豫钟⑦称西泠六家。或再加赵之琛⑧、钱松⑨称西泠八家，即是通称的浙西八大家。

浙派的阵容既如是之盛，直接学他的或间接私淑他的自不在少数。论时间，它大约支配了乾、嘉、道、咸（1736—1861年）四个朝代，这当然不是偶然的。丁敬、蒋仁、奚冈等开之于前，旋有黄易、陈鸿寿，继之于后。黄为金石家，有名的山东嘉祥县武氏祠画像石，即是经他的整理才驰名于世的。陈亦负书画的重名，以姿态胜。在篆刻上，更参以钟鼎碑版。浙派到了他，已表现了无以复加的最高境界，故又有"曼派"之称。以后道光时的陈豫钟及稍迟的赵之琛，即一变初期丁、黄诸家的法度，而放任己意，就不免使人有具体而微之感了。到了同治、光绪，丁、黄的精神更是荡然无存。魏锡曾评浙派的几句话非常切当！他说："流及次闲（赵之琛），偭越规矩，

---

① 蒋仁，原名泰，字阶平，号山堂，又号吉萝居士，女床山民，仁和布衣，工篆刻，而行楷书尤佳，彭绍升推为当代第一手。

② 奚冈，字纯章，号铁生，自号蒙古外史，钱塘人。

③ 金农，字寿门，又字冬心，号司农，又称稽留山民，钱塘人。

④ 郑燮，字克柔，号板桥，兴化人。

⑤ 黄易，字大易，号小松，仁和人。

⑥ 陈鸿寿，字子恭，号曼生，钱塘人。诗文书画，皆以恣胜，浙中人悉宗之。

⑦ 陈豫钟，字浚仪，号秋堂，钱塘诸生。

⑧ 赵之琛，号次闲，钱塘居士。篆刻得陈秋堂传。

⑨ 钱松，字叔盖，号耐青，晚号西郭外史，钱塘人。

直自郐尔。而习次闲者，未见丁谱，自谓浙宗，且以皖为诟病，无怪皖人知有陈（豫钟）赵（之琛）不知其他。余尝谓，浙宗后起而先亡者，此也！"

皖派当浙派的极盛，形势自不免较弱，仅有巴慰祖、高翔、胡长庚诸人作艰苦的奋斗。但在浙派陈鸿寿、黄易等正倾其全力治印时，安徽的省会——安庆——出了一位中兴的名手邓石如。他原名琰，因避仁宗皇帝的庙讳，乃以石如为名，更字顽伯，又号完白山人，是一位"四体书皆国朝（清代）第一"的书家①。刻印一面宗何主臣，一面又采程穆倩的精华，庄严妩媚，苍劲俯仰，显然是胎息书法的结果。因此一时学他的人风起云涌，称为"邓派"。直接师承他的有包世臣、程荃、吴廷飏三人，以吴廷飏为最。廷飏，扬州人，字熙载，号让之，善篆隶书法，对于碑帖源流最有研究，他的长处，即在能采碑帖的刀法以入印章，于是继邓而执皖派的牛耳。

皖派自吴让之以后，不旋踵而又有一位掌握皖、浙，力能驱六朝碑版入印的赵之谦。赵字㧑叔，号益甫，别字冷君，又号悲盦，浙江会稽人，在江西省做过一两任"知县事"的卑官。他的天赋，使他的书画篆刻，都有如"天马行空，不可方物"的美妙。许多画人传之类的著作都说他的"刻印能夺完白之席"，绝不是过誉的。据文献，他刻印先学丁敬身，后学邓顽伯，以他非常的天才与努力，造成了并时难睹之奇迹。因为他是浙江人，又曾私淑过浙派始祖的丁敬身，所以都说他是"仍树浙帜"②，这一点，我个人颇不敢信其然的。我宝藏着他自存的印谱残本，同时他有名的《二金蝶堂印谱》，我有原拓的及宣统间（1909—1911年）杭州西泠印社翻拓的二种。此外，他的原作以及书画间的钤印，拜读过的也不计其数。据我的研究，他的白文印境界最高，虽不能说是力追秦汉，然绝不是丁敬身、邓顽伯所可范围。他能在浑穆的氛围内，显示刀法的存在。因此，他自己的面目成熟地

---

① 叶铭《再续印人传》："曹文敏称其四体书，皆国朝第一。"

② 魏锡曾云："今日由浙入皖，几合两宗为一而树浙帜者，固推㧑叔。"
日人大村西崖《东洋美术史》："近时赵之谦，合浙皖两派，称为浙派。"

建立了。他的朱文印，虽没有像白文那样统一，面目颇多，好像他刻边款一样，有随印而异之概，然比较的仍富于顽伯的气息。综合看来，虽然不敢说他是皖派的支流，但说他是浙派，恐与事实相差千里的。他的朋友魏锡曾曾评他的印说："扬叔刻印，今殆无匹，尝观近作，颇类予藉！"予藉即是皖派健将巴慰祖的名字，又他生平最佩服的作者也是皖派的吴让之。又曾作印，跋其侧云："近人能此者，扬州吴熙载一人而已！"可见他的渊源往来，都系于"皖"，我以为他的发展至少是接近皖派的。

皖派中尚有一黄士陵不可不述。他字穆甫，一字牧父，原籍安徽歙县，大约为避洪杨之变来到了邻省江西省会。在一家写真馆中做职员。后出游南北，曾入吴大澂的幕府，和尹伯圆为大澂编拓《十六金符斋印存》，于1888年完成行世。他一生的精力，都费在篆刻上，据我所藏他的遗谱上，即有四五千方之多，可想他的努力了。但他的天赋比较差，而他孤苦不拔的精神，则足为一般印人的模范。他的作品，朱文最好，初期学吴让之，继而转学赵扬叔，我以为是能得这两家之长的。晚年所作，则白文也有了境界，当时很难寻得足与他抗衡的作家。1934年，他的儿子才把他一小部分中年期的作品出版《黄牧父印存》行世。

以上所述的文三桥以下，以及皖派、浙派的师承系统、盛衰影响，仅是就这昌盛期中，作轮廓的描画。其实遗憾是很多的。自清初以来，不属于上述的重要作家，也不在少数。如明清之际的黄经①、江皜臣②、薛居瑄、薛

---

① 周亮工《印人传》：《书黄济叔印谱前》："黄济叔，经，一字小松，如皋人。……济叔能以继美增华，救此道之盛；亦能以变本增华，为此道之衰。一镫继秦汉而又不规规于近日顾氏木版之秦汉。变而愈正，动而不拘，当今此事不得不推吾济叔矣。"

② 同上：《书江皜臣印谱前》："独皜臣则真能切玉者……曹秋岳曰，皜臣死，世复无有切玉者矣，悲夫！世之得佳玉而欲合以秦汉人之笔，求如皜臣，何可得哉？"

穆生父子①，这是周亮工最钦许的能手。乾隆时的林皋，在篆刻史上虽没有什么了不起的影响，而是丁敬"力挽颓风"的对象之一。清末，同光时的徐三庚②以一种不同于众的作风，体态翩翩，顾盼多姿，也曾疯魔过不少的印人，甚至今日的日本，还有仿效他那种作风的。至于在民国初年犹为印坛重镇的吴昌硕、陈衡恪及近人齐璜，俱曾为时推重，对于现代中国的篆刻给予了相当的影响。

---

① 周亮工《印人传》:《书薛宏璧印章前》:"宏璧名居瑄，其先盖闽之晋江人，后籍侯官。予之遇宏璧也，宏璧已七十余。……后予去闽，宏璧遂作古人，从闽中续寄者皆穆生之作。……以予论，宏璧之技，直入秦汉人室，远出诸家上，而名不出里巷，致日坐肆中，受不知谁何氏之揶揄，岂非命哉?"

② 徐三庚，字辛谷，号井罍，又号袖海，浙江上虞人。

中国的人物画和山水画

傅抱石

引　言

　　中国绘画的优秀传统是富于现实主义的精神和它的人民性的。这种现实主义的精神和它的人民性，是构成中国绘画发展主要的基础。现在想站在这个基础上，根据遗迹，结合资料，简单而又重点地谈谈中国人物画和山水画发展的痕迹及其辉煌伟大的成就。因为，从中国绘画的主题内容看，大致是：五代以前，以人物为主，元代以后，以山水为主，宋代是人物、山水的并盛时期。从中国绘画表现的形式和技法看，五代以前，以色彩为主，元代以后，以水墨为主，宋代是色彩、水墨的交辉时期。为了说明的便利，先谈人物画，再谈山水画。

　　我准备从东晋顾恺之的《女史箴图卷》谈起。顾恺之是中国绘画理论的建设者，同时是一位划时代的杰出的人物画家。《女史箴图卷》虽是摹本，而就现存的古典绘画名作看来，它的内容和形式却比较具体而时代又比较早，是极富于研究的价值的。我们从这幅作品中，很大程度上可以看到它和汉画的关系，可以看到中国绘画以线为主的人物画的发展和提高，特别值得提出的是某程度地看到了1500年前东晋时代贵族女性生活的面影。六朝时代，由于外来的和以西域地方为中心各民族的影响逐渐深化，内容和形式都有新的展开，特别是表现形式和技法上色彩的重视和晕染方法的采用，从而产生了像张僧繇那样杰出的大家。阎立本是初唐人物画的典型，刻画入微的《列帝图卷》，显然说明了唐代人物画（包括肖像画）的高度成就。开元、天宝前后，宗教人物画上四种不同的表现形式后先辉映，形成了唐画的多彩多姿，健康、有力，最富于现实的意义。通过五代的半个世纪，使我们在宋代的画面上出现了民族的本色风光，绚烂夺目的色彩、生动流丽的线条、淋漓苍劲的水墨，辉映于各种画面。不但如此，罗汉和观音，已不再是"胡相梵貌"，而不少是道道地地的中国形象。更重要的是不少伟大的画家倾心现实风俗、生活的描写，典型的如张择端的《清明上河图卷》，证明了中国画家无限的智慧、惊人的劳动和卓越的才能，因为它不是形象的记录，实在是高度的艺术创造。风俗生活的描写到此境界，我们没有理由不引以为豪。山水画是人物画的同胞弟弟，年事比较轻，大概在宋代他俩举行了胜利的会师而"分庭抗礼"。这就充分说明了中国人民是如何热爱、歌颂祖国的锦绣河山，同时也充分说明了中国画家们创造性地解决了——至少是基本地解决了——怎样现实地、形象地来体现自然的问题。这不是一个简单的问题，这是有关山水画的命运也即是中国绘画发展的问题，而我们古代优秀的画家们确是天才地并相当完整地把它解决了。后来，由于水墨技法在山水画上飞跃的发展，不但丰富了山水画的精神内容，并为其他兄弟画种的发展提供了有力的武器，使整个中国绘画的面貌从此起了变化。对世界造型艺术的发展来说，这是中国人民伟大的贡献。当然，元代以水墨、山水为主流的发展，我们不能遽认为完全是主观的产物，它是和当时的社会关系具有密切的因缘的。请看文学（特别是诗、跋）、书法在画面上构成为有机的一部分——不可缺少的一部分，不仅仅是，使得主题思想更加集中更加丰富，并从而形成了中国绘画的特殊风格。一般说，绘画、文学、书法，是应该有机地结合起来而成为一个艺术整体的。明代以后，变化渐减。特别是明、清之际，形式主义的倾向渐趋严重，不少的画家——尤其是山水画家脱离现实、脱离人民生活，盲目地追求古人，把古人所创造的生动活泼的自然形象，看作是一堆符号，搬运玩弄，还自诩为"胸中丘壑"。我们必须承认这是一种恶劣的倾向。但这并不等于说，中国绘画现实主义的优秀传统便因此而绝。实际形式主义这玩意儿，各个时代都是有的，不只是明、清的产品，若是脱离生活、脱离现实因袭模拟的勾当，都应该属之。我们不但有丰富的遗产证明，明、清两代有过不少的画家不断地和形式主义者进行剧烈的斗争，并取得了一定的胜利；即当半封建半殖民地社会绘画上的形式主义最嚣张的清末——咸丰、同治时代，我们仍可以在南京堂子街太平天国某王府的壁画上，瞻仰到现实主义的伟大杰作——《望楼》。

一、从东晋顾恺之的《女史箴图卷》谈起

传为顾恺之所作的《女史箴图卷》，是世界名画中杰出的作品之一（伦敦大英博物馆藏）。1900年在八国联军的暴行中为英人掠去以后，资本主义国家的所谓学者、专家们，尤其是英国和日本，对这幅划时代的中国人物画家的杰作，进行了不少有关的研究。截至最近的50年代，对于《女史箴图卷》不是真迹而是摹本的看法是一致的。比较有力的意见，认为很可能是7世纪初叶即隋末唐初所临摹的。

原来《女史箴》是晋代张华所作的一篇文章。据李善《文选》注："曹嘉之《晋纪》曰：张华惧后族之盛，作女史箴。"顾恺之根据了张华原作的主要内容采取了书画相间的横卷形式，一书一画地表现出来（前半已失，现

卷自"玄熊攀槛"起）。从文字的主题思想看是反动的，完全是为了拥护封建统治而对女性的一种说教，目的是叫女性学习历史上的"典型"和生活上的注意——如化妆、说话等各方面都要"规规矩矩"，不可乱来，乱来就要犯法。若从图卷的创作手法——它的精神和方法——看，我以为至少有两点值得注意。

第一，是表现了生活。张华《女史箴》原文所涉及的尽是些有关女性的历史故事和一大堆教条式的格言，而顾恺之《女史箴图卷》所表现的则是结合了当时代的现实生活来创造画面，充分地传达了活生生的气息。今天我们若要考察4世纪贵族女性生活的若干场面，它无疑是值得注意的比较近于真实的资料，这也就足以说明画家高度的富于现实精神的创作手法。全卷有两段最突出最精彩，一是"人咸知修其容而莫知饰其性……"的一段，描写三个正在化妆的贵族女性，右边一女席地而坐，左手执椭圆的镜子右手作理鬓的姿势，镜中现有面影；左边一女袖手对镜而坐，身后一女俯立，左手挽坐女之发，右手执栉而梳，席前还置有镜台和各种化妆用品，一种所谓"宁静肃穆、高闲自在"的气氛，读了之后恍如面对古人。另一是"出其言善，千里应之……"的一段，意思是一切要满口仁义道德，否则，即使同被而睡的人也会怀疑你的。画一张床，右向，周围悬有帐幔（帏），下截有屏风一类的东西，向右有门及和床的高度相等的榻（几），榻的两端各承以五柱之脚。女性坐床上，男性坐榻，两足着地，面向左，作与女谈话状。这是一段私生活的描写，男女的神情，表现得相当生动，特别是那个男性似乎表现了非常满意的样子。这是顾恺之在创作主题要求上积极的一面，充分表现了那位女性是出了"善言"那一刹那的情景。

第二，是发展了传统。我曾经这样想过，倘若顾恺之不从现实的生活描写，那么——我主观的推测——面对这个主题只有一条路可走，就是取法汉代画像石的办法，把原作的历史故事主观地来设计来描画。倘如此做了，对中国绘画现实主义传统的发展，损失固无可衡量，但顾恺之也就并不是怎么伟大的一位画家了。由于他进行了现实生活的传达，首先便说明他所以能够这样做，是实践了他自己所主张的形神兼备的理论，同时也发展了既有的优秀的传统。根据最近关于古画的情况，东晋以前的绘画遗迹是相当有一些的。如长沙附近出土的战国时代的帛画（在北京）和漆奁（在南京）；营城子、辽阳等地汉代的壁画；朝鲜出土的彩箧和朝鲜大同江附近汉墓的壁画；加上为数甚丰以山东、河南、四川为主的画像石、画像砖等，都是足以证实和启发现实主义传统的绝好资料。我们从这些作品当中，很明显地看到一个事实，即是中国人物画上线的运用始终没有改变，并且不断地有了发展和提高。特别是画像石和画像砖（大多数是属于后汉时代的作品），武梁祠和孝堂山因为经过了雕刻家的加工，还不能遽认为是直接的资料，可是武梁祠，比较起来还是迈进了一步。至于画像砖，就线描的活泼生动来看，又不是武梁祠和孝堂山的画像石所能比拟的。可惜三国和西晋时代现在还没有发现较为典型的作品。这就是说，《女史箴图卷》的表现，在一定程度上体现了人物画优秀传统的继承和发展，没有问题是大大超越了汉画的。

二、应该谈谈六朝时代

由于顾恺之能够从现实出发，继承并发展了人物画的优秀传统，我们认为他是尽了而且是出色地尽了一定的历史任务。次一阶段，据我肤浅的见解，应该谈谈六朝时代。具体地说，即是说从顾恺之《女史箴图卷》到阎立本《列帝图卷》之间的一个阶段。

从顾恺之到阎立本，大约有三百年。在中国绘画历史上，在顾恺之所发展了的以线为主的优秀传统的基础上，这三百年间中国文化的变化是相当巨大的。东晋之后，经过南北朝的混乱到隋的统一，是封建经济获得恢复并开始发展的时代，同时也是外来文化影响不断加强、不断刺激和逐渐融化的时代。这些影响应是通过中国西部和南部而来的诸种外来影响，特别是佛教及其艺术的影响。首先在雕塑方面：黄河北岸敦煌以东，麦积山、天龙山、龙门、云冈……直到山东的云门山，印度犍陀罗式和笈多式的影响是在不同的洞窟里面不同程度地存在着。但我们今天亟须指出的是它们对于中国绘画的影响，主要是对于人物画的影响。就东晋时代论，在顾恺之当时，他的老师卫协，曾画过佛像，在当时这是新的题材和新的创作，对人物画是有过一定的丰富和启发作用的。后来由于佛教经典的译布，大乘佛教如《维摩诘经》《法华经》《药师经》……诸经典及其有关的艺术形式，在绘画上都有很大的发展和辉煌的成就。更重要的还在于佛教绘画表现形式和表现技法的影响，例如"经变""曼陀罗""尊像""顶相"等等，对于中国人物画（内容和形式）都引起了很大的变化。特别是佛教雕刻里面流行最普遍的"三尊像"的形式，也给中国肖像画以相当严重的影响。

总的说来，从表现形式看，佛教艺术（主要是绘画）输入中国之后，在以线为构成基础的中国人物画的表现技法上，被提出了两个相当重要的新的问题，一个是色彩的问题，一个是光线（晕染）的问题。

中国人民自始就是非常喜爱色彩的，在文献资料和绘画遗迹都有充分的证明。如上面提到过的漆奁、漆箧、辽阳和朝鲜汉墓的壁画……都应该说是富丽绚烂，发挥尽致。不过在表现形式和技法上有一点值得注意，那就是不管怎样鲜艳、复杂的色彩，在画面上必须接受线的支配和线取得高度的调和，即色彩的位置、分量，一一决定于线（多半是用墨画的）。试就顾恺之《女史箴图卷》研究，它突出的遒劲有力所谓如"春蚕吐丝"般的线和薄而透明的色彩，为了不致使线的负担过重，色彩被处理得很淡而大部分采用胶性水解的颜料。这样，画面便富于恬静柔和的气氛，以《女史箴图卷》为例是更适宜于主题的。这是中国绘画优秀传统基本的特征之一——线和色的高度调和。

到了南北朝后期，由于外来和以西域为中心各民族艺术复杂，强烈的色彩刺激，现实的生活影响，逐渐产生了以色彩为主的新的画风。这种画风，非常受人欢迎。同时在重视色彩而外，还不同程度地采用了晕染的方法，企图解决画画上的光线问题。我们试就南齐谢赫的《古画品录》和陈姚最的《续画品》研究，即可显著地了解到这一点。《续画品》原是紧接着《古画品录》而写的，在谢赫尚居"六法"之一的"随类赋彩"，到了姚最时代，色彩（丹青）便一跃而代表了绘画。姚最在《续画品》序言里，劈头就说："夫丹青妙极，未易言尽，虽质沿古意，而文变今情。"这四句话的意思是说：绘画（丹青）是非常精妙的，不容易说得彻底，但现实的情况变了，传统也得变呀。大约齐、梁之际色彩在画面上有了飞速的发展，所以《续画品》所评介的20位画家，举出了张僧繇、嵇宝钧、聂松、焦宝愿和三位印度的画家，并指陈他们最大的优点在于能够结合现实的要求——包括对色彩的要求——来进行创作。他评张僧繇说："朝衣野服，今古不失"；（姚最《续画品》，下同）评嵇宝钧、聂松说："右二人无的师范，而意兼真俗，赋彩鲜丽，观者悦情"；评焦宝愿说："衣纹树色，时表新异，点黛施朱，轻重不失。"从这些评语，我们不难想象姚最时代较之以前，特别是晋、宋时代的生活，是显然起着不少的变化，所以在绘画上必然的也要求有相应的变化。

张僧繇便是这时期的代表人物。因为他在既有的传统基础上，一面结合了现实，一面又从现实发展了色彩。可惜的是他没有可信的作品存留，只有根据后来某些传为模仿他的作品（如《洗象图》）和若干文字资料加以研究。他的重要性是在丰富了中国绘画的色彩和一定程度地使用了晕染方法，使画面美丽富瞻，同时又适当地强调了形象的立体感。这种进步的手法，对于传统的以线为主以色为辅，是一种带有革命性质的改变，是面目一新的东西。他主张色彩是不须依赖任何别的东西而可以独立成画，即使取消了线也是未尝不可的。所以他从长期的实践中，创造了一种"没骨"的画法。所谓"没骨"，就是没有轮廓线的意思，完全用色彩画成的。这种画法——把"线"的表现引向"面"的表现，曾大大地影响并丰富了后来山水画特别是花鸟画的发展。

我们试将顾恺之的《女史箴图卷》和阎立本的《列帝图卷》并观，非常显然地可以察出它们的不同，它们中间是存在着若干具有桥梁性的画家的。我想张僧繇应该是这若干桥梁性的画家中重要的一位。此外还有曹仲达和尉迟跋质那，他们现实地、有机地把外来的某些好的成分（色彩和晕染方法）吸收、融化起来，从而丰富了中国绘画的优良传统和为传统的发展特别是为唐代的发展创造了更多更好的条件。

今天看来，这个时代外来的影响特别是兄弟民族的影响，对于中国绘画的发展是起了很大的丰富和推进的作用的。同时也产生了不少外来和兄弟民族的伟大画家，如融合中印度笈多式雕刻型式创造新的画风的曹仲达、隋唐时代善于重着色的大小尉迟（尉迟跋质那和尉迟乙僧）和"驰誉丹青"的阎氏一家。

三、刻画入微的阎立本《列帝图卷》

阎立本是非常佩服张僧繇的，唐裴孝源的《贞观公私画史》就有过"阎师张，青出于蓝"的话，可见张僧繇对他的影响特别深刻。现存的《列帝图卷》，是画的：刘弗（汉昭帝）、刘秀（汉光武帝）、曹丕（魏文帝）、刘备（蜀主）、孙权（吴主）、司马炎（晋武帝）、陈蒨（陈文帝）、陈顼（陈宣帝）、陈伯宗（陈废帝）、陈叔宝（陈后主）、宇文邕（后周武帝）、杨坚（隋文帝）、杨广（隋炀帝）13个封建主子的像。除了侍从人物，没有背景。一般说，是采用了自顾恺之以来富于现实精神的传神为主导，以紧劲的线条和适度的晕染方法，将每个封建主子的历史生活和思想活动生动地刻画出来。如画曹丕，刚愎自负，"威严"之中而尚有咄咄逼人的气概；画陈叔宝，这位"风流天子"，好像举起右手正准备拭眼泪，活活地刻画出一副曾经荒淫无度到后来莫可奈何的样子，足令观者发笑；更入木三分的是画那位迷恋扬州死于扬州的杨广，充分刻画了他那好大喜功、劳民伤财应有的下场。

像这样刻画入微的描写，是中国人物画高度的卓越的成就。我们不要忘记这是7世纪（初唐）的作品，较之《女史箴图卷》，因为两者之间经过了三百年的发展，接受了许多新的营养的缘故，无疑是提高了一大步的。特别是《列帝图卷》的构图和它的表现手法。若从主题看，《女史箴图卷》是描写了历史上关于女性的故事和生活，《列帝图卷》是刻画了每一个不同人物的心理状态并从而体现了不同的生活历史，形式的构成和处理的手法是应该有分别的。《列帝图卷》所描写的13人中，多数是立像，余为坐像，各有侍卫（男的或女的）自一人至数人不等，但以两人的为最多。侍卫的形象，略微小些，这决不能意味这是远近的关系，而是作者意图突出的强调主题人物的一种手法。这种"一主二从、主像大、从者小"的构成形式，我以为很可能是受了佛教雕刻"三尊像"的影响。例如最流行的"释迦三尊像"，释迦居中（主位），文殊、普贤也一般是被处理得较小些的。

此外《列帝图卷》比较突出的一点是画面上采用了一定程度的晕染方法，比较富于光的感觉，这是《女史箴图卷》所没有的。像陈顼（陈宣帝）一像（12世纪起就有人认为这像是阎立本的真迹），整段的气氛格外融和，衣服道具（扇、舆等），则适度地施以晕染，这也充分说明了表现技法的发展的痕迹和提高的程度。

四、多彩多姿的唐代人物画

阎立本《列帝图卷》的成就，在只有卷轴物可凭的今天，我们不妨看作是顾恺之以后中国绘画现实主义传统展进中的一个重要收获，这个收获对于东晋以后的发展看来，是相当的具有总结性质的。我们知道，唐代（618—907年）是当时世界上文化最发达的帝国，它继续扩展了自隋代已开始发展的社会经济，农业、手工业、商业和对外贸易，不断有显著的提高，增加了许多商业都市和新兴的富商大户。加上对外交通频繁，外国商人也大量到中国来做买卖，于是都市生活的一面就恣意享受、贪图逸乐，极尽豪华之能事。这样，也就必然地刺激着文学艺术的变化。特别是所谓开元、天宝时代，已经达到了饱和状态。从造型艺术之一的绘画看，这个时代却是有如满月的成熟时代。

不妨先站在初唐前后来检查一下。在人物画（宗教画占着重要位置）方面，准备过渡到新的社会的是些什么呢？恐怕会出人意料的，它不是一成不变纯粹以线为绝对主位的旧的形式，而是能够吸取外来影响（主要是色彩）丰富和发展了的新的形式，因为时代变了，社会的关系变了，人民的生活变了，客观的要求也随着变了。所以只有新的富有创造性而又能反映现实的绘画形式，被欢迎、被发展起来。作为既有的——即是继承前期的，首先是梁的张僧繇重视色彩和晕染方法的形式，其次是北齐的曹仲达有关佛教绘画的形式，前者大致影响着一般性质的绘画，后者由于诸种宗教并存的唐代，曹仲达采取了印度笈多式雕刻的表现手法而移之于佛教的绘画。在当时，前者称为"张家样"，以色彩为画面的主要构成，它的极致，能够发展到可以不利用线而只要色彩；后者称为"曹家样"，主要特征是在人物的衣服，质软而薄，紧紧地、稠迭地贴着丰腴的肉体和没有穿什么的差不多。这原是印度笈多式佛像雕刻的特点而把它移之于绘画的。所谓"曹衣出水"，就是指的这种新的绘画形式（关于"曹衣出水"，历来颇有异说，我认为应该是北齐的曹仲达而不应该是三国时代的曹弗兴）。

"张家样"和"曹家样"在初唐看来虽是比较新的，但还不足以满足日新又新的时代的需要。由于社会的变化和要求，伟大的画家们面向现实又创造地发展了两种画风，一种称为"吴家样"，是吴道子从线的传统发展而来的"吴装"画法；一种称为"周家样"，是周昉为了服务都市豪华生活而发展的"绮罗人物"和肖像画。

这四家——张家、曹家、吴家、周家的样式，色的、线的、宗教的和贵族的全备，于是组织成唐代人物画的多彩多姿，成为传统上健康有力而又富于现实精神的光辉阶段。

吴道子是一位卓越的画家，在中国绘画史上是被称为无所不能无所不精的"画圣"的。他所处的时代正当唐帝国的灿烂时期，客观上这新的时代也就为他的发展准备了许多有利的条件。可是遗憾的是没有遗留可信的作品。现藏日本传为他的几幅作品如《送子天王图卷》（东京山本悌二郎藏），就艺术——特别是线的感觉论，是有优点的，但值得研究的地方很多；《释迦》《文殊》《普贤》三幅（京都东福寺藏）和两幅山水（京都高桐院藏），问题就更多了。这并非说他没有可信之作就贬低他在中国绘画史上的重要性，这是另一回事情。因为就中国绘画的创作、鉴赏和使用的形式说，整个唐代，基本上是属于壁画的时代，卷轴物还不是一般的普遍的形式。他一生在长安和洛阳画了三百多间（幅）壁画，卷轴作品，传到唐末张彦远撰述《历代名画记》的时候，却只记录了《明皇受箓图》和《十指钟馗》两幅。

他给中国绘画特别唐以后的中国绘画以无比影响的是对于线的发展和提高。他认为应该根据不同的主题要求把画面上的线提高到头等重要的位置，色彩应该服从线，甚至不加色彩而只用墨线也可以独立成画——"白画"。

我们知道，汉晋六朝以来线的传统，一般说虽是画面构成的基本，但线的本身——如它的速度、压力——却还没有如何考虑应该怎样来予以充实和予以变化，例如顾恺之和阎立本。吴道子则不如此，他特别重视线的变化和力量，天才地把线发展成为一种富有生命、独立而自由的表现。他认为绘画的创作，线的速度、压力和节奏的有机进行是传达内容、情感的主要关键。相传他每次作画，往往把酒喝得醺醺然；又曾向当代大书家张旭学写草字，更喜欢欣赏裴旻将军的剑舞，目的都是为了帮助作画时使线能够活泼生动、变化多方。这样，线的内容丰富了，线的效果也大大地提高了。资料中称他画中人物的衣饰，有迎风飘举的感觉，我以为原因便在于线的变化，也便是所谓"吴带当风"的真正意义。他曾说过："于焦墨痕中略施薄彩，自然超出缣素。"这种保证墨线成为主要表现技法的形式，当时称之为"吴装"，即是"吴家样"。它和张僧繇以色彩为主的"张家样"，从发展看，本质上是并立的也是矛盾的。张僧繇是色彩的发展者，他是线的发展者；"没骨"的画法代表了色彩，"白画"（白描）的画法代表了墨线。

周昉是学于杰出的人物画家张萱的。张萱在盛唐已负盛名，精于"鞍马贵公子"，是一位善于描写现实人物的画家。所谓"鞍马贵公子"一类的主题，实质是盛唐前后随着政治、经济的迅速发展而产生的新的题材和新的表现形式，和"绮罗人物"实际是一致的，都是为封建贵族、大地主和大商人服务的。宋赵佶（徽宗）摹过他的《虢国夫人游春图》（沈阳东北博物馆藏）和《捣练图卷》（美国波士顿博物馆藏）。两画都是描绘唐代贵族女性——前者是封建贵族的有闲生活，后者是劳动生活——的典型作品，也是中国人物画现实主义的优秀作品。看那生气充沛健硕丰满的女性们，前者是悠然地、得意地游玩着，后者是紧张地，集体地工作着；但"浑身绮罗者，不是养蚕人"，豪华的气氛，不啻是时代的写照。

张彦远评周昉："初效张萱画，后则小异，颇极风姿"（《历代名画记》）。所以"周家样"是张萱的延长和发展，我们只要看传为他的名作《听琴图卷》和《簪花仕女图卷》（沈阳东北博物馆藏），很容易理解他们的关系。但是在肖像画，周昉是当时最称拿手的。有一个小故事：郭子仪的女婿赵纵，曾先后请过韩干（当时大画家，以画马著名）和周昉画像。一天，郭的女儿回家了，郭子仪就把韩干和周昉两幅画像分别前后陈列起来，问女儿："这是谁？"女对曰："赵郎也。"又问："哪一幅最像呢？"答："两画皆似，后画尤佳。"又问："什么道理呢？"答："前面者空得赵郎状貌，后画者兼移其神气，得赵郎情性笑言之姿。"（均见宋郭若虚《图画见闻志》）这几句问答，我想是值得玩味的。因为从郭子仪的女儿的答话里，可以体会中国绘画现实主义的高度表现，在"得赵郎情性笑言之姿"，同时也就可以了解周昉的作风何以能在当代起一定的影响，受到广泛的欢迎。唐朱景玄在《唐朝名画录》中把他的地位列到仅次于吴道子，我以为是比较正确的。学他的人很多，如王朏、赵博宣兄弟、程修己等，主要是在肖像画，因为唐代的肖像画是特别发达的。还有一位"得长史（即周昉）规矩"（段成式《酉阳杂俎》）的李真，在中国的有关资料极少，除段成式在《酉阳杂俎》提过一下，还没有看到别的资料。但他在805年（永贞元年）应日本弘法大师的请求，和十几位画家画过《真言五祖像》五图，"五祖"都是肖像，图各三幅。弘法大师在806年携赴日本，现藏日本京都东福寺。其中《不空金刚像》一幅，可以称得上是唐代肖像画的代表作品，对于我们的理解唐代绘画具有非常的价值，特别是"不空金刚"的神气——就如上面所说的情性笑言吧——一千多年以前的创作还是栩栩如生（尽管影本与原作有出入）。唐代郑符曾有过"李真周昉优劣难"的联句诗（清陈邦彦等纂《历代题画诗类》卷一百十九），我们可以从"不空金刚"来体会周昉，从而体会整个唐代的人物画，特别是肖像画。

五、民族本色的宋代人物画

五代的半个世纪（907—959年），从多彩多姿的唐代和成熟的宋代看来是一个重要的过渡时期。大约有三个主要的"渡口"，一是开封，二是成都，三是南京。由于中唐以后发展的许多中心地区的文化，开封、洛阳、长安不必说了；就是南京、扬州、福州、广州，也有较高的发展。因此五代的文化活动就有了广大的群众基础。作为造型艺术的绘画，也就有了相应的发展。例如：各种画体的分工，也更加明确起来了。大体说，开封是山水画的中心，成都是花鸟画的中心，而南京是人物画的中心。同时，成都和南京还开始了"画院"的设置，御用的专业画家也逐渐加多了。

人物画家在五代的表现是比较精彩的，原因是山水、花鸟还比较年轻，还正在借鉴人物画现实主义的优秀传统创造经验。而人物画家即以南唐而论，周文矩、高太冲、王齐翰、顾闳中诸家的造诣，无论从什么角度看，较之山水、花鸟确是高一等的。作为周文矩的《琉璃堂人物图卷》和传为顾闳中的《韩熙载夜宴图卷》（北京故宫博物院绘画馆藏），都是祖国的瑰宝，杰出的名迹。尤以《韩熙载夜宴图卷》，绘影绘声，发挥了中国人物画高度的技巧。

宋代（960—1279年），特别是北宋中期（仁宗）以后，言心言性——理学的影响渐次代替了佛教，于是便有力地促成了绘画艺术的迅速转变和发展。就丰富的宋画遗迹来看，它不同于唐画，唐画是宾主分明的；也不同于五代，五代是纵横激荡的。它唯一的特色是净化了诸种外来的影响，出现了民族的本色风光，所以我认为宋代是中国古典绘画的成熟时代。画体方面，山水、花鸟由于正确地掌握并体现了现实主义的优秀传统，已经可以和人物画"分庭抗礼"，齐头并进，这是唐代所没有的。画法方面，在既有的优秀传统基础上创造性地发展了不少的东西，主要的是写生和水墨的重视。至于题材方面，范围也扩大了。单就人物画说，虽然道释人物的题材，为了适应客观的需要，还有相当数量的制作，但已一切中国化、真实化、生活化，创造了许多人民所喜爱的新的形象，例如有20岁上下年纪的青年"罗汉"，也有少妇式的"观音"。此外由于禅宗而盛行的祖师像（即肖像画），宋代也有很不平凡的成就，典型的如张思恭的《不空三藏像》（日本京都高山寺藏）。

值得重视的是宋代画院和宫廷收藏的影响。非常显然，画院培养了不少杰出的专业画家，基本上继承并发展了以写实为基础的现实主义的作风，从而提高了画家们的业务。老实说，今天丰富的宋画遗产，仍然是以画院画家的作品为主的。同时，我们也知道封建帝王的搜刮是不会放弃艺术品的，自宋代封建王朝的成立开始，不但各地的画家们大部分集中服务于王朝，就是散藏各地的封建贵族、大商人、大地主手里的书画名迹，到了赵佶（徽宗）时代也做到了空前的集中，据《宣和画谱》的著录，就有六千余件之多。虽然这些遗产可能真伪杂糅，却曾在画院的画家们中起过一定的启发作用。

宋代人物画的另一特征，是多数杰出的画家重视现实社会风俗、生活的描写。如苏汉臣以描写婴孩的游戏生活和货郎担（卖小孩玩具的担子）得名，他这种热爱儿童、关心儿童生活的感情，使他画出来的小孩子，个个天真无邪活泼可爱。他画了不少的《货郎图》，货郎担上的东西无所不有，都很真实地画出来。我想，这种题材在当时是一种新的题材，从作者的思想感情而来的一种新的尝试（以后的李嵩和元代的王振鹏、明代的吕文英都画过《货郎图》。根据王振鹏的《乾坤一担图》看，真是富于现实精神的杰作）。特别重要的是南宋名画家如李嵩、龚开等都画过街谈巷语、人民最乐道的水浒英雄。

在创作、鉴赏和使用形式方面，宋代也有显著的变化。壁画的形式，基本上已经不是一般的创作和鉴赏的主要形式。主要的形式是称为卷轴的，或悬挂或展现，从使用的情况看来，较之唐代也大大提高了。南宋前后，纨扇（大约宽广在一尺之内）与长卷又特别盛行，尤其是后者，使现实主义的创作和鉴赏得到了更有利的条件，即是说可以更好地为表现现实生活而服务。最为典型的长卷，在这里我想谈一下张择端的《清明上河图卷》（北京故宫博物院绘画馆藏）。

《清明上河图卷》是描写北宋首都的汴京（河南开封）清明日（俗为上冢的节日）那天的热闹景象——由城外到城内的一段繁华辐辏的场面。张择端发挥了高度的现实手法和无比的艺术才能，完成了这一幅震惊世界的作品。原来南宋时代，《清明上河图卷》是非常受人欢迎的，杂货店里都有卖，"每卷一金"（明李日华《六研斋笔记》），所以摹本极多，宋代以后直到清初，也不断有人临摹、拟写。据张择端原作上金大定二十六年（1186年）张著的跋语，张择端还有《西湖争标图》，极可能是一幅描写临安（杭州）风俗的创作，可惜此图不传。

《清明上河图卷》的历史价值，自不必论，在艺术上也是一件卓越的杰作。倘若有人怀疑中国绘画现实主义的优秀传统的话，那么，我想请他亲自鉴赏一番——除了诉诸目睹，是不会有其他办法的。请他只看大桥左边运河河面的一群船只。随便看过去，一共七只船，有五只先后地停靠在河的南岸（即图的下方），其中一只有几个人从跳板上下，有两只正在行驶。我想光是这七只船，我们就应该向这位伟大的现实主义的画家张择端致以崇高的敬意！五只靠岸的显然客货已经上了岸，客人参加各种活动去了，船身的分量很轻，好似浮摆在水面上；最精彩的也是最使人佩服的是正在行驶的两只，一望而知为装载很重，前船是几个人在拉纤，后船有几个人在摇橹，特别是正驶在运河的转弯处，一前、一稍后，都在走动着——永远不停地走动着。有水上交通的频繁，也有陆上交通的热闹，真是现实地体现了北宋盛时的首都面貌。据常识想，这样现实地、生动地把复杂万千的生活描写在一幅25.5公分乘525公分的面积上，不但所谓科学的焦点透视的构图方法办不了，就是20世纪的今天用航空照相也办不到的。

长卷形式的特别盛行，说明了宋代绘画的使用和鉴赏的发展。它是使用和鉴赏上一种特殊的"动"的形式，和壁画、挂物等"静"的形式具有本质的不同。这是中国伟大的画家们天才地创造了和使用、鉴赏实际相结合的移动的远近方法（曾有人称之为"散点透视"的）。这种方法提高和扩大了现实主义表现的无限机能，使能够高度地服务于场面较大、内容较复杂的主题。这样就大大超越了过去的图说式（大致如《女史箴图卷》）或段落式（大致如《列帝图卷》）仅具长卷形式的原始办法，从而有可能不受空间（甚至时间）的限制，全面地同时集中地突出主题为主题服务，使内容和形式生动地成为一个有机的艺术整体。

宋代人物画的表现形式和技法的发展是多方面的。假使以画院为中心，那么围绕这个中心的，比较突出的是线和色彩的净化。于是产生了李公麟的白描（淡彩）人物和梁楷的减笔人物；这两家风格上似和院体不同，但归根结底，却都是出发于现实主义的优秀传统，是殊途而同归的。

李公麟是画史上最有成就也最有影响的一位画家，不少的人说他是宋代第一位人物画家。他继承了特别是顾恺之、吴道子等优秀的线的传统，综合地、出色地开拓了新的画面，发挥着高度的艺术才能，在人物的精神刻画上，表现了又流丽又谨严而又具有强力的线条之美。他传世的名作《五马图卷》，有人物也有动物，确是自现实生活中体验得来，既有节奏，又富含蓄，读之真令人如啖美果，如聆佳奏。他画面上线的力量之发挥，谨严佳妙，可谓进入了最高境地。我们在这种画面之前，的的确确感觉到色彩的浓淡、有无，实在不关重轻的了。

《五马图卷》是写生的杰作，同时也是中国绘画优秀传统具体的表现之一，这是肯定的。画面上的每一个人和每一匹马，不只是形似地完成了人和马的外貌，而是通过高度的洗练手法——概括和集中建立起来的真实、生动而又美的形象，这形象既真且美而又永远是生动的。我想，只有既真且美而又生动的作品才是现实主义的作品。卷上有黄山谷的笺题和跋语，又有曾纡的长跋，他们都是同时的人。说他画到五马之一的"满川花"（马名）的时候，刚刚完成而马死了。所以山谷说："盖神骏精魄，皆为伯时（李公麟字）笔端取之而去。"他还为黄山谷画过《李广夺胡儿马挟儿南驰》的一幅画，他画的是李广取胡儿的弓箭，拟着追骑，箭锋和所指的人马作了密切的呼应。这画山谷大为叹赏。他却笑着说：不相干的人来画，当然画"中箭追骑矣"。我想他的人物画所以成为宋代的支配力量并给后世以严重的影响，不是没有道理的。

至于减笔人物，严格地说，也是白描（淡彩）人物某种形式的发展。它的根源或深或浅地可能受着禅宗和理学的影响，是倾向于主观描写的。从表现形式和技法上说，特征在于线的变化和线与水墨的变化，较之白描又是进一步的概括和进一步的集中，在创作的过程中，实在是最不容易掌握的一种形式。因为必须从不断的实践中逐渐地把许多不必要的甚至次要的笔墨予以无情的舍弃，只企图掌握住主要的必不可少的东西而要求现实地、生动地体现物象的精神状态。宋代人物画家之中，如梁楷、石恪……都是独树一帜的。梁楷原是画院中人，号称"梁风子"。他的杰作有《李太白像》《六祖截竹图》《六祖破经卷图》，是大家所熟知的，特别精彩的是《李太白像》。李太白是唐代一位有名的诗人，他的诗篇，为后世所传诵。梁楷这幅杰作，以狂风暴雨电光石火般的线（笔法）草草几笔（全部衣服，大约只有四笔），却画出了面带微醺仿佛与自然同化的天才诗人的思想气质。

六、中国画家是怎样体现自然的

绘画的问题，从表现的形式和技法看，老实说，不过是一个如何认识空间和体现空间的问题。在山水画上，就是怎样体现自然的问题。

前面所谈的是中国绘画现实主义传统在人物画方面的成就。由于人物画——像曾经提及的那些杰作——一般的很少使用背景，道具也比较简单，从而所构成的空间的问题不会怎样大，所产生的问题也并不怎样严重。山水画则不然，我以为中国山水画的发生所以较人物画为迟，主要是这个空间的问题没有得到适当的解决。远的不谈，典型的例子可举《女史箴图卷》"道应隆而不杀，物无盛而不衰……"的那一段，中作大山，岗峦重复，山上有各种鸟兽，山的左边，一人跪右膝，举弓作射翠鸟的样子……从表现的技术说，这是全卷最失败的一段。人物和山、鸟兽和人和山的比例，几乎不能成立，无论如何，是富于原始性的。由此可见，4世纪当时，在人物画特别是产生了像顾恺之那样划时代的大家，对人物的描写有高度的成就，而对自然的描写却显得非常不够。

"江山如此多娇，引无数英雄竞折腰。"（毛主席：《沁园春·雪》）中国人民是热爱自然歌颂自然的。伟大祖国的一山一水、一草一木都永远是中国人民所热爱、歌颂的对象。《诗经·小雅》"昔我往矣，杨柳依依；今我来思，雨雪霏霏"；固然是情景并茂的描写，而伟大的诗人屈原的作品则进一步地把自然结合了人民的思想感情更丰富了自然内部的精神内容。如《橘颂》《九歌》都是千古常新的作品。如《橘颂》的"后皇嘉树，橘徕服兮……淑离不淫，梗其有理兮"和《九歌·湘夫人》的"袅袅兮秋风，洞庭波兮木叶下"诸名句，两千几百年来，还一直为中国人民所喜爱所讽诵。因此，伟大祖国的自然对于人民的精神生活，关系是密切的，影响是巨大的。

只要看中国人民、特别是劳动人民的心胸开阔、气度豪迈，便不难得知此中的关涉。

绘画是造型艺术之一，某程度地和文学具有密切的因缘，但从表现的形式看来，它们是有着基本的不同之点的。中国人民怀着无比的热爱来观照祖国的自然，而中国的画家们也是怀着同样的热爱来体现祖国的自然。尽管顾恺之时代还是人物画的时代，然有足够的资料充分地证明顾恺之时代是已经企图用绘画的形式独立地来描写祖国伟大的自然之美的。他的《画云台山记》是一篇最完美的山水画的设计书，今天倘若据以形象化，便可能是一幅动人的山水画。这篇文字里面，告诉了我们有关怎样体现自然的若干极其重要的情况。这些情况，20世纪的我们看起来是会惊异不迭的，非常值得珍视。例如："凡天及水色，尽用空青，竟素上下以映……"天空和水面应该全用青（蓝）的色彩涂满它。这点，真是我们不能想象的，中国的山水画，竟也画天空和水面的么？但宋代山水画的遗迹中却还有保持这种作风的。又如"下为涧，物景（影）皆倒作"，应该画出水中的倒影来。这些——尽管不全面，却是从现实的观照中得来——说明了杰出的画家们是如何醉心于自然的观察和体会，同时也说明了中国的山水画，从来就是从真山真水出发，极富于现实的色彩。

由于中国人民对体现自然的迫切要求和画家们的积极而富于创造性的努力，以后渐渐地在理论和实践上初步地解决了若干具体的问题，即若干有关空间的认识和空间的体现问题。六朝刘宋（420—478年）时代，有宗炳和王微两位画家，他们各有论山水画的文章一篇（宗炳的《画山水序》和王微的《叙画》，均见《历代名画记》卷六），都是创作完成了之后，总结经验谈谈体会的意思。

他们酷爱祖国的山水，华岳千寻，长江万里，如何能用绘画的形式去描写它们呢？宗炳具体地说明了在绘画的造型上是可以而且必须以小喻大的

（即以大观小），因为"迫目以寸，则其形莫睹，迥以数里，则可围于寸眸"；这是"去之稍阔，则其见弥小"的缘故（宗炳《画山水序》）。王微则殊途同归地从线的传统出发，认为画家的"一管之笔"是万能的，可以"拟太虚之体"，可以"画寸眸之明"（王微《叙画》）。他们明确地对山水画提出的要求是"畅写山水之神情"——即要求体现自然内在的精神运动和雄壮美丽而又微妙的含蓄，认为这才是山水画主要的基本的任务，而不是"案城域，辨方州；标镇阜，划浸流"似地画地图。由此可见，中国山水画的发展自始就是妙悟自然富于现实精神的艺术创造，而不是单纯地诉于视觉的客观的描写。必须如此，才可能"咫尺之内，便觉万里为遥"（《南史·萧贲传》），和中国人民伟大的胸襟相应和。

　　"人间犹有展生笔，事物苍茫烟景寒"（宋黄山谷题展子虔烟景，《珊瑚网》下，卷一）。我们万分幸运，新中国成立后由于党和政府重视民族遗产，看到了传为6世纪隋代展子虔《游春图》春意盎然的绚丽画面和精细描写。这一流传有绪的名迹，虽还不是没有可供研究之处，但它的出现，就算摹本吧，也解决了不少山水画上的重要问题。特别是关于中国山水画青绿重色的系统渊源，我们不再会相信明末董其昌辈所说的那样，什么"北宗""南宗"地抬出唐代李思训来做王维的陪客而平分秋色，各"祖"一"宗"。我们可以通过《游春图》正确地来理解青绿重色的山水画是发展于重视色彩的六朝时代，和人物画的关系是特别密切的。展子虔原是一位精于画建筑物的画家，空间的掌握已高人一等。所以《游春图》的表现，在宽阔、浩渺的两岸，远近的关系处理得相当完善，从彼岸来的游艇，比例也相当合理，看去十分自然。这就足以证明中国的山水画发展到了隋代，对于怎样体现自然的问题，肯定地说，是获得初步的解决了。

　　8世纪中叶，即以开元、天宝时代为中心的唐代，在中国的造型艺术史上是可以看作分水岭的。山水画在这个时代的飞跃发展，可以完全理解为必然的发展。当然，应该注意到唐代绘画的主流还是人物画，好像十五夜的月亮那么饱满的也还是人物画。可是山水画，由于它是新兴的画体，生气勃勃，创作者和鉴赏者（壁画已有山水的题材）都在高速度地走向祖国的自然。

盛唐时代李思训、吴道子先后图画嘉陵三百余里山水于"大同殿"壁，是一幕精彩的表演，也是一个富于启发性的故事。四川省嘉陵江的风景，雄壮美丽，变幻多姿，是极其动人的。难怪李隆基（玄宗）满意地说："李思训数月之功，吴道子一日之迹，皆极其妙。"（朱景玄《唐朝名画录》，《佩文斋书画谱》卷四十六引）这话怎样解释呢？我以为是容易理解的。吴道子是中国绘画线的发展者，像他表现在人物画那样；而李思训（和他的一家人）则以"丹青"擅长，以色彩为主要的表现，所谓"金碧辉映，自成家法"，实际是展子虔式青绿重色山水的发展。一个崇尚笔意，一个崇尚色彩，一个疏略，一个精工，自然而然地会产生"一日之迹"和"数月之功"的不同结果。这就是张彦远所说的"若知画有疏密二体，方可议乎画"（张彦远《历代名画记》卷二《论顾陆张吴用笔》）。虽然这不一定是指山水画而说的。

原来线和色彩本是人物画传统中两种不同的路线，反映在山水画方面也就形成了不同的发展，像吴道子的对于线和李思训的对于色彩。但被后世视为较典型的同时给后世山水画以巨大影响的则不能不推诗人兼画家的王维（在这里我必须再三地声明几句：中国山水画是没有所谓"南北宗"的，王维也绝不是什么"南宗"画祖。这是明、清之际，一班地主、士大夫阶级的"文人"画家模仿禅宗的形式而凭空杜撰的。他们的目的在攻击从真山真水出发即以自然为师的山水画家和山水画，莫是龙、陈继儒和董其昌诸人是"始作俑者"。但我们应该承认王维对山水画的发展特别是和文学相结合这一点上有特殊的积极的影响）。他的创作，加强了绘画和文学的联系，从而更扩大和丰富了山水画的精神内容。虽然在现在他和李思训、吴道子一样没有可信的作品遗留。苏轼（东坡）曾说过："味摩诘（王维字）之诗，诗中有画；观摩诘之画，画中有诗。"他这样有机地把文学和艺术结合起来，在中国绘画史特别是中国山水画史，实在是一件大事情。对李思训、吴道子说来，又大大地迈进了一步。

经过残唐而进入五代，山水画得到比较满意的收获。杰出的山水画家荆浩，曾经写生过太行山的松树"凡几万本"，才认为"方如其真"。在他有名的《笔法记》中，一再地把"真"和"似"明确地区别着解释着，他认为"真"是形象真实同时又有气韵，应该"气质俱盛"的，而"似"则仅仅是"得其形，遗其气"的形似。他要求山水画不只是映于眼帘的山水外形的描写，而是通过正确、生动的形象来传达山水的精神内容。他批判了"执华为实"空存形象的作品，也批判了"花木不时，屋小人大，或树高于山，桥不登岸"远近关系处理错误违反真实的作品。他对于山水画，一方面要求不断的写实，一方面更要求"图真"，像他画松树那样，通过长期不断的写实，才能"贵似得真"的。他主张"画有六要"（即山水画的创作，有六个必要的条件）——气、韵、思、景、笔、墨——而归之于"图真"。我们初次看到了"思"和"景"是山水画的必要条件。同时也看到了"墨"成为"六要"之一。"六要"较之"六法"，也像山水画较之人物画一样是发展的、进步的。因此，五代的几位山水画家，如荆浩、关仝、董源、巨然，从传为他们的许多作品看来，我们应该承认他们对于自然的体现，在隋唐的基础上又积累了许多宝贵的经验和掌握了若干实际可行的表现方法，大体说，是比较成熟的。

从相当丰富的五代山水画遗迹（大部分虽是传为某家的）研究，"三远"——高远、深远、平远——的方法，毫无疑义是中国山水画卓越的天才的创造。这样来处理画面上的空间—远近的关系，实在是体现自然唯一合理而正确的道路，也是现实主义传统的表现形式和技法道路。人在大自然中，除了平视，不外是仰观和俯察，"三远"的方法，恰恰就很完整地具有这些内容。宋代有一位山水画家郭熙，曾经明确地解释过"三远"，他说："山有三远：自山下而仰山巅，谓之高远；自山前而窥山后，谓之深远；自近山而望远山，谓之平远。"（郭熙《林泉高致》，《佩文斋书画谱》卷十三）"三远"的方法不仅仅是单纯地解决了空间关系的基本问题，重要的还在于以此为基础发展并解决了许多使用和鉴赏形式的问题，亦即如何更好地表现主题的问题。我们了解，直幅和横幅，一般的横幅（所谓横披）和长卷，它们的处理方法是不同的。特别是长卷的形式，彻底地说，它的空间关系，是以"三远"为基础同时又是"三远"综合的发展。像前面所谈到的《清明上河图卷》，作为山水画看，也是可以的。若机械地使用"三远"的远近方法，决不济事，必须灵活地融合创作、鉴赏的实际为一体，一切为主题服务，才能够把大千世界变为现实主义的艺术品。

郭熙曾经具体而严肃地号召山水画家一切向"真山水"学习，要画家们走到自然中去，这是中国山水画发展的基础。他认为只有不断地从真山水观察、体会之中，然后"山水之意度见矣"。所谓"意度"，当然不是指的"以形写形、以色貌色"的客观描写，而是指的作者的思想感情和自然的融合乃至季节、朝暮、晴雨、晦明……诸种关系的总的体现。同时，这总的体现又必须是内容和形式高度的一致。他说："远望之以取其势，近看之以取其质"，因为山水是"每远每异""每看每异"的，"山近看如此，远数里看又如此，远十数里看又如此；……所谓山形步步移也。山正面如此，侧面又如此，背面又如此；……所谓山形面面看也。"他要求山水画须具有"景外之意"和"意外之妙"（以上引文均见《林泉高致》），即是山水画必须赋自然以丰富的内容同时又必须赋自然以真实、生动的形象。

因为山水画在宋代有了很大的发展，它的成就是空前的。自此以后一直到清代，它的发展的道路基本上是循着现实主义的优秀传统前进的。虽然元代开始了以水墨为主流的局面，清代形式主义的倾向也以山水最为严重；可是，也有不少杰出的山水画家对形式主义的倾向进行了坚持不懈的斗争。他们坚持并继承了向真山水学习的优良传统，反对陈陈相因地临摹古人。

七、水墨、山水的发展

自董源把"淡墨轻岚"的作风带到了宋代，以李成、郭熙、范宽、米芾、李唐、牧溪、莹玉润、李嵩、马远、夏圭……诸家为代表的山水画，既继承并净化了色彩绚烂的优良传统，也发展和提高了水墨渲淡的表现，不少优秀的遗迹，还充分地证明了色彩和水墨的高度结合。一般说，墨在山水画上就慢慢显得重要并逐渐地发展起来，使得中国绘画的面貌开始起了新的变化。李成的"惜墨如金"，就充分说明了他对墨的理解和对墨的重视。同时，这"惜墨如金"的过程，也就是画家高度洗练——概括和集中的过程。韩拙也说过"山水悉从笔墨而成"，这话等于说山水画是由线条和水墨构成的。可见宋代特别是南宋时代的山水画，水墨的基础是相当巩固的。杰出的马远和夏圭，就水墨的美的发挥来说，他们卓越地做到了淋漓苍劲，墨气袭人的地步。

水墨山水画是萌芽于多彩多姿的唐代而成熟于褪尽外来影响的宋代，特别是南宋时代，是一种什么力量影响着支持着它们呢？换句话，它们又反映了些什么呢？据我肤浅的看法，宗教思想的影响主要是禅宗的影响，增加了造型艺术创作、鉴赏上的主观的倾向，而理学的"言心言性"在某些要求上又和禅宗一致，着重自我省察的功夫，于是更有力地推动了这一倾向，如宋瓷的清明澄澈，不重彩饰。这是比较基本的一面。另一面，还在于中国绘画传统形式和技法的本身存在着相当严重的矛盾。基本上是由线而组成的中国绘画，色彩是受到一定的约束的，色彩若无限制地发展，无疑是线所不能容忍的，像梁代张僧繇所创造的"没骨"形式，虽然有它一定的进步意义，而结果只有消灭线的存在。张彦远说："具其彩色，则失其笔法。"（《历代名画记》：《论画六法》）又说"运墨而五色具"（同上：《论画工用拓写》）。因为色彩的发展变成为对线的压迫，所以唐代吴道子便提出了一套办法向彩色作猛烈的斗争。他处在张僧繇、展子虔、李思训诸家青绿重色的传统氛围之中，高举着"焦墨薄彩"的旗帜，立刻获得广大群众的支持，称誉他是"古今独步，前不见顾、陆，后无来者"（张彦远《历代名画记》卷二，《论顾陆张吴用笔》）的"画圣"。这一场斗争，肯定了吴道子的胜利，同时也肯定了线和墨的胜利。中国绘画为什么不走西洋绘画那样，单纯依靠"光线""色彩"来造型的路线，而坚决地保持着以线为主，理由就在这里。

唐末五代，当线和色彩的矛盾尚未很好地得到一致的时候，墨又以新的姿态随着山水画飞跃的发展加入了它们的斗争，于是色彩的发展就不仅仅是威胁着线同时也妨碍了墨。加以工具、材料，宋代有了很大的改进和提高，特别是纸的广泛使用，纸碰上了墨，它的内容就越是丰富了。换句话说，水墨性能的高度发挥，有了客观的基础。通过米芾米友仁父子、牧溪、莹玉涧、马远、夏圭为首的诸大家们创造性的努力，在作者和鉴赏者的思想意识中，在广大的读者中，几乎是墨即是色，色即是墨。所以水墨、山水便有足够的条件顺利地经过"不平凡"的元代而成为中国绘画传统的主流。

因此，我认为水墨、山水的发展，是辩证的发展。

元代（1280—1367年）是外族侵占、整个社会生产陷入衰微的时代。在这样的时代里，汉人遭受了空前残酷的外族统治。作为意识形态之一的造型艺术的绘画（它的内容和形式），向何处走呢？从时代看，赵孟頫（子昂）是一位过渡性的人物，他是封建贵族，竭力鼓吹复古，认为绘画应该以唐、宋为师。董其昌曾恭维他的《鹊华秋色图卷》说"有唐人之致而去其纤，有北宋之雄而去其犷"，可是绝大多数的画家不是开倒车的保守主义者，连他的外孙王蒙也不感觉兴趣。他们认为绘画应该抒发自己的感情和意志，所以形式则采取水墨淡彩，内容则最亲切的是山水。后世称为元代四大家的黄公望、王蒙、倪瓒、吴镇，全是水墨画家，同时是山水画家。

元代封建主子对南宋人民特别是以临安（杭州）为中心地区的人民，是恨之入骨的，给予了难以想象的残酷待遇。同时分"蒙古人""色目人""汉人""南人"（指黄河以南及南宋遗民）四种人，而南人是最低的一等。元代——代表时代的——四位画家，都是距长期反抗外族的中心临安（杭州）不远的"南人"（黄是常熟人，王是吴兴人，倪是无锡人，吴是嘉兴人）；他们在绘画上所以会产生剧烈变化，我想是容易理解的。山水画的头等任务，原是描写我们可亲可爱、可歌可颂伟大的祖国河山，当外族施行残酷统治的时候，谁不仇恨河山的变色，谁不爱护自己的田园庐墓。反映在他们的画面就必然是采取水墨、山水的道途。

八、山水画的卓越成就

明代王世贞曾说过："山水：大小李（唐李思训、李昭道父子），一变也；荆、关、董、巨（五代荆浩、关仝、董源、巨然），又一变也；李成、范宽（北宋），又一变也；刘、李、马、夏（南宋刘松年、李唐、马远、夏圭），又一变也；大痴、黄鹤（元黄公望、王蒙），又一变也。"（王世贞《艺苑卮言》）我认为在某种意义和某种程度上说，这段话是相当符合中国山水画发展的真实情况的。

根据现存的传为展子虔《游春图》的卓越成就，我们似乎没有理由怀疑李思训、吴道子在"大同殿"壁所画嘉陵山水的时代意义，虽然今天仅仅空存着文字资料。王维是没有到过四川的，他晚年住在陕西蓝田的辋川，最爱那"漠漠水田飞白鹭，阴阴夏木啭黄鹂"的积雨和"返景入深林，复照青苔上"的斜阳，可惜的是"清源寺"辋川山水的画壁，早已无存。不然的话，这位诗人兼画家的大师杰作当为唐代中期中国山水画生色不少。

董源是"淡墨轻岚"的发展者，画的都是建康（南京）附近诸山，和他的弟子巨然，都精于表现光，尤其是江南水乡的气氛，这是中国山水画最困难最可珍的一件事情。所谓"江南董源僧巨然，淡墨轻岚为一体"（宋沈括《图画歌》，《佩文斋书画谱》引），我看多半指的是这一点。传为他的《平林霁色图卷》，据我看来便是"一片江南"的充分证明。

粗粗地说来，中国北部山岳，多为黄土地带的岩石风景，树木稀少，和长江流域特别是长江的中下游不同。我们看宋代郭熙、李成、范宽和李唐的山水画，和董源的作品比较一下，他们所描写的多是四面峻厚、充满着太阳光的干燥的北部山岳，和董源《平林霁色图卷》草木葱茏、拥翠浮岚的山水有着基本的不同（李成所以工写寒林窠石，是有道理的）。郭熙曾概括地提出过几座北方名山的特征，说"嵩山多好溪，华山多好峰，泰山多好主峰"（郭熙《林泉高致》），可见北方的山水是以峰峦见胜。但南部特别如扬子江中下游的山水，却和北部不同，崇山峻岭比较少，一般说是平畴千里、茂林修竹；山水画上是最适于横卷形式和平远构图的。

在宋代山水画获得普遍重视的形势下和山水画家积极的劳动之下，以平远为基础的山水描写有了较突出的表现。我认为这种发展是比较正确的比较科学的。最工平远山水的宋迪创造了八种主题，即："平沙落雁、远浦归帆、山市晴岚、江天暮雪、洞庭秋月、潇湘夜雨、烟寺晚钟、渔村落照，谓之八景"（宋江少虞《皇朝事实类苑》，《佩文斋书画谱》卷五十引），大大丰富了平远山水画的主题，并启发了不少的山水画家。请看看八景的画题，不难想象宋代山水画家们的表现能力和艺术成就到了什么境地。原因之一，是宋代的画家不像后世——特别元代以后——的分工那样孤立，至少是人物、山水，或山水、花鸟各体并精的，所以能够产生并发展像八景那样所描写的景色（从时间说，"山市晴岚"之外几乎全是下午6点钟以后）。这是一件简单的玩意儿么？老实说，中国绘画的工具和材料，今天讲来，还是很不够，它们的性能，还是有一定的局限的，可是画家们高度的智慧和艺术修养，却是无限。宋画——尤其山水画的画面，都是美的原动力的集中，动人心脾的佳构。

米芾和他儿子友仁的山水画，在中国山水画的发展中是别树一帜的。所谓"米家山水"给我们的印象是善于表现风雨迷蒙的景色，峰峦树木多半由"点"而成。这种画法，有不少人怀疑它，甚至讥讽它，所谓"善写无根树，能描懵懂山"（明李日华《六研斋笔记》），你看！真的山水中哪有什么一点一点的？我们可以分别来谈谈，首先我们应该肯定米家山水的表现是有一定的进步意义的，例如关于"云"（或水）的描写，它打破了像工艺图案那样用线条表现云的轮廓而采用比较接近自然的水墨渲染的方法，这在当时，实在是一种新的表现方法。其次，他们的画面并不是完全由点来构成，实际是轮廓、脉络非常真实，非常清楚，"点"（即所谓米点）只是用来表现一定程度的水分的。同时，他们又善于用绿、赭、青黛诸种色彩，如米芾的《春山瑞松》，的的确确就是春山。他们这种表现的技法的形成，无疑是由于真山水的启发。就米芾说，他曾久居桂林，而"桂林山水甲天下"，很可能是由于桂林山水的影响。他40岁以后才移住镇江，北固、海门的风景又和桂林相仿佛。他自题《海岳庵图》——是他最得意的作品之一——说"先自潇湘得画境，次为镇江诸山"，可见桂林的风景是他印象甚深、念念不忘的。董其昌曾携米友仁的《潇湘白云图卷》游过洞庭湖，"斜阳蓬底，一望空阔。长天云物，怪怪奇奇，一幅米家墨戏也"（董其昌《容台集》，《佩文斋书画谱》卷八十三引）。

赵令穰、赵伯驹、王希孟诸家的青绿重色的山水，发展了从展子虔、李思训、李昭道以来的以色彩为主的优秀传统。特别是赵伯驹那一手处理大场面的本领（人物和山水），画史上是少见的。他的《江山秋色图卷》（故宫博物院绘画馆藏）和王希孟的《千里江山图卷》（故宫博物院绘画馆藏），都是较突出的典型作品。他们体会了祖国锦绣河山的雄壮美丽，气象万千；传到千百年以后的今天，水光山色还是那样青翠欲滴。质重性滞的矿物性的颜料，控制得那么调和，真叫人佩服得五体投地。尤其值得注意的是天空和水面，两幅全用青的颜色（类似"二青"）描绘而成。这样的表现，前面曾提到的顾恺之《画云台山记》中，已经有过同样的设计。可见他们是一面继承了优秀的传统，一面更结合着深入的观察，在高度的技术之下表现了惊人的业绩。

马远、夏圭是成长于杭州（临安）的画家，大致说，他们山水画面上描写的主要对象是杭州附近的山水。由于他们主要的表现形式是以水墨苍劲为主，在当时还是一种比较新鲜的作风。他们的画往往一幅之中近景非常突出，聚精会神地加以处理成为画面最主要的部分，也是最精彩的部分；而远景则较轻淡地但极其雄浑地使用速度较高压力较大的线、面来构成；因此画面的感觉特别尖锐、明快而又富于含蓄。马远的《寒江独钓图》，是一件小品而为举世称赏的，广阔的天地间，仅有一叶扁舟，我们绝不觉得单调，相反的使人有浩浩荡荡、思之不尽的境界。《长江万里图卷》是传为夏圭的真迹，也是世界性的名作，由于它的规模惊人（这是指的前故宫博物院所藏的那一帧），给人的印象是特别深的。这幅伟大的作品，和前面曾经提过的张择端的《清明上河图卷》，有几点是共同的。从它们的使用形式看，都属于长卷形式，从它们的内容看，都是南宋时代人民所深切关心的"汴京是故都，长江即天堑"的问题。因此，两幅作品的摹本特别多（据厉鹗《南宋院画录》，夏圭《长江万里图卷》就有多种不同的本子），这充分说明了南宋时代广大人民是爱好描写他们最关心的现实内容的作品的。就《长江万里图卷》看来，这个主题的创作，并不自夏圭开始，据文献资料，夏圭所作也并非实境的描写（话是这么说，自然主义者坐飞机去画，也不可能的），他是继承了过去山水画大师们热爱祖国河山的优秀传统——巨然、范宽、郭熙都画过《长江万里图》——发挥现实主义手法结合爱国人民的思想感情，经营成图的。原作大约成于绍兴（1131—1162年）年间（可能不止一本），那时正当和议已成，封建统治阶级认为"天下太平"的时候。所谓"太平"就是指金人的铁蹄不会渡过长江来，因为长江是"天险"，是封建统治唯一的安全线，那么夏圭的奉命而作不是没有原因的，"良工岂是无心者"，"却是残山剩水也"（钟完《题夏圭长江万里图》，见郁逢庆《续书画题跋记》）。

南宋亡于1279年，赵孟頫在1303年（大德七年）画了一帧《重江叠峰图》（前故宫博物院藏）。所谓《重江叠嶂图》仍以表现所关怀的长江为主要内容。我们一读元代虞集"昔者长江险，能生白发哀"的两句题诗，对这位充分暴露了封建贵族弱点的作者，真是不无感慨系之。在绘画上，赵孟頫原是一位不只以山水见称的画家，他的人物和画马都负盛名。虽然如此，但也遗留了描写山东境内有名景色的《鹊华秋色图卷》。

黄公望是一位对后世山水画影响最大的画家，常常携带纸笔到处描写怪异的树木，认为如此才"有发生之意"（黄公望《写山水诀》，《佩文斋书画谱》引）。他久居富春山，创作了有名的《富春山居图卷》。这幅画，在清朝曾因"刘本"（明代刘珏所藏的）、"沈本"（明代沈周所藏的）的不同，伤过乾隆的脑筋，可是两本都着重地刻画了江山钓滩之胜和富春江出钱塘江的景色。现在我们倘若过钱塘江乘汽车到金毕去，凭窗而望，西岸的山水就极似他的笔墨。传世的名作，除《富春山居图卷》外，还有《江山胜览图》《三泖九峰图》和《天地石壁图》，都是从实景而来的杰作。

王蒙的画本，则在杭州迤东的黄鹤山。黄鹤山从天目山蜿蜒而来，虽不甚深，而古树苍莽，幽涧石径，"自隔风尘"（日本纪成虎一《宋元明清书画名贤详传》卷二）。他是倪瓒最佩服的一位画家，"王侯笔力能扛鼎，五百年来无此君"（倪瓒《题王叔明岩居高士图》），没有再可说的了。董其昌曾在他的《青卞隐居图》（现藏"上海市文物管理委员会"）写上了倪瓒的诗，并题为"天下第一王叔明"。这幅画的树石峰峦，充分地表达了自然的质感，而又笔笔生动，图画天成。我常常想，他和黄公望的作品，为什么能够统治以后为数不少的山水画家而成为偶像？实在不是偶然的。

倪瓒和吴镇，从他们的作品论，使人有"不期而至，清风故人"之感。特别是倪瓒，他在中国画史上也是别树一帜的。他画山水极少写人物，而所写的又多是平远的坡石，枯寂冲淡，寥寥几笔。我们不必研究他为什么如此画，只看他自己坦然说过的"余之画不过逸笔草草，聊以写胸中逸气耳"，便不难从这几句话里去索解。他是生于元代大德五年（1301）而死于明代洪武七年（1374）的人；明初的元杰题他的《溪山图》有两句诗可以帮助我们的理解，即："不言世上无人物，眼底无人欲画难。"以他这样的一位山水画家，只有摆在正确的历史观点上才有可能给予正确的评价，难怪明代以后不少的画家们形式主义地来学他都碰了壁了。吴镇的作品，某点上是和他不同的，也是和黄公望、王蒙不同的。但他的山水画特点在于表现了一种空灵的感觉，空气中好像水分相当浓厚，真是"岚霏云气淡无痕"（倪瓒《清秘阁全集》卷七《题吴仲圭山水》）。他是嘉兴人，有名的南湖烟雨，若说丝毫没有关系，恐怕是不现实的。他又最喜欢也最精于墨竹，墨竹是中国绘画传统中具有特殊成就而且是人民所喜闻乐见的一种绘画，就他的墨竹作品来看，很少画败竹而多是欣欣向荣、生气甚盛的新竹。有句老话是"怒气写竹"，我以为在他说来，这句话的解释，一半属于形式、技法，重要的一半，还应该属于思想感情。

随着元代水墨、山水的发展，中国绘画的整个面貌也随着起了相应的变化。如大家所周知的，宋代以前的绘画，一般是不加题署或是仅仅在树石隙处题署作者的姓名和制作的时间。到了元代，由于现实的影响使作者不能不进一步提出更高的要求来，因而画面上所体现的，不只是孤立的形象，而是——必须这样——绘画、文学（诗、跋）、书法有机的一个内容极其丰富的所谓"三绝诗、书、画"的艺术整体。这任务，元代是胜利地完成了的。四家都是精于诗而同时都是善于书法的，突出的如倪瓒，如吴镇（黄公望、王蒙这方面自也有深邃的造诣，比较的，倪、吴在这方面的影响较巨），他们的诗和他们的书法，都是和他们的绘画不能分开的。这种把和绘画具有血肉关系的文学、书法，作为一个完整的艺术品来要求来创作，使主题思想更加集中、更加突出和更加丰富起来，应该是中国绘画优秀传统的特殊成就。明、清以后，又有新的发展，在绘画、文学（诗、跋）、书法之外，还要加上篆刻（印章），就是"四绝"了。

明代（1368—1644年）初叶以后，大抵仍是属于所谓"文人画"的范畴。沈周、文徵明、唐寅、仇英四家，除仇英的技术系统是工笔重色，系统继承宋代而外，其余都是以水墨为主的。同时，也基本上开始了以"卷轴"为师——即盲目追求古人的倾向。虽然，文、沈、唐、仇四家，毫无疑问，他们是各有千秋的。

明末清初之际，中国山水画形式主义的倾向开始严重起来，如上所述，画家们所追求的是前人的作品而不是现实的真山水了。"四王"（王时敏、王鉴、王翚、王原祁称四王）的所以形成也说明了一定的情况。这并不等于说中国绘画的现实主义传统从此中断，不过它们的发展遭受到形式主义者们的严重阻碍，却是无可争辩的事实。我们知道，有不少的画家向形式主义者进行了顽强的斗争；有不少的画家虽在严重的形式主义的影响里，仍然坚持着优秀的现实主义传统，努力地进行创作，而留下了不少精彩的重要作品。

明初有位以画华山得名的画家王履，他在《华山图序》（现藏"上海市文物管理委员会"）里很尖锐地批判了所谓"写意"（主要是山水画家），说"意在形，舍形何所求意？故得其形者，意溢乎形，失其形者，形乎哉？画物欲似物，岂可不识其面？"（王履《华山图序》，《佩文斋书画谱》卷十六引《铁网珊瑚》），这是针对盲目的打倒形似、追求"写意"的恶劣的形式主义倾向而提出的。像他画华山："……苟非识华山之形，我其能图耶？"（同上）他这样坚持从现实出发来画华山是正确的，可是形式主义的倾向明初已经抬头，所以他在"序"的最后好似指着《华山图》厉声地叫着："以为乖于诸体也，怪问何师？余应之曰：吾师心，心师目，目师华山！"

明末清初杰出的山水画家很多，如梅清、石涛的描写黄山，萧云从的描写太平山水，都在中国山水画史上贡献了精彩的一页，特别是石涛对形式主义者的斗争是值得大书特书的。他看不起当时一班陈陈相因、亦步亦趋的画家，在他的题画诗跋和《苦瓜和尚画语录》中常常痛快地骂他们一阵。他认为绘画（笔墨）是应当追随现实（时代）的，传统（古）是必须变（化）的。可惜保守的人太多了。拿石涛的话说，真是"具古以化，未见夫人也"（石涛《苦瓜和尚画语录》，前江苏国学图书馆藏稿本，下同）。传统（古人）是要学习（师）的，却万万保守（泥而不化）不得。他无限感慨地说道："古人未立法之先，不知古人法何法？古人既立法之后，便不容今人出古法？千百年来，遂令今人不能一出头地也。师古人之迹而不师古人之心，宜其不能一出头地也。冤哉！"这一段话不啻为形式主义的画家们写照。确是"冤"得很。他最爱游山水，尤爱黄山的云海，"黄山是我师，我是黄山友"是他题《黄山图》的起句。中年以后多在扬州、甘泉、邵伯一带的景色，也往往对景挥毫收之画本。他的作品上有一颗最常见的印章，刻着"搜尽奇峰打草稿"七个字。

太平天国革命军队是一百年前（1853年）3月19日解放南京的。1951年南京堂子街发现了太平天国某王府的壁画约20幅，这些壁画是以水墨淡彩的方法画在石灰壁面上的。有花鸟、走兽而以山水较多。山水画壁中，有一幅以"望楼"为主题，把当时革命军事上重要的建筑物（望楼）矗立在长江的南岸作为全画的中心，江边上画了许多军用的船只，船樯上飘着太平天国的旗帜，江中还画了三只船，扯满了篷顺风向下游驶去；充分体现着革命秩序的稳定和革命首都的巩固。这是一幅伟大的现实主义作品，使我们认识到中国绘画的现实主义传统一旦和解放了的人民结合起来便会发出万丈光芒。同时也使我们认识到只有解放了的人民才能积极地继承并发扬自己民族绘画的优秀传统。太平天国革命时代，是中国绘画形式主义最嚣张的时代，然而解放了的以"天京"（南京）为中心的画家们，却发挥了高度的拥护革命的热情，继承了现实主义的传统，把造型上极难处理的高层建筑——望楼作为壁画的主题，为中国绘画现实主义的优秀传统创造了极其光辉的范例。

傅抱石先生世系考

章琳[*]

中国傅氏的来历，源远流长。傅氏宗族徙迁，溯源可考。傅抱石先生（以下简称先生）的世系，详载谱牒。据《中国姓氏大全》："傅（Fu），《百家姓》收，分布极广，春秋有大夫傅瑕，西晋有傅玄，明初有将领傅德友。"《姓氏寻源》："汉晋之世，北地灵州，傅姓最盛。"《唐书·世系表》："出姬姓，黄帝裔孙大由封于傅邑，因以为氏。"《喻东十伦堂族谱·序》（以下简称《谱序》）载："傅氏宗族的祖先，发祥于傅岩之野。"傅岩究竟在何地？据《中国古今地名大辞典》载："傅岩在山西省平陆县东二十五里，一名傅险。今名隐坚社，为傅说版筑处。"（按：傅说是商王武丁的大臣，治理国政有功。）《谱序》又载："……为高宗中兴贤相者数十年。理学文章，载在《尚书》。厥后，分居湖湘。"至"八十一世祖（傅）署，于唐僖宗广明元年（880年），避黄巢乱，由湘潭白水湾徙居新喻县思贤乡之石头里。宋治平三年（1066年），以新喻思贤乡改属清江，为清江石头之始祖。"其子孙后裔，又由石头分居新喻、分宜、高安、上高、

---

* 章琳，原江西省新余市政协委员、中国陶瓷研究会会员。

萍乡等地。……

新余市傅氏宗族，子孙繁衍，支分派别，枝叶茂盛。除与别姓杂居外，至1983年止，傅氏共有64村，2672户，13326人。先生是新余市北岗章塘村人，而章塘村属“十伦堂”，即章塘、华田、南岸湾头、老赤塘、新赤塘、火田、邦甫、路溪、东塘庄头、脑头等十村傅族。

至于先生的世系脉络，据《喻东十伦堂族谱》《章塘钦德派下世系图》载：“本支一世钦德，配刘氏。子五：仲仁、仲义、仲礼、仲智、仲信。同公同子，分居松塘。数传后，又迁虎江埈。至宣教公，卜居胡基埈。”（胡基埈即章塘村的古名）故章塘村傅氏的始祖，是从宣教公开始的。宣教公究竟何时迁入章塘村，谱无记载，尚待考证。迄至“三十四世（傅）大栗，字周选，清乾隆甲午十二月廿九日亥时生，配钱氏”（即先生的高祖父、母），“子二：光煌、光熠”。“三十五世（傅）光熠，清嘉庆癸亥五月廿三丑时生，配刘氏”（即先生的曾祖父、母），“子三：天纯、天纹、天统”。“三十六世（傅）天纯，字聪明，清道光庚寅又四月初十日辰时生，配黎氏。”（即先生的祖父、母）“子三：文笙、文苡、文薏。”“三十七世（傅）文苡，字聚和，清同治壬戌年九月廿四日巳时生，配徐氏”（即先生的父母），“子一中洲，女一。中洲，字庆远。清光绪甲辰八月廿六日巳时生”（中洲即先生本人）。算来他是章塘钦德公派下的三十八世裔孙。

又据《章塘村增纪简谱》中的《世系图》：“（傅）中洲，字庆远，名抱石，生于光绪甲辰（光绪三十年）八月廿六日（公历1904年10月5日）巳时，配南昌罗时慧，生于宣统三年农历五月十七日（公历1911年6月13日）午时。长子益钧，字小石，民国廿一年八月十日（公历1932年9月10日）未时生；次子益钜，字二石，民国廿五年四月十八日（公历1936年6月7日）巳时生。”

据章塘村父老说：“此《世系图》，系先生在故里亲笔所书，准备提供族中重修族谱用。"①

　　新余五星奠位②，历代名人辈出。傅姓在新余，属于大姓望族，而"十伦堂"者，栖止袁河南北，蕃衍盛大。章塘村钦德公这一派下子孙，在新石器时代遗址——棋盘山旁③劳养生息，人文拔萃。先生的高、曾、祖父母三代，男耕读，女纺织，崇勤劳，尚俭朴，睦族协邻，和乐雍熙。先生父亲傅聚和、母亲徐氏，在艰难困苦的环境中哺育先生茁壮成长，先生第一师范毕业后，在赣省艺坛大露头角，留日回国后，任大学教授。春风化雨，桃李芬芳。1949年后，壮游万里挥彩笔，搜尽奇峰打草稿，独创一种特殊的技法，被人称为"抱石皴"，达到了形、质、势、气、意的高度统一。先生的作品，燃起了艺术生命之火花。先生的道德文章，五洲四海，不尽受人崇仰。正如彭冲所说："……一代宗师，万古流芳"。先生夫人罗时慧，贤德多才，相夫创业，女中君子，教子成名，巾帼英雄。其子女傅小石、傅二石、傅益瑶、傅益玉继承父业，其山水、人物画，各有建树，作品在国内外展览，深受名流赞扬。先生两代人，艺术业绩辉煌。真不愧为"丹青世家"。

---

　　① 《世系图》系抱石先生于民国二十七年农历四月六日在章塘村亲笔所书。

　　② "五星奠位"：（宋）朱熹说："新喻五星奠位，宜有贤者出。"所谓五星，即蒙山、钟山、鼎山、北丈峰、玉几山等五大名山。

　　③ 棋盘山遗址：经考古学家鉴定为新石器时代古文化遗址。新余市人民政府于1984年5月4日公布为新余市第一批文物保护单位。

傅抱石年表

叶宗镐

1904年

10月5日出生于江西省南昌市，新喻县（今新余市）人。父母在南昌以补伞为业，生活备极艰辛。

1911年

入私塾附读，原名长生。

1915年

在南昌"西江阁"瓷器店学徒，开始自学篆刻、书画。

新喻（余）县章塘《喻东傅氏十伦堂族谱》载："谱名傅中洲，字庆远。"

1917年

由街邻资助，考入南昌江西省第一师范附小，插班进初小四年级，改名傅瑞麟。

1921年

高小毕业，升入省第一师范，开始美术创作和研究工作。

自号"抱石斋主人傅抱石"。

1925年

完成第一部著作《国画源流概述》。

1926年

于省第一师范艺术科毕业，留校任教。

著《摹印学》成。

1929年

著《中国绘画变迁史纲》，该书于1931年出版。

1933年

赴日留学，入东京日本帝国美术学校研究部，攻读东方美术史，兼习工艺、雕刻。

译日人梅泽和轩著《王摩诘》。

1934年

5月　在日本东京举行书画篆刻个展，作品有《渊明沽酒图》《瞿塘图》等170余件。

6月　译日本金原省吾著《唐宋之绘画》。

1935年

3月　所编《苦瓜和尚年表》在日本发表。

5月　论文《中华民族美术之展望与建设》发表。

7月　学成返国，任教于南京中央大学艺术系。

8月　所著《中国绘画理论》出版。

10月　发表论文《论顾恺之至荆浩之山水画史问题》。

1936年

2月　编译之《基本图案学》一书出版。

4月　发表《日本法隆寺》一文。

7月　在江西南昌举办书画个展，展出作品一百余件。《石涛年谱稿》《论秦汉诸美术与西方之关系》等文发表。

8月　译作《郎世宁传考略》发表。

11月　编著《基本工艺图案法》。

12月　《印章源流》一文发表。

1937年

3月　专论《石涛丛考》发表，《中国美术年表》出版。

5月　著《大涤子题画诗跋校补》；发表《石涛再考》《民国以来国画之史的观察》及译文《中国文人画概论》。

10月　完成《石涛画论之研究》《石涛生卒考》《六朝时代之绘画》诸篇。

1938年

2月　携眷属回新喻故里章塘避战乱。秋，由新喻抵武汉，在郭沫若先生主持之政治部三厅任秘书。经常往来于株洲、衡山、衡阳、东安、桂林等地，做抗日宣传工作。

1939年

4月　辗转到达四川重庆，寓居西郊金刚坡下，自署居所为"金刚坡下山斋"。

5月　所编《中国明末民族艺人传》出版，郭沫若作序。

6月　完成《中国美术史——古代篇》，作《关于印人黄牧父》。

1940年

4月　发表专论《晋顾恺之画云台山记之研究》。作《云台山图卷》，郭沫若为题四绝。

8月　政治部三厅改组，随郭沫若退出。仍回中央大学任教职，时该校已迁重庆沙坪坝。

9月　著《中国篆刻史述略》。

《木刻的技法》一书出版。

1941年

1月　发表《读周栎园〈印人传〉》一文。

4月　再画《云台山图卷》，后郭沫若、沈尹默、徐悲鸿等均有题咏。

5月　完成《石涛上人年谱》。

1942年

3月　作《大涤草堂图》，徐悲鸿为之题塘："元气淋漓，真宰上诉"。

7月　作《观海图》，汪旭初为赋《画山水歌》。

8月　郭沫若为《屈原》《陶渊明像》《龚半千与费密游诗意》《张鹤野诗意图》等作品题诗。

9月　在重庆举办"壬午个展"，展出作品一百件。《大涤草堂图》《对牛弹琴图》《初夏之雾》及郭沫若题诗之《屈原》《陶渊明像》等作品均在此次个展中展出。

1943年

在重庆举行个展。

在成都举行个展。

1944年

在重庆举行"傅抱石画展"。

在昆明举行"郭沫若书法、傅抱石国画联展"。

1945年

2月　作《擘阮图》《晋贤图》《石涛诗意图》，再作《大涤草堂图》。

参加民主运动，在中国文学艺术界"对时局宣言"上签名。

6月　作《潇潇暮雨》图。

7月　作《金刚坡麓》《虎溪三笑》等画。

1946年

10月　迁回南京，继续执教于中央大学艺术系。

在南京与徐悲鸿、陈之佛等举行联展。

1947年

4月　《明清之际的中国画》一文发表。

8月　讲演稿《中国绘画之精神》发表。

10月　在上海中国艺苑举办"傅抱石画展"，展出作品180余幅，人物山水各半，多为巨制。

1948年

1月　《石涛上人年谱》一书出版。

1949年初

在南昌举行个展。

1950年

开始以毛主席诗词为题材的创作，《七律·长征诗意》《沁园春·雪词意》《清平乐·六盘山词意》等作问世。作品参加"南京市第一届美术展览会"。

1951年

6月　当选为南京市文联常委。

7月　著《初论中国绘画问题》。

1952年

全国高校院系调整，任南京师范学院美术系教授。

1953年

7月　发表研究论文《南京堂子街太平天国壁画的艺术成就及其在中国近代绘画史上的重要性》。

9月　全国第一届国画展在北京举行，《抢渡大渡河》《更喜岷山千里雪》参加展出。

1954年

4月　为中国人民保卫世界和平委员会作大幅国画《东方红》。

12月　《中国的人物画和山水画》一书出版。

1955年

在北京"第二届全国美展"上展出《湘君》《山鬼》两幅人物画。

1956年

8月　在北京"世界文化名人雪舟等逝世四百五十周年纪念会"上作《雪舟及其艺术》学术报告，后全文发表于《人民日报》。

10月　增补为第二届全国政协委员，参加全国政协二届二次会议。

10月　中国美术家协会南京分会筹委会成立，被推选为主任委员。

1957年

2月　开始筹建"江苏省国画院"，为主要负责人。

5—8月　率中国美术家代表团访问罗马尼亚、捷克斯洛伐克，作画50余幅，后出版画集两种。

7月　《写山要法》一书出版，该书根据日本高岛北海原著《写山要诀》编译。

8月 在北京"中国人民解放军建军三十周年纪念美术展览会"上展出与亚明合作之军史画《大军南下，横渡黄泛区》。

12月 所著《山水人物技法》一书出版。

1958年

4月 《白石老人的艺术渊源》一文在《文汇报》发表。

7月 著作《中国的绘画》出版。

12月 中国美术家协会南京分会筹委会改为中国美术家协会江苏分会筹委会，仍任主任委员。

《傅抱石画集》出版，郭沫若作序题签。画集收入1942年至1957年作品《桐荫读画》《万竿烟雨》《兰亭图》《丽人行》《平沙落雁》《西风吹下红雨来》《暮韵》《抢渡大渡河》等40幅。

在北京举办"江苏省国画展"，展出新作《蝶恋花》《雨花台颂》。

1959年

6月 "中国画展"在巴基斯坦卡拉奇开幕，所作山水画《春、夏、秋、冬》四条屏及《罗马尼亚一车站》参加展出。

到湖南长沙、韶山写生，后出版写生画集《韶山》，收入《韶山全图》《毛主席故居》组画。

7—9月 在北京与关山月合作，为人民大会堂绘制巨幅国画《江山如此多娇》，毛主席亲为题词。

10月 出席"全国先进工作者群英大会"。

1960年

1月 江苏"在总路线光辉照耀下美术展览会"在南京开幕，《春到钟山》《水乡吟》《新松恨不高千尺》参加展出。

3月　江苏省国画院正式成立，任院长。

《中国古代山水画史的研究》一书出版。

4月　中国美术家协会江苏分会正式成立，当选为主席。江苏省书法印章研究会成立，任副会长。

6月　《毛主席故居》在北京"全国美术展览会"上展出。

8月　当选为中国美术家协会副主席。全国文联委员。

9月　率江苏省国画家在国内旅行写生，先后访问了六省十几个城市，行程二万三千余里，画出了许多优秀作品。后举办了画展，出版了《山河新貌》画集。

1961年

2月　于《人民日报》发表《思想变了，笔墨就不能不变》一文。

3月　于《人民日报》发表《白石老人的篆刻艺术——齐白石作品集·印谱序》。

5月　"山河新貌"画展在北京举行，《待细把江山图画》《西陵峡》《黄河清》《枣园春色》《陕北风光》《红岩村》《山城雄姿》等名作展出。

6—9月　到我国东北地区写生，作《镜泊飞泉》《天池林海》《林海雪原》《煤都壮观》《松花湖》等图，后出版写生画集两种。

11月　"傅抱石东北写生画展"在南京举办。

1962年

2月　《郑板桥集》前言《郑板桥试论》在《人民日报》发表。

8月　在"南京市美术展览会"上展出《天池飞瀑》。

10月 在"江苏省肖像画展览会"上展出《屈原》《杜甫》两幅人物画。

10月—次年4月 赴浙江休养、写生，出版了《浙江写生画集》，收入《新安江印象》《三潭印月》《虎跑》《九溪》《龙井初春》等作品。

1963年

1月 在杭州与何香凝老人多次合作国画。

3月 为中国驻缅使馆作大幅《华山图》。

10月 以全国人民代表身份，视察江西，访问井冈山、瑞金等革命老根据地，作《黄洋界》《茨坪》《长征第一桥》《革命摇篮叶坪》等画。

1964年

3月 撰文《在更新的道路上前进》。

9月 当选为第三届全国人民代表大会代表，出席大会。

1965年

1月 "全国美展"华东地区作品在京展出，大幅《虎踞龙盘今胜昔》参加展览会。

9月 去上海，拟为上海国际机场作画。

9月29日 脑溢血，病逝南京寓中，享年61岁。

图书在版编目（ＣＩＰ）数据

往往醉后见天真：回忆傅抱石/黄苗子等著. —北京：中国文史
出版社，2018.6

（百年中国记忆·文化大家）

ISBN 978 - 7 - 5205 - 0342 - 6

Ⅰ.①往…　Ⅱ.①黄…　Ⅲ.①傅抱石（1904—1965）—回忆录
Ⅳ.①K825.72

中国版本图书馆 CIP 数据核字（2018）第 127371 号

责任编辑：牛梦岳

出版发行：**中国文史出版社**

社　　　址：北京市西城区太平桥大街 23 号　　邮编：100811

电　　　话：010 - 66173572　66168268　66192736（发行部）

传　　　真：010 - 66192703

印　　　装：北京新华印刷有限公司

经　　　销：全国新华书店

开　　　本：787 × 1092　1/16

印　　　张：21.25　　　　　　　　　字数：268 千字

版　　　次：2019 年 1 月北京第 1 版

印　　　次：2019 年 1 月第 1 次印刷

定　　　价：59.80 元